U0856640

贵州财经大学专著资助专项基金资助

我国上市公司高管薪酬政策的有效性研究

杜闪◎著

中国社会科学出版社

图书在版编目（CIP）数据

我国上市公司高管薪酬政策的有效性研究/杜闪著．—北京：中国社会科学出版社，2021.3

ISBN 978－7－5203－8157－4

Ⅰ．①我…　Ⅱ．①杜…　Ⅲ．①上市公司—管理人员—劳动报酬—研究—中国　Ⅳ．①F279.246

中国版本图书馆CIP数据核字(2021)第051139号

出 版 人　赵剑英
责任编辑　刘晓红
责任校对　周晓东
责任印制　戴　宽

出　　版　中国社会科学出版社
社　　址　北京鼓楼西大街甲158号
邮　　编　100720
网　　址　http://www.csspw.cn
发 行 部　010－84083685
门 市 部　010－84029450
经　　销　新华书店及其他书店

印刷装订　北京君升印刷有限公司
版　　次　2021年3月第1版
印　　次　2021年3月第1次印刷

开　　本　710×1000　1/16
印　　张　13.25
插　　页　2
字　　数　205千字
定　　价　76.00元

凡购买中国社会科学出版社图书，如有质量问题请与本社营销中心联系调换
电话：010－84083683

前言

高管薪酬是公司向高级管理者（简称：高管）支付的，作为其服务对价的现金、非现金等形式的酬劳。在现代公司所有权与控制权相分离的背景下，高管作为公司的代理人，与股东利益天生存在冲突。以科斯等为代表的现代企业理论为基础，由于所有者和高管在公司中的重要地位，使得所有者和高管之间的薪酬契约成为最重要、核心的内容。薪酬管理的困难在于，制约薪酬管理的因素多而复杂，对于千变万化的组织运转环境而言，似乎并不存在一个既稳定又是最优的薪酬管理方案。近年来，公众、媒体及学术界关注薪酬的重点在于：高管薪酬不断飚升，不仅数额令人叹为观止，而且增长速度亦令人瞠目结舌，但与此同时，公司绩效却未见明显提高。可见，高管薪酬自身已演变成典型的代理成本。

高管薪酬的政府治理始于20世纪90年代的英国，但安然事件、高管薪酬丑闻、会计造假事件以及社会公众对“天价薪酬”的愤怒成本致使美国的高管薪酬变革一直引领世界。对于我国而言，高管薪酬问题也同样被推到了舆论的风口浪尖，无论是年薪995万的“打工皇帝”法兰克·纽曼，还是年薪6616.1万元的“薪酬状元”马明哲，高管薪酬都引起了社会公众、媒体及学者的无限质疑。此外，金融危机之后，公众对于高管高薪、行业间的收入差距不断提出再次质疑，引发了人们对高管薪酬政策后果的高度反思。

本书致力于检验我国上市公司高管薪酬政策的经济后果，通过系统梳理我国高管薪酬政策发展历程，总结相应政策特点。依据不同的政策目标，将高管薪酬政策划分为薪酬披露政策和薪酬管制政策。运用

PSM、DID 等政策效果检测方法，探讨宏观的薪酬政策对高管薪酬异象的治理作用，以检验我国高管薪酬政策的实施效果，为今后的高管薪酬政策制定提供一定的参考。

本书的写作注重适用性和系统性，努力做到知识准确、内容通用、表述简明。力求在夯实理论知识的基础上，逐步明确“厚基础、宽口径、重实践”的思想，提高实践在整个专注体系中的地位，加强实践内容的完善，以适应我国上市公司发展对薪酬管理的通识人才需要。本书以薪酬管理理论的最新发展和中外薪资改革的实践为依据，注重系统性和应用性。使读者了解中外薪资改革的发展趋势和我国高管薪酬政策的经济后果，以全新的视角和开放的视野，将中国传统的工资管理思想、国外先进的薪酬理论与中国现实的薪酬管理制度紧密结合，以提高读者关注现实、运用所学理论知识分析和解决实际问题的能力。

本书的主要内容为笔者的博士论文成果，经王生年教授的细心指导，选定并进行撰写，全书写作历经一年，共由七章组成。经反复讨论拟定全书纲要，其中第一章、第二章、第三章为高管薪酬政策的相关理论基础，第四章、第五章、第六章则重点分析我国上市公司高管薪酬政策的经济后果，第七章为本书结论。初稿完成后，笔者在石河子大学王生年教授、杨兴全教授、白俊教授的指导下进行了反复修改、统稿和定稿。中国社会科学出版社编校人员为本书的统稿和校对做了大量的工作。本书付梓之际，感谢大家为本书的完成所付出的巨大努力。

本书的编写参阅并借鉴了国内外工商管理、公共管理领域的专著、教材和其他研究成果，对于其中的一些著述，笔者作为进一步阅读的书目向读者作了推荐。对于这些文献资料的作者，笔者在此一并致谢。对于业已成为专业共识的观点和内容，由于已经成为学界的共同财富和人类文明建设的共同成果，书中没有再一一标明出处。相信它们作为专业发展的基础理论会进一步得到普及。

由于作者学术能力有限，时间短暂，该书离预期的目标仍有不小的差距，不当之处在所难免。恳请研究高管薪酬的专家、同行和广大读者不吝赐教，对错漏之处批评指正，以便在今后修订时补正。

摘　　要

现代企业所有权与经营权的分离产生股东与管理者之间的委托代理问题（Jensen and Meckling，1976）。薪酬契约作为重要的公司治理机制之一，却因高管与股东间的利益不一致、信息不对称等问题，致使原本用来解决委托代理问题的高管薪酬自身却已演变成一种委托代理问题。"天价薪酬"、高管薪酬与公司业绩相脱节等问题日益凸显，这些现象引起了公司股东、社会公众的广泛关注，在市场治理不完善的情况下，诱发政府相继出台相关的高管薪酬政策进行干预和治理。高管薪酬政策作为薪酬治理的手段之一，经历了从无到有、从不完善到逐步完善，并且在与上市公司高管薪酬实践效果博弈的过程中不断更新、演变。现有文献对高管薪酬政策效果的研究大多采用定性分析，少数的定量研究文献则运用简单的对比分析法，着重探讨薪酬业绩敏感性问题且研究结论尚不统一。系统梳理我国高管薪酬政策后发现，政策目标不仅关注于高管薪酬激励效率，而且兼顾高管薪酬分配公平。因此，在分析薪酬业绩敏感性的同时兼顾薪酬公平性才是衡量我国高管薪酬政策效果的正确方式。基于这一背景，本书将基于委托代理理论和最优契约理论，结合我国高管薪酬政策特征从薪酬激励效率和薪酬公平性两个方面探寻高管薪酬政策的治理作用。

通过本书的研究，以期达到以下目的：第一，寻找我国高管薪酬政策实施效果的证据。在传统的委托代理理论框架下，市场可以通过激励和监督解决代理问题，然而在市场非完全有效的情况下，政府干预无疑可以成为外部治理的一种手段，通过本书的研究可以验证宏观的政府干预能否在高管薪酬激励过程中发挥有效作用。第二，探寻高管薪酬政策的治理路径。政府作为市场的“守夜人”，市场失灵情况下的公司治理问题及社会公众所关注问题进行干预，政策作为政府规制的手段，到底是如何发挥有效性的？探讨这个问题，能够为我国政府发挥宏观治理功能提供良好平台。第三，提供高管薪酬政策有效性的研究，能够为完善我国上市公司高管薪酬体系，建立有效的薪酬激励机制提供依据。

依据我国高管薪酬政策发展历程和特征，将薪酬政策划分为薪酬披露政策和薪酬管制政策，并结合相应的政策目标探讨宏观政府干预作用于微观企业的经济后果，为提升我国高管薪酬激励效率提供支持；同时，为检验政府调控效果提供证据。以我国 2000—2015 年 A 股非金融行业公司为初选样本，首先，运用中介效应方法（Mediating Effect Test）探讨薪酬披露政策对薪酬业绩敏感性的影响及传导路径；其次，采用倾向得分匹配的双重差分法（PSM - DID）检验薪酬管制政策对薪酬公平性（内部公平性、外部公平性）的影响及价值效应；最后，综合观察两种薪酬政策效果间关系，试图揭示我国高管薪酬政策的综合效果。通过宏观层面理论结合微观层面理论的分析，对我国高管薪酬政策效果进行先分后总式的检验，最终形成以下结论。

在“高管薪酬披露政策有效性”方面，我们发现，薪酬披露强度与薪酬业绩敏感性间关系存在非对称性，且这种非对称性主要体现在非国有企业中；通过高管薪酬披露政策效果的路径分析后，可知薪酬披露会通过薪酬攀比降低薪酬业绩敏感性，也可通过投资效率提升薪酬激励过度公司的薪酬业绩敏感性；进一步研究发现，高管薪酬披露政策效果的传导路径在不同类型的上市公司间存在差异。

在“高管薪酬管制政策有效性”方面，研究发现，薪酬管制政策提升了内部公平性，但这种效果仅存在于地方国有企业；同时，地方国企高管的在职消费行为显著上升；将高管薪酬管制政策效果延伸至企业价值后，分别检测到薪酬公平性（在职消费）对公司价值的激励（规制）效应。实证表明高管薪酬管制政策仅发挥了有限的效果，高管会通过隐性激励弥补货币激励的不足，进而影响企业价值。

在“高管薪酬政策综合效果”方面，检验薪酬披露政策和薪酬管制政策的效果关系，发现在地方国有上市公司中，薪酬披露政策效果和薪酬管制政策效果间存在互补关系，而非国有上市公司中两种政策效果间则为替代关系；进一步研究发现，相比于单纯的薪酬披露政策实施期，随着薪酬披露政策的补发，高管薪酬政策的综合效果会发生变化，且不同类型公司的变化趋势存在差异。

较以往从内部公司治理角度研究高管薪酬激励的文献，从外部的政府视角对该类问题进行探讨，拓展了公司治理的研究视角；采用先分后总的薪酬政策效果检验，系统地观测了我国单一政策及不同政策的实施效果，丰富了高管薪酬激励文献；通过中介效应方法揭示高管薪酬政策效果的内在机制，更深入地分析了我国政府调控效果。

研究的启示在于，高管薪酬政策效果的发挥不仅要考虑上市公司特征和高管人力资本特征，针对不同的实施对象进行差异化调控；更需要考虑相关政策效果间关系，力争制定目标及效果相辅相成的薪酬政策体系。

关键词：高管薪酬政策；薪酬业绩敏感性；薪酬公平性；有效性

Abstract

As an important corporate governance mechanism, compensation contract has been a principal – agent problem because of the power separation and information asymmetry. The phenomenon of "high salary", the irrelevant between executive compensation and corporation performance has attracted more and more attention from shareholders and society, which caused that governments have issued executive compensation policies to impact and governance constantly. As one means of compensation management, executive compensation policies have grown out from nothing and updated constantly. Limited to qualitative analysis, related literature research is not deep and the conclusion is not uniform. By arranging the objectives of the compensation policies, I found that government intervention balances compensation performance sensitivity with compensation equity. Based on this background, I will explore the governance role of executive compensation policy from two aspects: compensation performance sensitivity and compensation equity.

In order to enhance efficiency of executive compensation and to provide evidence for testing government regulation. The compensation policy is divided into compensation disclosure policy and compensation regulation policy. Taking the A – share listed companies which is non – financial in Shanghai and Shenzhen stock markets from 2000 to 2015 as samples, this paper uses the Mediating Effect Test to reveal the impact and transmission path of executive compensation disclosure on compensation performance sensitivity; Then, use Double Difference Method of propensity score matching (PSM – DID) to examine the impact of compensation regulation policy on compensation equity (internal equity and external equity) as well as the subsequent value incentive effects; Further consider the relationship between the effects between different executive compensation policies.

Taking the compensation performance sensitivity as the criterion, this book tests the effectiveness of the executive compensation disclosure policy. The results show that there is an asymmetry relationship between the compensation information disclosure and compensation performance sensitivity in non - state - owned enterprises. The information disclosure of executive compensation reduces pay - performance sensitivity through compensation bandwagon, and promotes compensation performance sensitivity through investment efficiency in excessive incentive samples. Further research shows that the conduction path of the effect of compensation disclosure policy varies among different types of companies.

Through analyzing the effectiveness of executive compensation regulation policy, the findings are as follows, the compensation regulation significantly improves the internal equity of the local state - owned enterprise. However, compensation regulation also increases the on - the - job consumption of local - government - owned enterprises. Further analysis indicates that both compensation equity and on - the - job consumption can affect the company's value.

Further analyzes of the relationship between the executive compensation effects show that: The relationship between the two policy effects is complementary to each other in our country in local state - owned enterprise, and the relationship mainly comes from the internal equity. However, the external equity reduces the compensation performance sensitivity instead in non - state - owned enterprises. Different policy implementation periods affect the overall effect of executive compensation policy.

The possible innovation of the article includes the following aspects: First, this book enriched the literature of executive compensation incentive based the perspective of macro regulation; and provided a systematical research on the effectiveness of compensation policies, reveal the intrinsic mechanism of effect implementation through exploring the path of government's macro – governance of executive compensation.

The conclusions inspire us that the government should consider the characteristics of the company, the characteristics of executives' human capital, and pay attention to the relationship between the effects of policies when they make the executive compensation policies.

Keywords: executive compensation policy, compensation performance sensitivity, compensation equity, effectiveness

目　　录

第一章　绪论 …… 1

第一节　研究背景及意义 …… 1
第二节　研究内容与框架 …… 6
第三节　研究思路与方法 …… 8
第四节　研究的创新点 …… 10

第二章　理论基础及文献综述 …… 12

第一节　概念界定 …… 12
第二节　相关理论 …… 18
第三节　文献综述 …… 25

第三章　高管薪酬政策背景阐述 …… 37

第一节　高管薪酬披露政策演变历程 …… 37
第二节　高管薪酬管制政策演变历程 …… 46
第三节　本章小结 …… 55

第四章　高管薪酬披露政策有效性的实证研究 …… 57

第一节　引言 …… 57
第二节　文献回顾及评述 …… 60
第三节　理论分析与研究假设 …… 63
第四节　研究数据与模型设计 …… 68

第五节 实证结果与分析 …… 73
第六节 研究结论 …… 91

第五章 高管薪酬管制政策有效性的实证研究 …… 93

第一节 引言 …… 93
第二节 文献回顾及评述 …… 95
第三节 理论分析与研究假设 …… 100
第四节 研究数据与模型设计 …… 103
第五节 实证结果与分析 …… 110
第六节 研究结论 …… 126

第六章 高管薪酬政策综合效果的实证研究 …… 128

第一节 引言 …… 128
第二节 文献回顾及理论推导 …… 130
第三节 理论分析与研究假设 …… 137
第四节 研究数据与模型设计 …… 139
第五节 实证结果与分析 …… 142
第六节 研究结论 …… 157

第七章 主要结论与展望 …… 158

第一节 主要研究结论与启示 …… 158
第二节 研究的局限性与未来研究方向 …… 163

参考文献 …… 165

附录 …… 189

后记 …… 196

第一章　绪论

本书致力于检验我国高管薪酬政策的经济后果，通过系统梳理我国高管薪酬政策发展历程，总结相应政策特点。依据不同的政策目标，将高管薪酬政策划分为薪酬披露政策和薪酬管制政策。并采用先分后总的手段，首先以薪酬业绩敏感性为标的探讨薪酬披露政策的有效性，然后以薪酬公平性为标的检验薪酬管制政策的后果，最后通过分析薪酬披露政策和薪酬管制政策的效果关系，探索高管薪酬政策的综合效果。希望通过对宏观政策作用于微观企业的经济后果分析，达到优化资本市场效率，完善高管薪酬激励机制的目的。然而，高管薪酬政策的执行效果会因高管行为、企业产权性质、政策环境的不同而发生变化，在深入分析我国高管薪酬政策有效性的传导路径时，从多角度进一步揭示高管薪酬政策效果的内在机理，为我国高管薪酬政策的差异化管理提供证据。

第一节　研究背景及意义

一　研究背景

在现代公司所有权与控制权相分离的背景下，代理理论假定高级管理者是风险厌恶的自利经济人，其自身利益与股东利益间天生存在冲突。以科斯等为代表的现代企业理论，表明公司是“一组契约”的联结，由于所有者和高级管理者在公司中的重要地位，使所有者和高管之间的薪酬契约成为最重要、最核心的内容。高管薪酬曾被认为是降低代理成本、协调高管和股东利益的有利工具，但在实践中因高管与股东间的信息不对称、利益不一致等原因，导致原本用以解决代理问题的高管薪酬自身已演变成典型的代理问题。

自 20 世纪 90 年代以来，高管薪酬问题逐渐作为英美国家备受关注的一个中心议题，英美公众、媒体、政府以及学术界所关注的问题主要为：高管薪酬不断飙升，不仅数额之高令人叹为观止，而且增长速度也令人瞠目结舌，但与此同时，公司业绩却未见明显提高。也就是说，高管薪酬与公司业绩之间的联系较弱。一般来说，在相对有效的资本市场上，政府或监管机构无须通过行政立法等方式规制公司高管薪酬。但在实际生活中，越来越多的问题薪酬总会引起公司股东、社会公众的不断质疑，那么在市场失调的情况下，西方国家依然会通过宏观政策对凸显的薪酬问题进行适当的干预。高管薪酬政策通过信息披露可以缓解股东与高管之间的信息不对称问题，依据信息不对称理论关注公司经济效益发展；另一方面，高管薪酬政策不仅关注上市公司经济效益，而且偏向社会效益，社会比较理论给出了高管薪酬政策的一系列见解。宏观政策最终的实施对象为微观的上市公司，我们在考察宏观政策目标的有效性时，运用宏观政策理论结合相关微观公司治理理论做进一步分析和验证。

高管薪酬的政府治理始于英国，但“安然事件”、高管薪酬丑闻、会计造假事件以及社会公众对“天价薪酬”的愤怒成本致使美国高管薪酬变革一直引领世界，美国薪酬委员会不断制定新的法律法规、税收政策、薪酬披露制度、薪酬制定程序准则等去降低高管薪酬的无效性。美国证监会于 1992 年对“经理薪酬披露规则”进行修订，针对高管薪酬的制度安排提出了更详尽的要求，上市公司需以图表等方式简明、详尽地进行披露，将高管薪酬支付方式更具体地呈现给信息使用者；2006 年，美国证券交易委员会（SEC）对高管薪酬披露规则做了自 1992 年以来最大幅度的修改，以适应高管薪酬实践的变化，并回应社会公众、媒体对企业高管薪酬飙升和薪酬不透明现象的批评；2010 年，受国际金融危机重创后，奥巴马政府出台了多德—弗兰克法案，重申金融行业上市公司内 CEO 薪酬与普通职工薪酬倍数比，要求公司薪酬顾问保持独立性等实施了更严格的薪酬管制政策。

尽管美国公众高度关注高管薪酬，美国政府也采取了一些规制措施，但总体来说，美国高管薪酬过高的问题并未得到完全改善，高管薪酬每年仍不断再创新高。不过有研究显示，高管薪酬与公司业绩之间的联系在加强。

无独有偶，我国上市公司高管薪酬水平也一度突破社会公众的预期，金融危机前，始于年薪接近千万元的“打工皇帝”法兰克·纽曼，后至6616.1万元的“年薪状元”马明哲，“天价薪酬”的出现致使上市公司股东和社会公众不禁质疑其合理性。同时我国上市公司内部人控制现象严重，导致很多上市公司的董事、CEO等高级管理者存在自定薪酬现象；受金融危机波及之后，公众对于高管高薪、行业间的收入差距不断提出质疑，使上市公司高管薪酬的合理性再次受到了社会各界的广泛质疑，凸显了社会收入分配矛盾问题，引发了人们对高管薪酬政策的又一次反思。自1993年《股票发行与交易管理暂行条例》开始，我国上市公司高管薪酬政策已历经20多年的发展路程，相关的法律规范体系也初具规模。自1997年《公开发行证券的公司信息披露内容与格式准则第2号〈年度报告的内容与格式〉》颁布后，证监会先后对其进行多次修订，高管薪酬披露政策内容也因此经历了从“披露金额最高的前三名董事的报酬总额、金额最高的前三名高级管理人员的报酬总额”到“披露每一位现任董事、监事和高级管理人员在报告期内从公司获得的报酬总额”的进步；2002年，年薪制开始在我国国有企业中不断推行，并限定12倍为高管薪酬和普通职工薪酬倍数比的最高限，此后，有关中央企业高管的法律法规不断更新；在遭受了2008年以来的国际金融危机影响之后，企业业绩普遍下滑，但媒体却频频爆发“天价薪酬”的传闻。2009年1月13日，我国财政部及时颁布了《关于金融类国有和国有控股企业负责人薪酬管理有关问题的通知》。该通知强调，要结合当前经济形势和我国实际国情，设定合理的高管薪酬水平，保证适当的高管与普通员工间的薪酬差距，避免国有及国有控股金融企业负责人薪酬脱离实际，影响社会收入分配效果。

根据学术界相关研究文献发现，国外学者会采用不同的实证方法检验薪酬政策的经济后果。Andrews等（2008）结合美国证券交易委员会2006年修订的信息披露准则，检验证明了扩大上市公司高管信息披露范围的新SEC法案，有助于资本市场投资者识别治理环境差的上市公司的侵占行为；Leuz和Wysocki（2008）运用规范和实证相结合的方法，分别从微观和宏观两个层面分析上市公司财务报告、披露规则的成本和收益问题，系统地探讨了上市公司财务报告和披露规则的经济后果，有助于投资者筛选公司财务数据信息；Murphy（2012）梳理了美国上市公司高管薪酬政策演变路径，并运行实证方法分析不同国家间薪酬政策演变差异，对于不同国家的薪酬社会治理进行了比较，等等。我国学者有关薪酬政策的研究大多仅仅参照外国学者的规范研究法，对上市公司高管薪酬政策进行梳理，并对我国薪酬政策发展提供建议和启示（戴少刚，2007；葛家澍、田志刚，2012）。少数学者从宏观的薪酬政策层面运用实证方法探讨其对高管薪酬异象的治理作用，或对高管薪酬政策目标进行分类检验（施廷博，2012；庞长亮，2014）。

综观我国高管薪酬政策，其经历了从无到有、从不完善到逐步完善的发展，在与上市公司高管薪酬实践效果博弈的过程中不断更新、演变。薪酬政策无疑成为影响高管薪酬激励的重要因素，作为公司外部治理的机制之一，我国高管薪酬政策大致可分为薪酬披露政策和薪酬管制政策，前者以所有上市公司为对象，目标在于充分提高高管薪酬透明性及激励效率，保护投资者合法权益，规范企业高管薪酬管理；而后者则关注国有上市公司，致力于回应社会关切问题，保证社会收入公平分配，促进国民经济发展。那么，我国上市公司高管薪酬政策是否发挥了应有的作用？不同的薪酬政策效果间存在什么样的关系？基于此，结合高管薪酬政策实施目标，本书将分别观测薪酬披露政策、薪酬管制政策的效果，并进一步检验不同薪酬政策效果间关系，试图为我国宏观政策作用于微观企业薪酬契约的效果分析提供证据。

二　研究意义

高管薪酬政策作为薪酬治理的手段之一，涉及高管薪酬激励效率和薪酬分配的公平性。目前国外对薪酬政策与高管薪酬问题研究的成果层出不穷，而国内尚未形成系统、完整的本土化理论研究成果。本书探究我国上市公司高管薪酬政策对薪酬机制的直接影响，并进一步检验薪酬政策在公司薪酬治理和社会收入分配公平层面的有效性。因而这一研究颇具学术价值和实践价值，在理论上能推进我国企业薪酬理论的发展，而且也有助于客观地认识和评价我国企业薪酬政策改革，科学地指导企业薪酬决策治理；同时，对于高管薪酬的政策规制和实务操作具有重要的研究意义。

（一）理论意义

现有高管薪酬研究主要集中于公司内部治理层面，而分析薪酬政策对高管问题薪酬的规制效应非常必要，从公司外部治理层面考察宏观薪酬政策对高管薪酬机制的影响，是对高管薪酬公司内部治理理论的有益补充；其次，系统性地分析了我国上市公司高管薪酬政策演变，从薪酬披露政策、薪酬管制政策等多维度分析我国高管薪酬政策效果，并结合高管人力资本特征、企业性质等揭示政策效果的内在机制，为提升上市公司绩效、完善激励手段、薪酬差异化管理开辟了一条新的研究方向；最后，基于我国特殊的制度背景，国有企业在经营过程中既要关注资源配置效率又要顾及社会收入分配公平，依据高管薪酬激励效率、社会收入分配公平等指标从制度视角探讨上市公司高管薪酬，是对资本市场作用研究的进一步拓展。

（二）现实意义

在相对低效的资本市场中，无论是为回应社会公众对高管领取与公司业绩不相关的高额薪酬的不满，还是迫于解决上市公司高管薪酬机制中所存在的实质问题，都需要政府通过颁布相关的行政法规对市场无法调控的问题薪酬进行干预。我国上市公司高管薪酬存在高管薪酬水平增长快、薪酬与业绩之间联系较弱、管理者自定薪酬、社会收入差距增大等现象，严重损害了公司股东和投资者权益，同时导致社会公众和媒体“愤怒”成本上升。相应地，薪酬政策治理有两个重点方向：一是将薪酬与企业业绩挂钩；二是调整不同员工、行业间薪酬公平性。本书从薪酬政策角度研究高管薪酬治理效应，不仅仅有利于加强对中小股东利益的保护、完善公司薪酬激励机制、补充公司治理手段以及提高资本市场效率，从而达到高管个人利益和股东利益最大化的“双赢”局面；同时，实证检验高管薪酬政策是否起到了积极回应社会关切，保证公平社会收入分配的作用，也有利于实际解决我国高管薪酬社会问题，使公平公正的社会化法治理念深入人心，为社会监管及政府政策制定提供有效参考，促进国民经济的发展。

第二节　研究内容与框架

基于前文有关高管薪酬政策的背景分析，本书将从宏观政策干预层面分析我国高管薪酬政策作用于微观企业高管薪酬的经济后果，并提出相应的政策建议和启示。具体的研究内容安排如下：

一　研究内容

第一章　绪论。本章为全文的总体概述。介绍本书的研究背景、研究意义、研究内容、研究框架、研究思路及研究方法，并阐述本书的创新与贡献。

第二章　理论基础及文献综述。本章分为三部分，第一部分为相关概念定义；第二部分对高管薪酬相关理论进行回顾，为后续文章研究奠定理论基础；第三部分对薪酬政策相关文献综述进行汇总，依照高管薪酬政策动机、目标及经济后果的分析思路，梳理国内外相关文献，寻找本书研究的着入点。

第三章　高管薪酬政策背景阐述。在前文的基础上，依据不同的政策目标，将我国高管薪酬政策分为薪酬披露政策和薪酬管制政策两大类。结合薪酬披露政策、薪酬管制政策分别梳理政策演变历程，描述不同政策的相应特点，展现相应的经济后果现状，为实证章节的效果检验奠定基础，最后进行本章内容小结。

第四章　高管薪酬披露政策有效性的实证研究。高管薪酬披露政策的颁布主旨在于解决高管薪酬和公司业绩脱节的问题，依照以往学者经验薪酬业绩敏感性是检验该类政策效果的主要指标。本章将以薪酬业绩敏感性为标的，检验高管薪酬披露政策的有效性。首先，在基础理论分析、假设制定及研究设计的基础上检验高管薪酬披露政策的经济后果，探索该政策的下发是否起到了抑制高管薪酬、提升薪酬业绩敏感性的作用；其次，运用中介效应方法（Mediating Effect Test）从薪酬攀比和投资效率两条路径，揭示高管薪酬披露政策效果的内在机理；最后，观测产权性质对高管薪酬披露政策效果传导路径的具体影响。

第五章　高管薪酬管制政策有效性的实证研究。随着社会公众对收入分配的关注度不断提升，人力资源和社会保障部等六部委联合下发了《关于进一步规范中央企业负责人薪酬管理的指导意见》（以下简称限薪令），意见指出，要合理控制各级机构负责人薪酬，避免进一步拉大与社会平均收入水平，以及企业内部职工收入水平的差距。因此，本章将以薪酬公平性为标的，检验薪酬管制政策的有效性。首先，通过对薪酬内部公平性、外部公平性的细分，运用基于倾向得分匹配的双重差分法（PSM－DID）检验薪酬管制政策对薪酬公平性的影响；然后，考察高管薪酬管制政策可能带来的隐性消费行为对效果的影响；最后，将薪酬管制政策效果延伸至公司价值层面，检验薪酬公平性（在职消费）对公司价值的激励效应（规制效应）。

第六章　高管薪酬政策综合效果的实证研究。前文中我们分析一个政策时总是将另一个政策视为外生变量，假定不同政策之间不相关。但在现实中，不同的高管薪酬政策间是相互作用的。上市公司的经济决策不仅追求资源配置效率，还要关注社会公平性。因此，本章我们将综合分析薪酬披露政策和薪酬管制政策效果间关系，并分情况观察不同类型公司、不同政策环境是否会对高管薪酬政策综合效果产生影响。

第七章　主要结论与展望。通过前文章节的理论分析和实证检验，总结本书的主要结论和展望，第一小节总结本书研究结论，并根据研究结论有针对性地提出政策建议和启示，第二小节为研究展望，结合文章研究过程中出现的问题，提出未来研究的方向。

二 研究框架

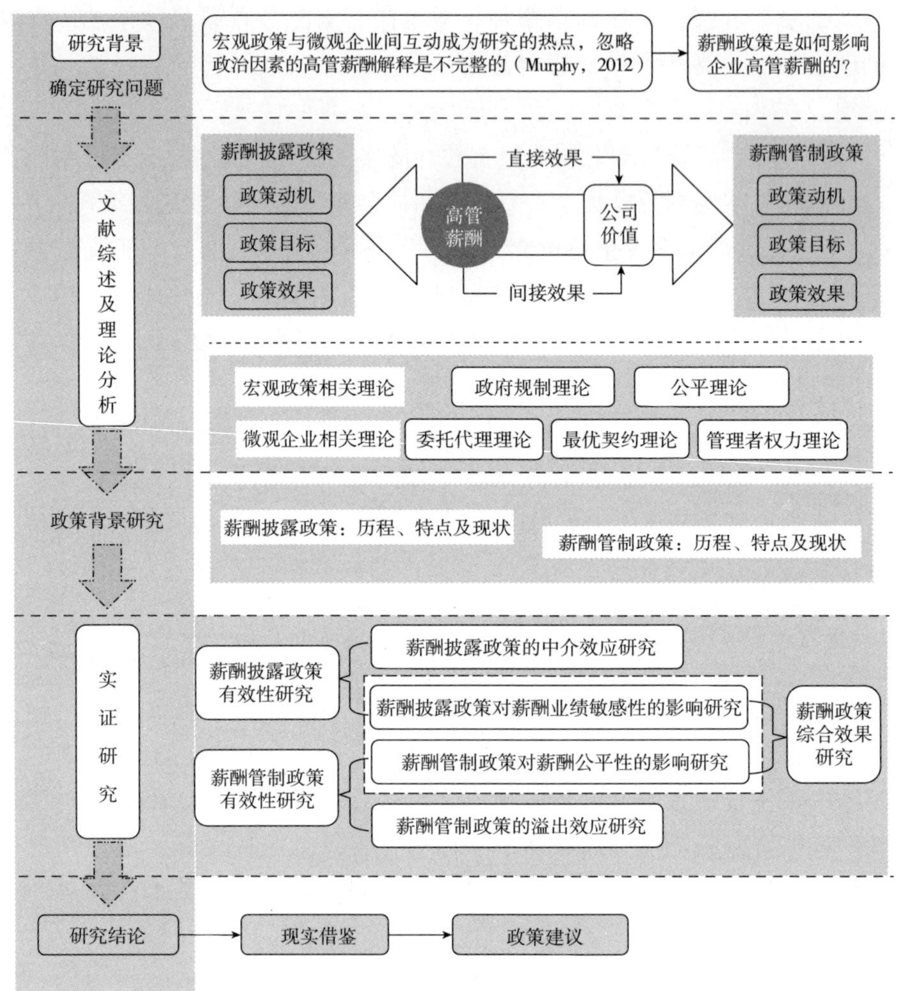

图1-1 本书研究框架

第三节 研究思路与方法

一 研究思路

本书通过借鉴国内外薪酬政策相关分析，区别以前的公司内部治理研究，从宏观层面探讨高管薪酬政策的治理效应。结合我国特殊的制度背景，将高管薪酬相关政策分为薪酬披露政策和薪酬管制政策，并从薪酬政策目标出发，检验高管薪酬政策的有效性。首先，以薪酬业绩敏感性为标的，运用中介效应方法检测我国高管薪酬披露政策是否达到了保护投资者权益的目标，并通过薪酬攀比、投资效率两条路径揭示高管薪酬披露政策的内在机制；其次，以薪酬公平性为标的，并将社会分配公平性指标细化分为内部公平性、外部公平性两个层面，探讨薪酬管制政策对薪酬公平性的影响，以及由此所产生的溢出效应和公司价值影响；最后，鉴于我国上市公司在促进高管薪酬激励效率时需兼顾薪酬分配公平性，我们将综合考察薪酬公平性与薪酬业绩敏感性间关系，为我国高管薪酬政策效果间关系分析提供证据。希望通过本书的实证检验能够为上市公司高管薪酬的治理带来新的方向，并对我国薪酬政策的制定及修正提供一些借鉴意义。

二　研究方法

本书主要采用归纳分析法、规范分析与实证分析相结合的研究方法进行分析。论文理论研究方面主要采用归纳分析法，梳理和综述有关高管薪酬政策效应的文献和观点，运用经济学、管理学的相关理论归纳和总结薪酬政策对高管薪酬激励的影响及作用路径，并总结完善我国高管薪酬政策的建议。主要采用规范研究和实证研究相结合的方法，基于微观的公司治理理论和宏观的政府干预理论进行规范分析并提出相关假设，构建我国上市公司高管薪酬政策效果的思路和框架；而实证研究部分，本书的研究数据主要来源于 CSMAR 数据库和 CCER 数据库，其中公司财务数据、部分公司治理数据由 CSMAR 数据库提供，而产权性质指标数据主要由 CCER 数据库提供。基于国内外研究，结合我国特殊的制度背景，严谨、合理地设计实证模型及相关指标。主要运用统计软件 Stata14.0 对研究假设进行检验，采用描述性统计分析和普通最小二乘法（OLS）展示回归数据，并结合中介效应方法（Mediating Effect Test）、基于倾向得分匹配的双重差分法（PSM - DID）对效果分析过程中的问题进行解决，最后通过固定效应、安慰剂检验等方法对文章结果进行稳健性检验。

综合研究内容、研究方法和研究思路，我们提出本书的技术路线，见图1-2。

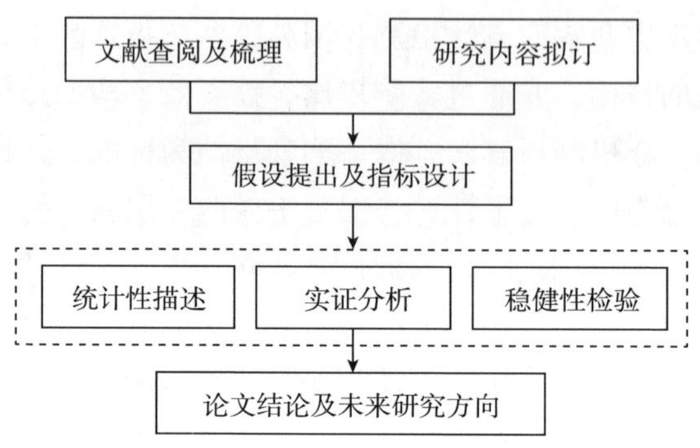

图1-2 本书技术路线

查阅文献确定研究方向和内容→根据研究方向和研究内容拟订研究计划→研究理论文献进行理论分析初步提出研究假设→收集、整理数据→建立模型实证检验→稳健性检验→归纳总结检验结果→最终形成结论→提出政策建议与未来研究方向。

第四节 研究的创新点

第一，研究宏观政府调控作用于微观企业的经济后果，是对我国资本市场发展的有益补充。在有效的资本市场中，无须“有形的手”对市场机制进行干预，但在我国特殊的制度背景下，市场无法完全有效地作用于企业高管薪酬激励，政府的外部公司治理机制是有必要的。本书从政府、公司、高管三个层面解释政策干预对高管薪酬激励的影响效果及路径，拓展了我国高管薪酬激励的研究视角。

第二，实证检验我国高管薪酬政策的经济后果，为相关部门的作用分析提供证据。目前对高管薪酬政策的检验大多依据规范性方法，梳理薪酬政策条款演变过程，借鉴西方发达国家薪酬政策来指引我国政策方向。本书运用实证分析方法检验我国高管薪酬政策实施对上市公司薪酬的治理效应，尝试性地实证分析在一定程度上可能会弥补我国薪酬政策研究方法的片面性，有助于进一步挖掘我国上市公司高管薪酬宏观治理的内在机制。

第三，补充了我国高管薪酬治理机制的相关研究文献。内部公司治理一般只关注高管薪酬激励效率，作为外部公司治理的高管薪酬政策干预，兼顾薪酬的社会分配公平性。从高管薪酬政策目标出发，本书综合分析我国高管薪酬激励效率和薪酬公平性间关系，更好地检验了我国高管薪酬政策的实施效果，补充了我国相关研究文献，为政策的完善奠定研究基础。

第四，相比于以往学者有关高管薪酬政策的研究中仅进行单个政策分析，本书的研究更为系统，形成了薪酬政策对高管薪酬治理的体系。本书区别以往的单个政策研究，结合薪酬政策目标，分别考察了高管薪酬披露政策、高管薪酬管制政策的经济后果，又综合检验两种政策效果间关系，以先分后总式的检验方式系统揭示我国高管薪酬政策的实施效果。因此，拓展了相关研究的深度和广度，有可能会使结论更具有普遍性。

第二章　理论基础及文献综述

研究对象界定不清、研究设计不合理可能会导致高管薪酬治理研究结论的不清晰，为使本书研究结论更具有针对性，研究设计更明确，本章首先对主要的相关概念进行阐述，界定文章中所涉及的高管、薪酬政策及有效性等内容；并依据公司治理层面理论和宏观政府规制理论揭示高管薪酬政策与高管薪酬激励之间关系；最后结合我国高管薪酬政策特征，根据政策动机、政策目标和政策效果的线路对相关文献进行综述。

第一节　概念界定

一　高管相关概念

本书致力于探讨我国上市公司高管薪酬政策的实施后果，在结合我国特色制度背景的基础上，需明确上市公司高管人员、高管薪酬等相关概念，使文章研究结果更具有针对性。

（一）高级管理者

在现代公司治理模式下，股东享有公司的所有权但并不直接参与公司的经营活动，而是通过投票选举的方式成立董事会，董事会负责制定公司经营目标、选聘职业经理人及修订职工薪酬等。职业经理人主要执行股东及董事会的命令，从事公司的经营决策。公司高级管理人员、高层管理者均可作为上市公司高级管理者，基于上市公司两权分离，高级管理者是指专门从事管理职能的人员，包括享有公司经营管理权的董事和经理。

由于公司股权集中度及制度背景的不同，西方学者对高级管理者的界定与我国存在差异。西方学者通常界定的高级管理者不包括董事会成员。Rosen（1982）强调 CEO（首席执行官）作为公司高管的最终决策者，其权利及能力将对公司的整体运营起着关键作用。鉴于 CEO 特征数据的可获得性、研究内容的丰富性，西方学者通常以 CEO 作为高级管理层的代表进行相关研究（Murphy，1999）。但同一国家中有关高级管理者的概念界定依然有别，如 Krishnan 和 Park（1998）在肯定首席执行官（CEO）为高管层时，并将界定范围拓展至首席财务官（CFO）、首席运营官（CMO）和下一个层次的最高级别人员。相比于西方学者对高级管理者的概念界定，我国的高级管理者解释相对不清晰，随着企业制度环境的变化，高级管理者概念还会产生少许的调整。管理人员范围的最初界定出现在《关联方交易》中，该准则将除监事以外的公司董事、总经理、总会计师、财务总监、辅助各项职务的副总经理均定义为高级管理者。2005 年修订的《公司法》则被认为是明确定义我国高级管理者概念的最早出处，公司法的第 217 条首次对包含高级管理人员的四个关键词进行界定。该定义明确指出公司的总经理、财务负责人、副总经理、董事会秘书及公司章程规定的其他人员为我国上市公司的高级管理者。通过梳理有关高级管理者的文献发现，我国学者大致上将高级管理者分为三种，每种界定模式不同但又有所关联。李增泉（2000）、刘斌等（2003）、谌新民和刘善敏（2003）将我国上市公司的高级管理者定义为董事长和总经理；王克敏和王志超（2007）、刘凤委等（2007）、陈震和张鸣（2008）则研究总经理、副总经理及董事会秘书组成的高级管理层；陈冬华等（2005）、李维安和张国萍（2005）、王华和黄之骏（2006）将监事会加入高级管理者，并将管理者拓展到管理层，这种界定模式下的高管范围更广，研究视角更加多元化。

本书拟从薪酬披露政策、薪酬管制政策等视角研究我国高管薪酬政策的实施效果，而独立董事的薪酬通常在上市公司年报中另外独立披露，有别于其他高管薪酬管理，因此，本书所指的高级管理者既不包含独立董事，也不包括不直接参与公司经营的财务负责人和董事会秘书，而是经济学界所指的拥有公司管理权的上市公司董事及经理。

（二）高管薪酬

委托代理理论假设高管是风险厌恶的自利经济人，并发现上市公司高管与股东间存在信息不对称、利益不一致的问题。股东的目标在于公司价值最大化，而高管作为代理人可能会以牺牲股东的利益为代价进行机会主义行为。为降低高管与股东间的代理成本，高管薪酬通常被视为最有效工具，高管薪酬一方面是对高管努力的工资支付，另一方面可为调整高管公司经营过程中道德风险、逆向选择问题提供机会。有效的高管薪酬契约在一定程度上可以促进高管专注于公司经营，努力以股东的价值为目标，实现公司价值最大化。现有研究将高管薪酬大致分为显性薪酬和隐性薪酬，显性薪酬中主要包括货币薪酬和股权激励。货币薪酬是指以货币形式支付的高管薪酬；而股权激励则是对员工的长期激励，通过股权形式向高管分配公司剩余盈余。隐性薪酬主要以在职消费形式存在，在职消费泛指高管在职期间所获得的工资报酬以外的隐性收益，表现形式主要表现为享受专车或头等机舱待遇、餐饮娱乐消费、豪华办公室等。由于我国股权激励机制起步较晚，股权激励普及率相对低下，因此本书没有对高管持股进行后续分析，高管薪酬的研究主要围绕货币薪酬。

二　高管薪酬政策

随着社会公众对高管薪酬的日益关注以及市场失灵的存在，迫切需要通过法律法规发挥薪酬调节作用。我国现行的上市公司高管薪酬规制体系主要包括相关法律和行政规范文件。以《中华人民共和国公司法》和《中华人民共和国证券法》为主的高管薪酬法律，只对上市公司高管薪酬进行基础的原则性规定。行政规范文件在高管薪酬法律法规的基础上，以通知、意见、准则等形式下发以达到引导高管薪酬的目的。整体上，高管薪酬法律法规适用于所有上市公司，而行政规范文件主要规范国务院国资委下属央企、金融类国有企业以及国有上市公司等。目前，有关高管薪酬政府干预的研究文献，尚未对高管薪酬政策作出明确界定。部分学者将薪酬决策准则、导向文件称为薪酬战略，但其宗旨都是为了实现高管薪酬安排。为使本书的研究结论更具有普适性，本书把有关高管薪酬的法律、准则、导向以及其他引导性文件通称为薪酬政策。

综观我国高管薪酬政策，大多致力于提升高管薪酬的透明性以及合理性。要求披露上市公司高管薪酬的文件越来越多，条款要求越来越严格。同时，为回应当下社会公众的“愤怒”，一些薪酬政策要求上市公司关注高管薪酬与普通员工、不同公司高管间的薪酬差距，并会通过规制薪酬最高水平以及高管薪酬差距倍数对高管薪酬进行管制。因此，本书将我国上市公司高管薪酬政策划分为薪酬披露政策和薪酬管制政策。

（一）薪酬披露政策

信息披露是政府干预高管薪酬的重要手段，是否应该详细披露公司高管薪酬信息仍然存在很大的争议。反对披露高管个人信息的观点认为，信息披露的增强不仅会带来额外的信息披露成本和信息泄露成本，而且在某些情形下，信息披露增强所导致的外部性会减弱薪酬契约的有效性。支持者认为，信息披露的透明化有利于监督高管，抑制过高薪酬，而且信息披露的增强也让董事会面临更多的来自股东的压力和监督，从而直接抑制高管在薪酬制定过程中的机会主义行为，以此提高薪酬契约的有效性。纵观高管薪酬披露政策发展历程可以发现，《股票发行与交易管理暂行条例》《上市公司治理准则》以及《公开发行证券的公司信息披露内容与格式准则第 2 号〈年度报告的内容与格式〉》中均涉及高管薪酬信息披露，其中以《公开发行证券的公司信息披露内容与格式准则第 2 号〈年度报告的内容与格式〉》2005 年修改版最为典型，该政策从增加要求高管薪酬水平、结构、高管薪酬设立程序等方面信息的披露，不断地将我国高管薪酬信息公之于众，并且披露内容越来越详细，本书对高管薪酬信息披露政策的认定为社会影响较大的《公开发行证券的公司信息披露内容与格式准则第 2 号〈年度报告的内容与格式〉》2005 年版薪酬披露政策。薪酬披露政策作为一种间接的约束手段，虽然并不直接作用于高管薪酬程序设定，但可以在一定程度上弥补高管薪酬透明性的缺失。高管薪酬披露就像隐性的双手，制约着上市公司薪酬委员会与高管，让他们更为谨慎、科学地制定企业的薪酬决策程序，而非凭借自我感觉进行盲目评判。

（二）薪酬管制政策

借鉴经济学家对于“管制”这一基础性概念的定义和对管制基本特征的描述，将其移植到政府干预企业高层管理薪酬这一具体行为上，本书认为薪酬管制这一概念主要特指政府依靠行政权力对国有企业经理人高额薪酬的直接干预，例如，限薪令。从 2002 年至 2009 年间，随着社会环境的不同变化，薪酬管制的高管薪酬与普通职工薪酬倍数比也从 12 倍变更为 20 倍，并在其他规定中明确制定高管薪酬上限，但倍数比的上升并不代表我国高管薪酬管制政策的放松，反而证明高管薪酬政策结合我国实际情况不断演变。此外，财政部下发了《金融类国有及国有控股企业负责人薪酬管理办法》，而人力资源和社会保障部则联合中央组织部国资委、监察部、审计署及财政部共同颁布了《关于进一步规范中央企业负责人薪酬管理的指导意见》，主要对中央企业高管的薪酬水平及与员工的薪酬差距进行规制。薪酬管制这种“一刀切”式的规制办法，会对高管薪酬水平产生直接影响，进而影响高管的行为选择。在本书的后续研究中，针对我国的薪酬管制政策主要是特指政府对国有企业高管的薪酬管制。

三　政策有效性

通过对我国高管薪酬政策梳理，选取社会影响较大的政策作为外冲事件，检验高管薪酬政策的有效性。基于前文中将高管薪酬政策细分为薪酬披露政策和薪酬管制政策，我们结合相关政策目标进行深入分析。高管薪酬披露政策目的在于规范上市公司薪酬披露行为，保护投资者合法权益；薪酬管制政策目的在于兼顾增强企业高管努力程度、优化社会收入分配，通过基本工资结合绩效的形式保证企业员工间薪酬差距合理并调动中央企业负责人的积极性。因此，有效的高管薪酬政策必须能够体现高管薪酬的效率和公平性。

（一）薪酬激励效率

随着委托—代理理论的出现和繁荣，人们开始从代理问题的角度来思考高管薪酬与公司绩效的关系。代理理论认为，高管薪酬不在于支付多少，而在于如何支付（Jensen and Murphy，1990）。代理理论认为，公司所有权和经营权的分离，使高管变成公司雇员，作为委托人的股东不能够完全观察到作为代理人的高管行动，导致自利的高管存在道德风险和机会主义动机。为了减少管理者和股东利益间冲突导致的代理成本，一个重要的机制就是让薪酬与公司绩效挂钩，使高管利益和股东的利益更加一致。薪酬绩效的敏感程度越高，管理者得到一个越高的激励，他付出的努力越多，激励的效果越好。以往学者大多从薪酬激励对高管行为（投资、融资）的影响、薪酬激励对公司成长性等方面的影响进而考察高管薪酬激励效果，然而本书的研究背景为上市公司高管薪酬异象，主要表现为“天价薪酬”“高管薪酬与公司价值相脱节”等，为了减少高管和股东利益间冲突导致的代理成本，一个重要的治理机制就是让高管薪酬与公司业绩挂钩，使高管利益和股东的利益更加一致，同时，高管薪酬政策的下发目标在于缓解上市公司高管薪酬异象。因此，本书中将高管薪酬激励效率明确为高管薪酬与公司业绩间关系。基于 Jensen 和 Murphy（1990）的识别方法，借鉴辛清泉和谭伟强（2009）、江伟等（2016）的做法，以薪酬业绩敏感性作为高管薪酬激励效率的替代变量，薪酬、业绩间的敏感性越强，管理者得到的激励效率越高，他付出的努力越多，激励的效果越好。

（二）薪酬公平性

公平包括社会公平和组织公平，薪酬的公平性问题属于组织公平范畴。国内外学者依据薪酬分配结果、薪酬制定程序及后续的调整等方面将组织公平细分为：分配公平、程序公平及互动公平。美国著名心理学家 Adams（1963）基于社会交换理论视角初次研究分配公平，他指出人们会将自己的收入与付出相比，并会对照类似职位、可比公司人员的收入和付出，进而对自身收入产生重新评估判断分配结构是否公平。当人们感知比值相当，就会产生公平感；当感知比值不相当后，便会认为被不公平支付。社会交换理论通过分配结果比较后衡量是否被公平对待，因此又被称为分配公平理论。但是分配公平理论仅仅诠释了薪酬公平性的一个维度，并不能涵盖薪酬决策程序中的公平感，Stanley 等（1976）通过研究相关薪酬决策程序、法律程序中的公正问题，提出程序公平理论，他们认为只要社会公众在薪酬制定程序中具有发言权，都会显著增加人们的最终公正感。互动公平则强调关注分配结果后续反馈时，薪酬支付方和接收方在交流互动中的态度、方式，恰当的调解手段也会增强薪酬公平感。

尽管薪酬公平有多维体现方式，但相比于程序公平和互动公平，薪酬分配公平最易量化。为便于文章能够更客观地反映我国上市公司高管薪酬分配公平，本书将薪酬公平性界定为分配公平。依据行为理论和锦标赛理论普通员工间的薪酬差距来解释公平问题，这种研究方法有助于公司间的横向比较；同时，依据吴联生等（2010）、步丹璐等（2010）的定量衡量方法，观测上市公司内部高管与普通员工间薪酬公平（内部公平性）、不同上市公司间高管薪酬公平（外部公平性）。本书对公平性的定义在一定程度上避免了问卷调查的主观性结果，另一方面也考虑了上市公司内部及外部公平性等维度，指标设定较为全面、合理。

第二节 相关理论

一 委托代理理论

突破新古典经济学理论中企业吸收各种生产要素并在既定预算约束下实现利润最大化的假说，在所有权与经营权分离的现代公司中，代理理论主要关注公司股东与管理者之间的利益冲突，及股东与管理者之间利益冲突的协调机制（Hoskisson et al.，1991）。美国经济学家 Berle 和 Means（1932）洞察到企业所有者和经营者合一的经营方式存在极大的弊端，并首次提出公司所有权和经营权相分离的想法，传统的委托代理理论便应运而生。随着对传统委托代理理论的认可及推进，越来越多的学者对阿罗—德布鲁的企业“黑箱”理论提出挑战，公司内部的代理问题慢慢地展现给世人。代理关系是代理人受聘于委托人，并代表委托人行使某些职责及决策的契约，传统的委托代理理论仅构建了企业内代理人受聘于委托人，并依据委托人意愿行使其经营决策的权力（Jensen and Meckling，1976），但并未探索实质的委托代理问题。随着各国公司治理研究的不断发展，代理理论也从传统的委托代理理论逐步优化为标准的委托代理理论。

标准的委托代理问题假定代理人是风险厌恶的自利“经济人”，其自身利益与股东利益不一致；其次，委托人和代理人之间存在信息不对称问题，并且信息不对称是委托代理关系的基本假设。由于委托人和代理人之间的利益不一致、信息不对称问题，致使代理人可能产生道德风险或机会主义行为，即形成股东与高管间的代理问题。具体表现为，高管为扩张自身权利或获得高额回报，将公司资金投资于净现值为负的项目，以达到“帝国建设”的目的（Amihud and Lev，1981；Kroll et al.，1990）；又因为高管不享有企业的剩余索取权，具有在职消费、偷懒的动机进而对股东价值带来损失。之后，标准的委托代理理论在 Ross（1973）、Holmstrom（1979）、Grossman 和 Hart（1983）等的研究基础上不断完善和优化，我国学者张维迎（2005）将信息不对称加入委托代理模型中，丰富和启发了随后的委托代理研究。

源于公司中股东与高管间的目标函数不一致，激励机制不完善等原因，为避免高管在信息不对称程度高的环境下追求自身利益，通过掌握的专项决策评价和内部组织信息盲目配置公司资源，股东试图设计出有效的管理者行为决策监督机制，促进高管以股东价值为目标。薪酬补偿作为将高管利益与股东利益相关联的主要方式，Henderson 和 Fredrickson（1996）、Bloom 和 Milkovich（1998）认为，高管薪酬补偿在一定程度上能够对高管产生“自我监管”的作用，从而将股东的部分风险转移到管理者身上，成为有效缓解代理问题的重要治理机制。Jensen 和 Murphy（1990）在评价薪酬补偿合同有助于协同股东和高管利益时，认为最优薪酬补偿合同仅是解决委托代理问题的“次优”选择，高管的薪酬激励补偿政策需依赖公司价值的变动而调整。更有一些学者坚持在一些极端情况下，如完全信息对称时，激励高管利益与股东利益一致的薪酬补偿已经没有任何意义，薪酬补偿的多少应结合高管的努力程度（Demski and Feltham，1978；Harris and Raviv，1979；Holmstrom，1989）。可见，作为现代公司治理的重要机制，高管薪酬一致吸引着学者的注意，高管薪酬补偿机制的具体设定应结合公司情况、市场环境等，一成不变的薪酬契约或将薪酬补偿作为降低代理成本唯一方式的做法都是不合适的。

二　最优契约理论

股东成立公司后，由于时间、精力和能力有限，无法完全掌控公司时，一般会通过一股一票的选举方式投票产生董事会，并授予董事会代为管理公司的各项事宜。基于董事会与股东间无任何代理冲突的假设，董事会会通过选聘职业经理人的方式选择公司高管，并与高管签订有效的薪酬契约。一方面，通过对比薪酬与高管努力程度，晋升表现优异的高管或解聘不合格的高管；另一方面，薪酬支付作为高管行为的约束机制，实现了对高管的“软约束”。最优契约理论表示，为防止代理人通过自利目的而损害委托人的行为发生，委托人会通过设定有效的激励契约协同委托人和代理人之间的利益冲突，通过赋予代理人享有部分公司剩余控制权和剩余索取权，实现股东价值的最大化。

作为降低委托代理成本的重要手段，薪酬契约是从委托代理理论中所衍生出的一种有效公司治理机制（Holmstrom，1979）。有效的薪酬契约需同时满足高管激励相容约束与参与约束，激励相容约束强调高管从公司经营活动中所获得的收益不得小于其行动所付出的成本；同理，参与约束指高管在签订合同时得到的期望效用需大于或等于不签订合同时的期望效用。在极端情况下，帕累托最优效果和帕累托最优风险均可能发生，但通常情况下，由于高管与股东间的利益不一致、信息不对称等问题，股东需权衡高管激励和保险，促使高管以股东价值为目标，实现薪酬激励效率的不断提升。Jensen 和 Meckling（1976）提出最优契约理论的核心在于探讨高管薪酬支付的有效性，即公司是否按照业绩水平支付高管薪酬。Jensen 和 Murphy（1990）证实保证高管薪酬与公司业绩的关联性是促进高管薪酬激励效率的最好办法，并设计了最初的薪酬业绩敏感性计量模型，为之后的学者研究奠定了坚实的基础。

通常意义上，高管的风险厌恶程度和公司经营风险程度会随高管薪酬激励强度的增加而下降，为了获取更高的薪酬支付水平，高管将会增大其积极努力的程度，克服自身的自利心理产生更大的公司价值。因而，高管薪酬与企业业绩间的敏感性会受高管经营行为成本的影响。为更直观地观测最优契约理论是否成立，不少学者将目光投向高管薪酬与公司业绩敏感性的度量和检验上，将薪酬业绩敏感性定义为公司价值变化一单位所带来的高管薪酬变化。早在 1990 年，著名经济学者 Jensen 和 Murphy 就对高管薪酬业绩敏感性进行开创性的研究，结果发现，公司价值每增加 1000 美元，公司高管薪酬就会相应地提升 3.25 美元，此后学者也支持了上市公司中存在薪酬业绩敏感性的说法（Sloan，1993；Core et al.，1999；Leone et al.，2006；Jackson et al.，2008），但依然有学者对该结果提出质疑，Aggarwal 和 Samwick（1999）通过检验收益波动与高管薪酬间关系发现，随着公司收益波动的提高，薪酬业绩敏感性越来越低，证明公司高管是风险规避的。随着我国公司治理理论的不断进步，借鉴西方国家的研究方法，我国学者也开始关注最优契约的有效性检验。我国上市公司中的薪酬业绩敏感性经历了从无到有、从弱到强的进步。魏刚（2000）、李增泉（2000）基于较早的研究样本发现，在我国上市公司中并不存在显著的薪酬业绩敏感性；雷光勇等（2010）以股权分置改革为分界点，对比改革前后我国高管薪酬与会计业绩间关系，认为股权分置改革后高管薪酬激励有助于会计业绩的提升，为我国高管薪酬业绩敏感性的发现提供证据。

因研究方法及样本选择的差异，导致上市公司中高管薪酬业绩敏感性的研究结论仍存在争议，随着金融危机的爆发，社会公众越来越关注高管薪酬激励，媒体曝光的财务丑闻、高管天价薪酬都与经典委托代理理论相矛盾，使“最优契约理论”的合理性受到了极大的挑战。

三 管理者权力理论

最优契约理论假设董事会是股东忠诚的信托机构，代表股东与公司高管进行“讨价还价”。但事实上，董事会在执行股东意愿时，有可能被有权力的高管所俘获，与股东的目标相背离，反而以牺牲股东利益为代价附和高管，即存在董事会和高管“合谋”的现象。例如，董事会在高管薪酬的制定过程中，可能会被高管拥有的权力所震慑，操纵薪酬契约，制订出有利于高管的不合理方案。《福布斯》对 1970 年至 2000 年期间美国 800 强公司的高管薪酬进行统计，数据显示，CEO 薪酬水平在 30 年间增长速度异常，2000 年的 CEO 平均薪酬水平是 1970 年平均薪酬水平的 4 倍；同时，薪酬总体分配极度不均，CEO 与普通员工间薪酬差距增长 3.5 倍。有关同期 S&P500 工业公司的 CEO 薪酬报告也批判了高管薪酬水平的异常增速，然而，该类上市公司的产出却不可能达到如此水平，这一事实是对最优契约理论的极大挑战。Crystal（1991）最先洞察到最优契约理论的不完美之处，Bebchuk 和 Fried（2002，2004）针对最优契约理论解释不了的问题提出了管理者权力理论。

管理者权力理论在一定程度上拓展了最优契约理论，增加了董事会与公司股东间的代理问题。Jensen 和 Murphy（2004）提出在公司内部的代理问题存在两个层面：一方面，上市公司股东与董事会间存在第一层代理问题。由公司选举产生的董事会实质上并不完全拥有公司资源，不能完全享有自身努力工作的成果。此外，董事会并非专业的薪酬顾问，不具备充分的时间、技巧和专业知识对高管薪酬进行管理。因此公司董事会没有动机和能力设计完全有效的薪酬契约，在决定高管薪酬时不一定遵循股东利益最大化，导致股东与董事会间的代理问题。另一方面，上市公司股东与公司高管间存在第二层代理问题。在上市公司高管薪酬决策程序中，外聘的薪酬顾问或公司人力资源部门先拟定最初的薪酬激励契约，然后交由 CEO 审批后上传至薪酬委员会审核。因此，上市公司 CEO 作为薪酬契约对象又同时参与了薪酬契约的制定，即存在"自定薪酬"的代理问题。

Holmstrom（2006）通过现实中所存在的财务丑闻、高管薪酬脱离公司业绩等现象批判最优契约理论假设条件的完美性，认为在高管薪酬制定程序不透明的情况下，高管可能会通过自身掌握的权力、财力对薪酬委员会施压，进而影响高管薪酬契约的合理性。Gumbel（2006）基于管理者权力理论，将高管薪酬契约激励的视角转到薪酬决策程序中，试图分析在考虑高管行为影响的情况下，薪酬契约是否能够有效地降低高管与股东间的代理问题。Weisbach 等（2004）对管理者权力理论相关的高管行为进行研究，证实高管会干预薪酬决策，产生"自定薪酬"的行为选择。管理者权力理论的提出为更真实地揭示上市公司内部治理机制提供基础，对高管薪酬制定及其激励效应的研究提供了新视角。

四 政府规制理论

无论是传统的委托代理理论、最优契约理论还是管理者权力理论，都是从公司内部视角探索公司治理机制，在资本市场效率相对低下的情况下，市场无法完全调整公司内的委托代理问题，从公司外部治理视角辅助市场运行是很有必要的。20 世纪 70 年代，西方学者开始分析政府立法程序对市场资源的调节作用，认为市场自身存在信息不对称、外部性等种种缺陷，政府规制能够弥补市场失灵，提升经济运行效率。我国学者余晖（1997）将政府通过直接或间接的方式干预市场资源配置，进而影响社会中供需机制的规则或行为称为政府规制。

政府规制是公共政策的一种形式，其目标在于关注宏观层面的社会资源配置、解决社会关切的问题。传统的政府规制理论包括规制俘虏理论、公共利益理论、激励性规制理论和放松规制理论，然而这些理论建立在规制双方信息充分的基础上。实际上，市场中的不完全竞争、垄断及信息不对称等问题增加了市场交易成本，降低了市场运行效率。有效的资本市场可以自行将资源配置到可以创造最大价值的生产商手中，政府规制作为市场的“守夜人”，并不会随意进行规制管理。此外，评判是否应该进行政府规制需满足“成本收益分析”标准，即只有在政府规制的经济效应大于政府规制成本的情况下，进行政府规制才是可行的。政府规制收益是指通过规制后的资源配置，所实现的权力资源的极大化程度，政府规制成本则表示为政策定制的组织成本以及人为干预后的市场效率损失。

自“天价薪酬”、“自定薪酬”、薪酬与业绩不相关问题不断曝光，公司股东和社会公众对高管薪酬的合理性不断提出质疑，为平复公司股东和社会公众的“愤怒”，促进公司治理机制的有效发展，各国政府相继下发了有关高管薪酬的政策进行规制。基于我国特殊的制度背景，我国高管薪酬规制政策大多针对国有上市公司，始于 1993 年国有企业高管的年薪制，我国高管薪酬政府规制似乎就不曾间断过，规制对象不断多样，规制内容不断丰富。大致可将政府规制的维度分为高管薪酬水平、高管薪酬结构以及高管薪酬分配公平性，有关高管薪酬水平的规制要求一般和另外两个维度的规制内容一同下发；在有关高管薪酬结构方面，《关于国有金融机构年度高管人员薪酬分配有关问题的通知》中规定，应将国有金融机构的高管薪酬划分为基本薪酬、绩效薪酬及其他，基本薪酬按月按时下发，绩效薪酬则通过考核相关任务指标的完成情况，按比例分季度、年份下发；为促进社会收入分配的合理性，2002 年国家规定国企高管薪酬与普通职工薪酬差距不得超过 12 倍，《有关国有金融机构 2008 年高管人员薪酬分配有关问题的通知》中强调缩小高管同业平均水平间差距，若高管薪酬明显高于同业平均水平，相关人员薪酬降幅则应加大。以上仅展示了我国高管薪酬政府规制的一部分，但我国政府规制的普及面及力度可见一斑。

五　公平理论

以往有关高管薪酬研究的文献，大多基于代理理论、信息不对称、管理者权力等人力资本视角进行分析，随着社会心理学的不断应用，高管薪酬比较所引起的高管行为选择研究吸引了不少学者，并将研究范围拓展至整个社会。高管作为微观企业中的一分子，会对比自身过去的薪酬，也会对比自身现有薪酬与其他高管薪酬间差距，评估自身是否被公平对待进而影响其工作努力程度和行为选择。Adams（1963）基于心理学中的公平理论，将薪酬比较分为纵向对比和横向对比，认为该理论研究了分配的合理性与公平性对员工的劳动积极性和工作态度的影响，指出公司员工不仅关心自身绝对薪酬与实际工作成本间关系，更关心自身薪酬与类似岗位职工或同行业可比公司职工的薪酬关系，确定自己所获得的薪酬进行重新评价，感知是否被公平支付后，选择自己今后的工作态度或努力积极性。公平理论可简单描述为表 2－1：

表 2－1　　公平理论公式

	(1)	(2)	(3)
纵向比较	$\frac{O_{AN}}{I_{AN}}=\frac{O_{AP}}{I_{AP}}$	$\frac{O_{AN}}{I_{AN}}<\frac{O_{AP}}{I_{AP}}$	$\frac{O_{AN}}{I_{AN}}>\frac{O_{AP}}{I_{AP}}$
横向比较	$\frac{O_A}{I_A}=\frac{O_B}{I_B}$	$\frac{O_A}{I_A}<\frac{O_B}{I_B}$	$\frac{O_A}{I_A}>\frac{O_B}{I_B}$
比较的结果	公平	（低回报）	（高回报）
采取的措施	满意、行为无变化	减少投入、增加回报	减少回报、增加投入

表 2－1 从纵向比较和横向比较两个维度描述了公平理论。其中，O_{AN}代表员工 A 对自己现在 N 全部工作收入的知觉；I_{AN}则表示员工 A 对自己现在 N 全部工作付出的知觉；O_{AP}代表员工 A 对自己过去 P 全部工作收入的知觉；I_{AP}表示员工 A 对自己过去 P 的全部工作付出的知觉。O_A 表示员工 A 对自己全部工作收入的知觉；I_A 表示员工 A 对自己全部工作付出的知觉；O_B 则为员工对可比对象 B 的全部工作收入的知觉；I_B 为员工对可比对象 B 全部工作付出的知觉。公平理论显示，只有员

工现在的工作收入、付出感知比等于过去工作收入、付出感知比，或当自己的工作收入、付出感知比等于对可比对象工作收入、付出感知比时，才感觉自己被公平对待，今后的工作态度并不会发生太大变化。而在其他情况下，当员工感知自己被不公平对待时，当感觉工作产出不能弥补工作投入后，可能会消极怠工。

公平理论常用于社会学、伦理学、哲学、法学等研究领域，将公平理论引入经济学和管理学则是近几年的发展，公平性作为社会组织中成员行为的基础。综观有关公平理论的研究发现，社会组织中的成员可从结果公平、程序公平和互动公平三个维度评价社会中的公平感知，由于价值观念、认知能力、行为准则等方面的不同，个体间的结果公平的感知也必然存在差异。基于对研究数据和度量指标的考虑，目前研究大多关注于分配结果公平，结果公平一般是基于客观事实反映其带来的主观差异。Stanley 等（1976）在分配结果公平的研究基础上，提出了程序公平的概念。他们认为程序的公平性在一定程度上可弥补分配结果的不公平。Leventhal 等（1980）进一步将程序公平的评价标准细分为 6 条规则，分别为一致性规则、避免偏见规则、准确性规则、可修正规则、代表性规则及道德和伦理规则。强调分配程序规则应适用于全部利益相关者；分配过程应符合可接受的、一般的伦理道德标准；在分配过程中，不同员工、不同时间内的程序规则应保持一致性；尽量维护分配过程的客观性。此后，Bies 和 Moag（1986）在分配公平和程序公平的基础上提出了互动公平概念，发现在互动双方的交流过程中，执行者对待被执行者的态度和方式也会影响最终的公平感。

第三节 文献综述

纵观我国高管薪酬政策演变历程，发现政府规制目标大致分为提升高管薪酬信息透明度和促进薪酬分配的合理性。相应地，高管薪酬政策也可分为薪酬披露政策和薪酬管制政策，依据本书研究思路，我们将结合两种政策，分别从政策动机、政策目标和政策效果三个方面进行相关文献梳理。

一 高管薪酬披露政策相关文献综述

（一）高管薪酬披露政策动机综述

Berle 和 Means（1932）出版的《现代公司与私有财产》一书，打破了新古典经济理论中企业吸收各种生产要素并在既定预算约束下实现利润最大化的假说，提出所有权与控制权相分离的命题，两权分离成为委托代理理论的基础。Marris（1964）、O’Connell（1964）、Baumol 和 Fisher（1967）结合两种理论，采用多目标模型分别模拟最小利润约束下的管理者效用最大化及最小股票价值约束下的企业增长最大化的企业情形，这些模型从不同的角度阐述了掌握控制权的管理者与拥有所有权的股东之间的利益目标差异。可见，20 世纪 60 年代的公司治理研究，已经开始触及管理者代理行为这一核心问题，但依然尚未观测到公司股东和高管之间的信息不对称问题，因此，针对高管行为的委托代理问题研究和实际情况间依然存在偏差。随着信息不对称问题的发现，最优契约理论又局限于股东与董事会成员之间无摩擦的完美框架，认为董事会和股东间的一切问题都可以协调和解决。随着高管自定薪酬现象的出现，薪酬决策程序中的问题慢慢浮现，董事会与股东间的代理问题也开始引起社会关注。著名法学家 Bebchuk 和 Fried（2004）对最优契约理论框架下的相关文献进行了系统梳理，其中，Mirrlees（1976）和 Holmstrom（1979）运用静态博弈法探讨了单期激励契约模型中非对称信息条件下的最优契约设计问题；Murphy（1986）则将单期激励契约扩展到了多期激励契约模型，观测高管薪酬与公司业绩间关系。突破最优契约理论的完美假设，管理者权力理论提出董事会与公司股东间也存在委托代理问题，并会因高管权力的影响偏离股东价值目标，另一突破表现为，管理者权力理论并不认为高管薪酬契约可以降低公司代理成本，反而强调高管薪酬决策程序本身就是一种代理问题。

最优契约理论和管理者权力理论虽然均已意识到高管薪酬问题，但均是从公司内部治理视角对高管薪酬相关问题进行探讨。在有效的资本市场中，无须政府对高管薪酬问题进行调控，但世界各国的高管薪酬异象表明单纯依靠市场力量无法修复现存的薪酬问题，外部公司治理层面的政府规制成为必然。

进入21世纪以来，媒体频频曝光的高管“天价薪酬”，加之Bebchuke和Fried（2004）《没有绩效的报酬：一个未完成的假说》一书的问世，引起了广泛的社会反响。公司股东和社会公众对高管薪酬激励问题不断反思，但关注点不在于高管薪酬支付的多少，而在于高管薪酬激励是否偏离了公司业绩。近几年，解释高管薪酬趋势主流理论：有效契约理论和管理者权力理论，似乎又受到实际薪酬异象的冲击。Frydman和Jenter（2010）总结认为，上述两个阵营均未用实证数据提出令人信服的解释。Murphy（2012）批判大多数学者只关注最优契约理论和管理者权力理论，而忽略或低估了披露要求、税收政策、会计原则、立法和政治氛围等带来的影响，他认为政府干预是高管借酬发展的开端和结果，任何忽略政府干预的解释都是极不完整的。因此，法律规制等成为解释高管薪酬现象和发展的新视角。2008年金融危机以来，完善上市公司高管薪酬信息披露，成为英美国家政府加强薪酬监管的重要举措。这是因为，全面、及时且有效地披露企业高管薪酬信息，有利于缓解股东（特别是机构投资者）和管理层之间的信息不对称，降低股东的信息搜寻成本，提高股东对企业高管薪酬激励的监督效率，有助于培育和放大来自企业外部的“愤怒成本”（Bebchuk et al.，2002），进而弱化高管借薪酬激励之名进行权力“寻租”的事前激励。从外部公司治理视角加强高管薪酬透明度，是对公司内部治理的有效补充。

（二）高管薪酬披露政策目标综述

高管薪酬披露政策的目标在于保证所有与高管薪酬有关的信息都得到最完整的披露。行之有效的高管薪酬披露政策，有助于市场更好地对企业进行监督，合理的高管薪酬安排将得到市场的认可并得以推广，而不合理、过度的薪酬安排则将引起“义愤”而遭到市场的摒弃。如此，不仅管理层权力对高管薪酬的不当影响将得以约束，而且上市公司的高管薪酬安排也将更趋于合理。

源于高管的“天价薪酬”以及薪酬决策程序中的“自定薪酬”，需要政府采取果断且快速的应对方法。19世纪30年代的美国就开始通过薪酬披露政策对问题薪酬进行规制，规制内容主要在于限制肆无忌惮的高工资，尽量规范高管薪酬的制定程序。在经济大萧条的背景下，2006年美国证券交易委员会（SEC）出台了针对高管薪酬披露的细则和标准的更严格规定。2010 年 7 月 21 日，美国总统奥巴马通过高管薪酬代理权征集的方式，签署了《多德—弗兰克华尔街改革和消费者保护法案》，使高管薪酬披露规定更加具体和可操作。在我国，有关高管薪酬披露的初次规定出现在《中华人民共和国公司法》第 117 条中，要求公司应当向它的股东披露董事、监事和高管的薪酬情况。1993 年国务院颁布的《股票发行与交易管理暂行条例》第 59 条补充，上市公司应当在其向证监会和证券交易场所提供的年度报告中披露公司董事、监事和高级管理人员的持股情况。年度报告成为披露我国高管薪酬的重要载体，随着《公开发行证券的公司信息披露内容与格式准则第 2 号〈年度报告的内容与格式〉》版本的不断修订，有关高管薪酬披露的要求也经历了多次变化。在薪酬结构披露方面，从要求披露内容董事、监事及高管的报酬总额细化为每一位高管的薪酬水平（包括基本工资、奖金、津贴、补贴、职工福利费和各项保险费、公积金、年金以及以其他形式从公司获得的报酬）；在薪酬决策程序披露方面，要求披露董事、监事和高级管理人员报酬的决策程序、报酬确定依据，以及上市公司股权激励计划的相关程序及总体情况。

总体来看，薪酬披露的目的就是通过引入第三方关注对高管问题薪酬做出调整，而薪酬披露政策能从以下两个方面对高管薪酬做出约束。一方面，政府在公司薪酬决策过程中具有话语权，作为薪酬制定部门的薪酬委员会无疑会对政府干预予以重视（郑路航，2012）。另一方面，薪酬披露制度能够促使股东及时地认清公司内部治理状况，监督董事会以股东的权益为目标，以便及时说明与修订董事会中不合理的决策（Franco et al.，2013）。薪酬信息披露机制在运行过程中必须满足三个特点：时效性、规范性、全面性。时效性要求薪酬披露政策应及时地回应社会关切及上市公司中的问题薪酬；规范性则针对薪酬披露形式、位置及格式等有严格规范的要求，便于相关的信息使用者发现；全面性涉及薪酬披露的对象、内容需全面、清晰，不能含混不清。

（三）高管薪酬披露政策经济后果综述

高管薪酬披露强度及相关政策的颁布都会产生经济后果，20 世纪 80 年代，随着美国经济的复苏，相关政府部门对高管薪酬披露的执行力度减弱，但高管薪酬问题再次激起了美国民众的愤怒，甚至成为政客争取民众选票的有利话题（Jenson and Murphy，2004）。随着对高管薪酬决策程序披露要求的不断加强，Vafeas 和 Afxentiou（1998）发现，公司内部人兼任薪酬委员会成员的比例不断下降，高管薪酬似乎也以公司业绩为标准。此后，学术界便以薪酬业绩敏感性作为检验高管薪酬披露政策有效性的关键指标。依据 1992 年美国有关保险公司高管薪酬披露要求，Ke 等（1999）对比了执行和未执行该规则的上市保险公司的薪酬业绩敏感性，证实了薪酬披露强度的提升有助于提升高管薪酬业绩敏感性，说明薪酬披露政策发挥了相应的效果。Lo（2003）假定自愿披露高管薪酬的上市公司可能存在较为严重的代理问题，通过对意见征求到制度出台的 8 个月窗口期观测，发现高管薪酬披露强度能够提高公司治理水平。Paligorova（2008）依据 2002 年美国萨班斯法案，分析法案前后上市公司业绩薪酬和运气薪酬的变化，发现薪酬披露政策显著降低了高管的运气薪酬，在独立董事比例较低的公司中，这种作用依旧明显。Cheng 和 Indjejikian（2009）、Angelis 等（2011）根据美国证券交易委员会 2006 年 12 月颁发的新规则，要求上市公司使用相对绩效评估（RPE）披露高管薪酬。发现，大约 1/3 的样本企业使用 RPE 披露 CEO 薪酬。平均而言，使用者约一半的奖金根据 RPE 制定，当公司面对更低的不确定收益时，奖金 RPE 比例将会更高。高管薪酬披露政策在其他国家中也很受重视，1993 年，加拿大安大略证券委员会将之前“仅披露上市公司披露高管人员薪酬总额”的披露规制修改为“披露薪酬最高的前 5 名高管人员每个人的薪酬金额及其构成”。Park 等（2001）、Craighead 等（2004）依据加拿大薪酬信息披露强度的变化，证实加拿大改进的信息披露要求提高了高管薪酬与业绩的相关性，强制性高管薪酬信息披露使高管薪酬契约更接近于最优契约。

国内学者在国外研究方向的引领下，结合我国薪酬政策自身特征，对薪酬政策与上市公司高管薪酬间关系逐步进行研究。李建伟（2008）从公众的角度对薪酬披露效果进行观察，对比没有薪酬披露的公司，并没有发现强制性披露对高管薪酬的降低作用。张静（2010）依据我国证监会 2001 年发布的《公开发行证券的公司信息披露内容与格式准则第 2 号〈年度报告的内容与格式〉》新增要求，以 2002 年为时间分界点，对比分析 1999—2002 年模型和 2003—2008 年模型数据差异。结果显示，1999—2002 年的高管薪酬水平与前一年每股收益不显著相关；而 2003—2008 年模型中的高管薪酬水平与前一年每股收益却显著相关。验证了我国上市公司 2002 年所实施的薪酬政策提升了薪酬绩效敏感性。谢德仁等（2012）以 2007 年证监会明确要求上市公司在年报中必须披露审计委员会和薪酬委员会的履职情况报告为契机，实证分析了经理人对公司薪酬政策制定的影响分析。数据显示，在高管同为薪酬委员会成员的国有控股上市公司中，高管薪酬辩护需求越强烈，高管薪酬业绩敏感性越高，且这种现象主要体现在业绩相对较好、高管薪酬相对较高以及市场化程度相对较低的公司中。这说明管理者薪酬业绩敏感度提高是出于高管薪酬辩护之需，是高级管理者自利行为的表现。吴联生等（2010）依据 2005 年我国上市公司高管薪酬披露强度的提升为背景，从公司间高管薪酬公平性视角探讨薪酬外部公平性对公司业绩的影响。研究结果发现，正向额外薪酬与非国有企业业绩显著正相关，而这种现象在国有企业中并不显著。潘中华（2015）借助于这一详细披露信息，计算了上市公司高级团队薪酬级差，并考察晋升激励和公平性对高管团队薪酬差距的影响。

二　高管薪酬管制政策相关文献综述

（一）高管薪酬管制政策动机综述

管制俘获理论和公共利益理论成为解释政府实施薪酬管制的两种主要理论（Viscusi et al.，2005）。管制俘获理论强调政府管制的动机在于满足各利益相关者的需要，以达到利益关联集团在政治竞选中予以财力或人力支持的目的。公共利益理论认为作为薪酬治理机制之一的政府，通过解决社会中的产品供需不平衡、市场失灵等问题，以保证社会整体收益公平。而我国高管薪酬管制政策的动机解释需共同结合管制俘获理论和公共利益理论。由于国有企业受到国家政策的指导和影响，其经营目标不单一，而是保留了一部分非营利目标（Shleifer and Vishny，1994；林毅夫、李志赟，2004）。

古典经济理论认为，在买卖双方地位平等、交易信息充分的情况下，市场能够发挥其自由出清的作用，高效、低成本地将社会资源配置到最优位置。然而，古典经济理论前提假设过于完美，在现实中，必须通过政府弥补市场机制的缺陷。作为一个以公有制为主体的社会主义国家，经济资源的所有制形式是决定我国企业高管薪酬管制的根本原因。《宪法》第6条明确规定，生产资料社会主义公有制是由全民所有制和劳动群众集体所有制构成，国有企业作为公有制经济的基础，中央或地方政府掌控着国有企业的控制权，数以亿计的全民所有者或集体所有者拥有国有企业的所有权，政府仅作为社会公众的代理人掌管国有企业资本。因此，相比于非国有企业，国有企业具有其独特的治理特征，因此国有企业高管的薪酬水平、企业的经验状况更容易吸引社会公众的关注。另一方面，国有企业的经营目标兼顾企业发展和社会责任，解决社会就业、保证市场供应、维护社会稳定等成为国有企业与生俱来的责任和义务。

全体人民作为我国国有企业的终极所有者，不可能每一位公民都参与到企业的经营过程中，通过建立多层委托代理关系实现对国有企业的间接控制，但多级的委托代理关系容易造成信息在传递过程中的误解、失真和耗散（Groves et al.，1995）。国有企业管理过程中的信息不对称是导致高管薪酬管制的直接原因，在政绩考核压力下，业绩评价体系滞后加深了地方政府和国有企业高管的自利性动机（黎凯和叶建芳，2007）。由于高管薪酬公开披露制度的不完善，使社会公众无法通过有效渠道掌握高管贡献和努力程度，而处于信息优势一方的公司高管在多层的委托代理关系中被授予了更大的自主经营权（Fan et al.，2007），导致高管自定薪酬成为可能。此外，在不单纯追求经济利益的国有企业中，分离高管贡献和企业利润间关系显得尤为困难，国有企业股东对高管努力缺乏公正的评价标准，只能将公司高管薪酬与同行业可比公司的平均薪酬水平作对比。因此，我国高管薪酬管制政策规制内容主要针对高管薪酬水平及社会收入分配的公平性。黄再胜和王玉（2009）强调高管薪酬管制内生于转型期国企高管身份的模糊性以及政府对社会公平问题的关注，国企高管身份的模糊性所带来的保留收入的不确定性为实施薪酬管制提供了现实条件，而转型期政府部门的公平偏好则是薪酬管制的内在根源。王晓文和魏建（2014）基于委托人的“不平等偏好”模型，认为在拟订和实施薪酬激励方案的同时，还要关注过大的薪酬差距所引致的潜在社会压力。

（二）高管薪酬管制政策目标综述

高管薪酬管制的主要目标在于促进社会分配公平。政府利用对国有企业的可控性，颁布高管薪酬管制政策不单单着眼于企业价值的提升，还要充分考虑社会公平因素。社会建设的重要内容之一就是促进民生发展、协调社会收入分配。同时，效率和公平一直是社会中重要的研究点，正确处理和把握好社会收入分配中的效率、公平间关系，对促进社会和谐具有十分重要的意义。

出于社会稳定、政治因素和经济因素的共同考虑，政府会通过法律法规、意见、通知等方式直接干预市场机制，以规制市场中的不合规行为，进而引导产业发展（Faccio et al.，2006）。综观我国高管薪酬政策发现，最初的高管薪酬与行政级别挂钩，政府部门在职人员的薪酬差距较小，但在保持薪酬相对公平的同时却影响了薪酬激励效率。随着计划经济体制向市场经济体制的转轨，政府管制逐步让步于市场调节，希望高管薪酬契约能够更好地促进激励效率，公司高管在自利行为的驱使下不断提升自身薪酬水平，拉大与普通职工薪酬水平间差距，如不能及时解决高管薪酬中存在的问题，将会严重阻碍国有企业的健康发展。高管薪酬管制目标大致归为三类：第一种为限制高管薪酬水平；第二种为调整高管薪酬结构；第三种为促进高管薪酬与企业绩效间关联。与非国有企业相比，国有企业具有独特的制度背景，单纯依靠市场作用很难实现高管薪酬的有效治理，对此，政府针对国有企业颁布了一系列的指导方针和规范政策。为规制高管薪酬水平，财政部办公厅曾拟定金融类国有及国有控股企业负责人的税前薪酬不得超过280万元；在促进社会收入分配合理性方面，银监会要求商业银行高管薪酬应分为基本薪酬、绩效薪酬，并规定基本薪酬一般不得高于薪酬总额的35%，而绩效考核不达标者不得加薪，确保基本薪酬与绩效薪酬所占比重的合理性。此外，早在国企高管年薪制实施期，规定高管薪酬不得超过职工平均薪酬水平的12倍，虽然后续政策调整了高管薪酬与普通职工薪酬差距倍数，但依然致力于消除薪酬分配不合理所引发的社会乱象。

从本质上看，国有企业的所有人为数十亿的全体公民，政府作为公众的代理人服务于民众，但由于政府不适合直接经营企业，便通过选聘的方式在经理人市场中选取合适人员作为国有企业的实际管理者，以广大民族的利益为目标负责企业的正常运转，并时刻接受社会公众的监督和检验。相比较于非国有企业，国有企业中高管薪酬所存在的问题会激起民族的广泛关注，波及面广。严格落实政府出台的各项措施对国企高管的薪酬体制进行监管，以政府部门政治权力为力量，对企业高管人员薪酬进行管理，对于薪酬的不规范，制约高管个人的行为准则、加速对薪酬制度完备。睢国余和蓝一（2005）指出，政府的目的包括提升社会就业水平、提供公共服务、维持经济稳定等，呈现目标多元化，然而政府自身不具有充足的精力达成多项社会目标，由此将相应的职责授予了国企，造成国企负担了很多的不盈利的目标，并且还需要承担监管社会事务的职责。不同于非国有企业，国有企业管理人员所制定的薪酬管理制度具有自身特色。黄再胜和王玉（2009）指出，在政府处于转型期时，由于在转型期收入不平衡导致的社会压力机制，国有企业的初次收入分配存在一定的不公平性。因此政府部门对于国企高管的薪酬管理有着一定强制性，其根本的原因是其所有权性质起着决定性的作用。

（三）高管薪酬管制政策经济后果综述

国外关于薪酬管制政策研究的文献相对较少，涉及薪酬管制经济后果的结论尚不统一，学术界持有两种相反的观点。一部分学者认为薪酬管制政策无效，另一部分学者则认为高管薪酬管制政策具有正效应。依据前文分析，薪酬管制政策目标在于促进高管薪酬分配公平性，鉴于公平性指标的难以度量，目前有关高管薪酬管制政策经济后果的研究文献相对分散、研究结论不统一。

在有关薪酬管制政策无效研究中，Hubbard 和 Palia（1995）发现，相对于薪酬管制的样本公司，解除高管薪酬管制的洲际银行反而有更强的薪酬业绩敏感性。Crawford 等（1995）也在金融行业中观测到薪酬管制的无效性，提出从管制到解除管制时期，公司高管薪酬业绩敏感性会显著增加。陈冬华等（2005）依据我国政府监管部门对国有企业高管薪酬存在管制为背景，检验了在职消费的决定因素及薪酬管制的经济后果，发现薪酬管制刺激了高管的在职消费行为，受管制的薪酬契约缺乏经济效率。黄再胜（2008）认为，政府具有薪酬管制的条件及动机，国有企业的薪酬契约由于会受到政府的干预所以激励效果无法同民营企业相比。具体表现为，薪酬管制会损害国有企业业绩，加剧在职消费。陈信元等（2009）研究发现在国有企业中高管薪酬管制现象普遍存在，薪酬管制在一定程度上促进了高管腐败的发生，同时薪酬管制的程度明显受到贫富差距、地区市场化进程、失业率和财政赤字等因素的影响。刘银国等（2009）通过实证检验，发现薪酬管制会导致高管在职消费和腐败现象的滋生，最终影响企业的业绩。沈艺峰和李培功（2010）以 2009 年国务院六部委联合下发的“限薪令”为外冲事件，发现“限薪令”并没有成功阻止国有企业高管的薪酬水平的上升。Dittmann 等（2010）通过检验高管薪酬管制对薪酬水平的影响，发现薪酬管制并没有降低高管的薪酬补偿，消极怠工的高管却可以得到高额的薪酬回报。

我国国有企业高管薪酬管制政策的经济后果主要受社会性目标和地区市场化进程的影响，在权衡企业发展效率和社会收入公平性后，政府会调整高管薪酬管制的力度，整体目标在于缩小财政赤字、降低地区失业率及解决社会公平问题等。通过梳理我国高管薪酬管制政策的发展、现状及经济后果，部分学者支持高管薪酬管制政策部分有效的结论。陈菊花等（2011）认为，薪酬管制没有降低国企高管的薪酬激励效率，在制度创新尚未成熟前，限制性股票和在职消费的契约组合反而成为高管自我激励的方式，在低效率市场中薪酬管制有一定的合理性。杨德明和赵璨（2012）以行政机关、政府是否介入公司治理为标准，检验媒体监督对高管薪酬的影响。相比于无政府介入的情形，只有在政府介入的公司中，媒体监督才能发挥其良好的治理作用，在一定程度上支持了政府干预对市场经营的促进作用。辛宇和吕长江（2012）虽然没有实证检验高管薪酬政策的实施效果，却为如何有效地发挥高管薪酬政策的有效性提供了方向。提出无论是从能力、环境和动机三个方面，国企高管均具备了管理腐败、自定薪酬的条件，只有通过监管部门与公司高管间的博弈才能有效地发挥薪酬管制政策的正面效应。张楠和卢洪友（2017）在检验薪酬管制能否减少国有企业高管薪酬水平时，发现薪酬管制虽然并没有降低高管薪酬水平，但却抑制了高管薪酬水平的增长速度。

三　文献述评

有关高管薪酬的解释理论经历了委托代理理论、最优契约理论、管理者权力理论，研究视角均是从公司内部治理出发。随着 Murphy（2012）的研究发现：任何忽略政府干预的高管薪酬解释都是极不完整的。一些学者开始关注宏观层面的法律规制因素对高管薪酬的影响，对相关文献系统梳理后发现：

（一）国内外高管薪酬政策研究特点不同

国外研究内容日渐丰富，研究对象不只停滞于单个国家的薪酬政策，多个国家间薪酬政策比较的文献也不占少数，因此国外的高管薪酬政策研究更具有普适性。而我国有关高管薪酬政策的研究特点主要呈现学科领域的划分特点，主要包括管理学科的公司治理研究和法学界的政策分析研究。其中公司治理领域相关研究把中国高管薪酬和披露规则与外国作比较分析，对公司薪酬契约制定提出建议。法学领域研究主要探讨我国上市公司监管机构的高管薪酬披露法律法规，进而对中国监管政策提出建议或意见。

（二）高管薪酬政策经济后果研究有待完善

由公司治理延伸的政策经济后果检验是近几年国外学者的研究新方向，主要依据不同政策的颁布或实施，实证分析薪酬政策改革所带来的经济后果。但经济后果中研究内容大多停滞于高管薪酬机制（水平、支付方式、分配结构）的变动，关注面仅表现于公司内部治理。在我国特殊背景下，高管薪酬政策目标不仅为保护投资者合法权益，促进企业稳健经营和可持续发展，还应保障社会收入公平分配，促进国民经济的发展。虽然近几年社会收入公平性问题逐渐成为学者关注重点，但系统地从公司治理、社会分配两个层面共同分析我国高管薪酬政策效果的研究有待增加，研究深度和广度也有待提升。

（三）不同情境下高管薪酬政策经济后果研究文献不足

遵循高管薪酬政策目标制定，从公司和社会两个维度综合检验上市公司高管薪酬政策治理的有效性，并依据政策特征进一步分析的文献几乎没有。结合高管自身特征、产权性质对其经济后果进行进一步研究的文献也不多，我国尚存的该类文献仅停留于规范性梳理和借鉴。因此，结合微观企业特征研究宏观政策作用于微观企业的效果，融合其他影响因素对高管薪酬政策效果进行检验还需要学者共同努力，结合本国薪酬政策特点具体研究的文献对于解决实际问题才更具有研究意义。

第三章　高管薪酬政策背景阐述

我国社会制度背景具有自身独有的特征，相应地，上市公司高管薪酬政策也呈现不一样的发展历程。在检验我国上市公司高管薪酬政策效果之前，有必要详细阐述我国高管薪酬政策的发展历程及特点；并基于高管薪酬政策背景分析，进一步观测薪酬政策后果的现状。高管薪酬政策背景的梳理一方面系统展示了我国高管薪酬政策演变的独特历程，另一方面为深入剖析政策效果的实证检验做出铺垫。

第一节　高管薪酬披露政策演变历程

一　高管薪酬披露政策发展历程

我国证券市场及其相应法律法规建设虽起步较晚，但发展速度很快。自 1990 年沪深证交所成立以来，全国人大、国务院、中国证监会、财政部等相继制定发布了一系列薪酬披露的法律法规，高管薪酬披露法律法规体系也初具规模。上市公司高管薪酬披露从 1993 年 4 月国务院颁布的《股票发行与交易管理暂行条例》开始，经过了整整 24 年的发展完善，形成了如今标准统一、结构严密、内在协调的上市公司高管薪酬披露法律规范体系，为公司制定合理有效的高管薪酬契约奠定了坚实的制度基础。以《中华人民共和国证券法》（以下简称《证券法》）和《中华人民共和国公司法》（以下简称《公司法》）为我国高管薪酬披露法律体系的基础，其他相关法规、规则对高管薪酬信息披露内容进行了细化和补充。

（一）高管薪酬披露政策初步探索时期（1993—1997 年）

这个阶段，我国上市公司高管薪酬披露政策初步成形。1993 年 4 月国务院颁布的《股票发行与交易管理暂行条例》第 59 条要求上市公司在年度报告中披露“公司的董事、监事以及相关的高级管理人员的个人信息，简况以及持股的情况”等相关内容。上市公司应当在其向证券交易场所及证监会所提供的年度报告中披露公司董事、监事和高级管理人员的薪酬水平和持股情况。《股票发行与交易管理暂行条例》作为我国最早的高管薪酬披露政策，为随后证监会出台的《公开发行股票公司信息披露实施细则（试行）》提供了原则性指导和操作性引导，具有划时代的意义。

1997 年 12 月中国证券监督管理委员会根据《公开发行股票公司信息披露实施细则（试行）》制定了《公开发行证券的公司信息披露内容与格式准则第 2 号〈年度报告的内容与格式〉》（以下简称为《第 2 号准则》），作为强制要求上市公司实行高管薪酬披露的重要基准，规定年度报告中应报告现任公司董事、监事及高级管理人员的年末持股数量，年度内股份增减变动情况，姓名、性别、年龄、任期等人员具体情况，以及“以公司支付为限年度薪酬情况，主要包括采用实物形式、货币形式和其他形式的工资、奖金、福利、特殊待遇及有价证券等”。从总体上看，《第 2 号准则》初步确定高管薪酬信息披露的内容、对象以及瑕疵披露的责任主体。

从以上披露内容可以发现，我国高管薪酬披露程度不断提升，但依然存在进一步完善空间：第一，处于高管薪酬披露探索期的相关要求，披露的薪酬数额仅以公司支付额为限，可能会遗漏延期支付或公司未支付薪酬数。第二，高管薪酬披露要求笼统地以上市公司全部高管为披露对象，并未明确到每一位高级管理人员，且披露内容仅为高管年度薪酬情况，而非精确的个人薪酬水平，这样就为人为操纵留下空间，导致上市公司缩小高管薪酬报告范围，降低薪酬披露程度。第三，薪酬披露方式以列举为主，在一定程度上可能会导致重大遗漏事件，并不能真实反映上市公司高管薪酬。对于高管薪酬瑕疵披露的主体规定，仅要求上市公司董事会或发起人需保证披露信息的真实性、全面性，强调公开披露内容不存在重大遗漏、严重性误导或虚假信息，但并未涉及对高管薪酬披露瑕疵内容的相关人进行处罚。因此，高管薪酬披露探索时期的规定还过于笼统、披露要求还有待于进一步明确。

（二）高管薪酬披露政策发展规范时期（1998—2003 年）

在发展阶段，我国上市公司高管薪酬披露政策无论是在披露广度还是披露深度上都取得了长足的进步，经过《第 2 号准则》的多次修订，上市公司高管薪酬披露政策在探索时期的基础上不断地完善，结合多项高管薪酬披露法制法规及市场环境变化，我国高管薪酬披露信息质量得到了有效的提高。1999 年修订版的《第 2 号准则》，将股东大会相关简介与高级管理人员简介合并，区别于以往的笼统报告，将高管薪酬披露情况披露拓展为“上市公司应结合自身情况，划分高管薪酬区间，并报告薪酬区间相应的高管人数，列明不在该公司领取薪酬的相关高管人员名称”，在薪酬披露格式上把董事会中董事、监事的薪酬一并列入上市公司高管薪酬中。为进一步规范上市公司高管薪酬信息披露和编制行为，2001 年修订版的《第 2 号准则》细化和补充了高管薪酬披露的内容和要求，在披露高管薪酬领取薪酬数额的基础上，将薪酬划分为基本工资、奖金、住房津贴及福利等，最大的进步就是要求董事会披露高管薪酬激励机制和决策程序，建议成立专门的薪酬委员会。并对不同的董事成员进行差异化披露，主要详细披露“薪酬总额最高的前三名董事的薪酬总额、薪酬总额最高的前三名高管薪酬总额”，初次要求单独列示独立董事的薪酬及津贴。

为推动上市公司现代企业制度的建立和完善，2002 年 1 月，致力于促进我国证券市场健康发展的证监会颁发了《上市公司治理准则》，在有关高管薪酬内容中主要涉及薪酬契约的制定过程和激励机制。为避免和消除市场中所存在的高管“自定薪酬”现象，《上市公司治理准则》提出上市公司董事会可以和股东大会商议并成立专门的薪酬委员会，保障高管薪酬制定程度的合理性和透明性，为促进独立董事监督作用的有效发挥，准则强调独立董事必须参与高管薪酬的拟定、审计、考核等事项，且应不断提升薪酬会员会中独立董事占比。为吸引优质的高管人才，保证高管人才市场的稳定，《上市公司治理准则》鼓励上市公司以公司业绩为标准激励高管，提升高管薪酬与公司业绩间的相关性。整体上看，高管薪酬决策程序有关规定在于明确薪酬委员会主要职责，保证高管薪酬制定的独立性和合理性，避免薪酬接受者成为薪酬制定者，在源头上消除高管薪酬自定薪酬的可能。有关高管薪酬激励机制的要求，则强调以公司业绩为标准设定高管薪酬，激发高管工作的积极性。此外，高管薪酬披露频率不断加强，除原有的年度披露外，2001 年 6 月证监会发布的《公开发行证券的公司信息披露内容与格式准则第 3 号——半年度报告》中也观测到高管薪酬披露信息的相关要求。

我们应该肯定高管薪酬发展规范阶段所取得的成绩。首先，通过明确高管薪酬披露的主要对象，相关信息使用者可以观测到上市公司薪酬总额最高的前三名高管薪酬水平，并关注独立董事的薪酬披露，在一定程度上激发了独立董事的监督功能，促进高管薪酬的合理分配；其次，将原来的高管薪酬披露范围更改为高管薪酬年度总额，并将薪酬细化为基本工资、住房补贴、奖金及其他福利等，在披露广度及披露深度上均提升了高管薪酬披露质量。值得关注的是，该时期的高管薪酬披露开始关注高管薪酬决策程序和激励机制，试图通过建立专门的薪酬委员会，规范高管薪酬披露质量。但高管薪酬发展规范期的披露要求仍然存在不足，还需从多角度促进我国高管薪酬披露政策的完善。

（三）高管薪酬披露政策完善成熟时期（2004 年至今）

借鉴西方国家的做法，我国上市公司为降低公司代理成本，试图将股权激励作为治理手段，政府出台相关政策要求上市公司披露股权激励情况。为促进上市公司健全薪酬激励和约束机制，2005 年 12 月 31 日，我国证监会出台了《上市公司股权激励管理办法（试行）》，规定上市公司应定期披露报告期内进行股权激励的董事、监事及高管人员姓名、职务，以及在报告期内股票授予价格及行权价格的历次调整情况及最新形成的授予价格、行权价格。同年，证监会通过颁布《上市公司股权激励管理办法（试行）》对《上市公司股权激励规范意见（试行）》进一步确认股权激励相关要求，将限制性股票和股票期权同列为股权激励的披露对象。此后，分别于 2006 年 9 月和 2007 年 12 月下发的《国有控股上市公司（境内）实施股权激励试行办法》和《第 2 号准则》修订版本中，要求在上市公司高管股权激励披露内容增加限制性股票、股票期权等的数量、报告期内股权变化情况及相应的变化原因，将所披露的

"报酬总额"更改为"税前报酬总额",并且报酬形式涉及各项保险费、公积金、年金以及其他形式。另外,将获得的股权激励按照可行权股数、已行权数量、行权价以及报告期末市价单独列示。《公开发行证券的公司信息披露内容与格式准则第3号〈半年度报告的内容与格式〉》中也增加了公司披露报告期内高管人员限售股份变动情况的要求。

《第2号准则》的2012年修订版本中,又将股权激励列示项目中增加了两项,分别为已解锁股份和未解锁股份。2012年修订版《第2号准则》强调需详细披露股权激励程序、股权激励情况及变动。一方面,要求披露上市公司股权激励计划的实施程序及综合情况。另一方面,要求详细披露上市公司高管股权激励情况,包括激励对象考核情况、股权激励股份来源、激励范围的变化等,针对股权激励授予和行权的要求则强调期权数量的调整情况、履行的程序和股票期权行权价格介绍,并进一步报告股权激励计划实施对公司报告当期及以后各年度经营成果和财务状况的影响。

在高管薪酬披露政策完善成熟期,我国上市公司高管薪酬披露除了在股权激励方面取得的进步外,秉承以往的披露政策要求,2005年修订版本的《第2号准则》,在高管薪酬信息披露历程上也迈出了一大步,其增加高管薪酬披露的内容,以"披露每一位现任董事、监事和高级管理人员在报告期内领取的薪酬总额,薪酬结构需详细明确为基本工资、各项奖金、福利、补贴、住房津贴及其他津贴等"替代2003版本的"披露金额最高的前三名董事的报酬总额、金额最高的前三名高级管理人员的报酬总额"规定,并将披露内容增加至现任董事、监事、高级管理人员最近5年的主要工作经历,以及在除股东单位外的其他单位的任职或兼职情况。可见,我国高管薪酬披露要求已摒弃了以往的区间披露、模糊披露方式,而要求披露上市公司每一位高管的薪酬支付水平及薪酬结构情况。同年修订的《公司法》第117条规定因直接地、明确地规范了我国高管薪酬披露要求,成为我国高管薪酬信息披露政策的基本依据,从严格的法律意义上规范了我国高管薪酬披露质量。相比于以往的高管薪酬披露要求,2015年修订版的《第2号准则》内容进一步披露现任及报告期内离任董事、监事和高级管理人员近三年受证券监管机构处罚的情况,并说明是否在关联方获取报酬。该要求披露离职高管薪酬情况，在一定程度上减轻了上市公司高管在职期间通过关联交易获得好处的动机。

我国上市公司高管薪酬披露政策历经多次修订，在披露内容、披露对象等方面不断丰富、完善，无论是在高管薪酬披露的广度上还是深度上均有了一定程度的拓展和深化。具体表现为，高管薪酬披露的内容、范围有所增多，高管薪酬股权激励计划的具体实施情况披露和薪酬委员会的履职情况披露也有所拓展，这是我国上市公司高管薪酬信息披露政策逐步走向完善的标志。

表 3-1　　　　高管薪酬披露政策发展历程

颁发时间	颁发单位	法规标题
1993 年 4 月	国务院	《股票发行与交易管理暂行条例》
1993 年 6 月	证监会	《公开发行股票公司信息披露实施细则（试行）》
1994 年 1 月	证监会	《第 2 号准则》（试行）
1997 年 1 月	财政部	《企业会计准则——关联方关系以及交易的披露》
1997 年 12 月	证监会	《第 2 号准则》
1998 年 1 月	深圳证券交易所	《深圳证券交易所上市规则》
1998 年 1 月	上海证券交易所	《上海证券交易所上市规则》
1998 年 12 月	证监会	《第 2 号准则》（1998 年修订稿）
1998 年 12 月	第九届人大常委会	《中华人民共和国证券法》
1999 年 12 月	第九届人大常委会	《中华人民共和国公司法》
1999 年 12 月	证监会	《第 2 号准则》（1999 年修订稿）
2001 年 12 月	证监会	《第 2 号准则》（2001 年修订稿）
2002 年 1 月	证监会	《上市公司治理准则》
2002 年 6 月	证监会	《公开发行证券的公司信息披露内容与格式准则第 3 号——半年度报告》
2003 年 6 月	证监会	《公开发行证券的公司信息披露内容与格式准则第 3 号——半年度报告》（2003 年修订）
2003 年 12 月	证监会	《第 2 号准则》（2003 年修订稿）
2005 年 11 月	证监会	《上市公司股权激励规范意见（试行）》

续表

颁发时间	颁发单位	法规标题
2005 年 12 月	证监会	《上市公司股权激励管理办法（试行）》
2005 年 12 月	证监会	《第 2 号准则》（2005 年修订）
2007 年 1 月	证监会	《上市公司信息披露管理办法》
2007 年 4 月	证监会	《上市公司董事、监事和高级管理人员所持本公司股份及其变动管理规则》
2007 年 6 月	证监会	《公开发行证券的公司信息披露内容与格式准则第 3 号——半年度报告》（2007 年修订）
2007 年 12 月	证监会	《第 2 号准则》（2007 年修订）
2012 年 12 月	证监会	《第 2 号准则》（2012 年修订）
2015 年 12 月	证监会	《第 2 号准则》（2015 年修订）

资料来源：中国证监会相关法规。

二　高管薪酬披露政策特征分析

我国法律法规主要要求在股东大会、上市公司年度报告等定期报告、公开发行证券募集说明书和招股说明书中对高管薪酬进行一定的披露，不同情形下披露要求不完全一样。年度报告中高管报酬信息披露内容最明确、要求最高，在高管薪酬结果方面，年度报告不仅要求披露上市公司董事、监事及高管人员的年度薪酬总额，更明确披露每一位现任董事、监事、高管人员的薪酬水平，薪酬结构细分为基本工资、补贴、住房津贴及其他福利，且对于不同职能的董事进行区别化披露，要求上市公司需单独披露具有外部监督功能的独立董事薪酬总额。在高管薪酬决策程序和激励机制方面，年度报告建议上市公司设立专门的薪酬委员会，明确高管薪酬制定、审批、监管等事宜的权责划分，避免高管自定薪酬的发生，为促进高管薪酬与公司业绩间关系，年度报告要求上市公司尽量通过薪酬信息披露降低公司内部代理成本。而在公开发行证券招股说明书和募集说明书的情形下，则仅规定上市公司披露“薪酬情况”，没有更为具体和细致的披露要求，相比于年度报告披露内容较为简陋。至于《公司法》等关于定期向股东披露或者向股东大会报告或披露高管报酬的规定，因法律并未明定披露的时间、方式等，可操作性仍值得商榷。

立法机关和政府监管机关目前对高管薪酬披露制度仍不十分重视，并未将高管薪酬视为不同于上市公司一般信息的事项而加以特别规制，而是仅将其作为上市公司应披露的多项信息中极为普通的一项。当然，立法机关和监管机关的这种态度，与目前我国上市公司高管报酬问题尚不十分严重，至少远不如美国严重和受公众瞩目有关。虽然高管薪酬出现的种种问题，根本原因是股权结构和法人治理结构上的问题，促使股权结构合理、法人治理结构完善、股东大会真正发挥作用非一朝一夕能实现，在这种既定的大背景下，薪酬信息的公开透明就成了最简单、最有效、最易操作也最易监管的办法。

三　高管薪酬披露政策效果描述

本书全部样本跨度时间较长，为初步分析高管薪酬披露政策的效果，暂时选取 2001—2015 年非金融行业上市公司数据进行分析，表 3－2 中 Panal A 清楚地说明了 2001—2015 年间我国上市公司高管薪酬经历了显著的增长。按照 2015 年居民消费价格指数剔除了通货膨胀因素后，上市公司前三名高管薪酬总额均值从 2001 年的 18.66 万元上升到 2015 年的 212.2 万元，前三名高管薪酬总额中值则从 14.06 万元上升到 160 万元，薪酬均值平均每年增长 19.65%（中值平均年增长 19.70%）。上市公司前三名董事薪酬总额均值从 2001 年的 18.62 万元上升至 2015 年的 193.2 万元，中值则从 14.35 万元增至 144 万元，经计算后发现上市公司前三名董事薪酬均值平均年增长率为 18.73%（中值增长 18.31%）。上市公司全部董事、监事和高管薪酬总额均值从 2001 年的 35.8 万元上升至 2015 年的 557.7 万元，中值则从 52.44 万元增至 412.4 万元，全部董事、监事和高管薪酬总额均值平均年增长率为 18.93%（中值增长 19.91%）。显然，高管薪酬的增长速度要明显高于一般职工的收入和 GDP 的增长速度。高管的薪酬为什么增长得更快呢？薪酬增长来自公司绩效的增加吗？

表 3-2　　高管薪酬发展现状　　单位：万元、%

Panel A：2001—2015 年上市公司管理层薪酬变化

年份	观测值	前三名高管薪酬		前三名董事薪酬		全部董监高薪酬总额	
		均值	中值	均值	中值	均值	中值
2001	71	18.66	14.06	18.62	14.35	52.44	35.80
2002	131	29.31	22.31	26.81	19.73	77.41	59.92
2003	214	35.31	25.59	32.09	23.24	92.13	70.48
2004	413	47.04	36.04	44.47	31.93	123.0	94.37
2005	698	52.44	41.41	47.84	34.94	137.9	100.6
2006	922	58.84	47.01	53.12	39.81	151.8	115.4
2007	1077	78.50	57.77	70.05	50.47	203.5	144.2
2008	1065	97.55	73.41	87.93	62.87	254.2	180.6
2009	1205	103.6	80.99	94.13	69.18	275.1	199.5
2010	1420	126.2	94.82	113.7	82.45	328.3	240.9
2011	1735	145.8	115.7	132.3	101.6	390.2	288.8
2012	1912	158.0	122.7	144.7	109.7	424.8	312.2
2013	2057	174.7	133.3	158.5	119.7	467.6	344.8
2014	2043	192.6	146.2	174.4	130.2	514.9	376.6
2015	2079	212.2	160	193.2	144	557.7	412.4

Panel B：主要变量描述性统计

变量名	均值	标准差	最小值	P25	中值	P75	最大值
△*Comp*	18.15	69.63	-1442	0.490	8.730	26.82	2122
△*ROA*	4212	102863	-7500000	-1063	1057	5530	4155833
Size	21.95	1.240	15.56	21.10	21.79	22.62	28.51
State	0.500	0.500	0	0	1	1	1
Dual	0.200	0.400	0	0	0	0	1
Condir	0.370	0.050	0.080	0.330	0.330	0.400	0.800
Numdir	9	1.840	3	8	9	9	18
First	0.370	0.150	0	0.240	0.350	0.480	0.890

注：表中汇报了 2001—2015 年我国上市公司高管薪酬的年度变化情况及主要指标的描述性统计结果。其中的所有价值指标单位均是剔除通货膨胀后的万元人民币。

为观测高管薪酬披露政策的有效性不能依据高管薪酬水平的高低，

高管薪酬水平只是高管薪酬披露政策效果的基础，我们应该观测高管薪酬水平变化相对于上市公司价值变化进行分析，即进一步观测高管薪酬业绩敏感性。为了初步观测高管薪酬业绩敏感性，我们在 Panel B 中对前三名高管薪酬变动额（一阶差分）及公司利润变动额（一阶差分）进行基础性分析。主要变量的描述性统计结果中，分别报告了各上市公司前三名高管薪酬总额变动、公司净利润总额变动的均值、标准差、最小值、25%分位数、中值、75%分位数和最大值。由表 3－2 中结果可知，前三名高管薪酬变动的均值是 18.15 万元（中值 8.73 万元），变动均为正值，说明高管薪酬是逐年增加的。上市公司净利润变动均值为 4212 万元（中值为 1057 万元），虽然整体上上市公司净利润逐年上升，但各公司间却存在显著差异，在一定程度上为高管薪酬与公司业绩敏感性分析奠定基础。

第二节　高管薪酬管制政策演变历程

一　高管薪酬管制政策发展历程

随着我国经济的发展和政治体制的改革，高管薪酬管制政策也在不断地调整和优化，但整体上并没有改变以国有企业为薪酬管制政策实施对象的特征，通过系统梳理我国高管薪酬管制政策后，我国国有企业高管薪酬管制政策的探索过程大致可以分为以下几个阶段：

（一）薪酬管制政策的行政化阶段（1952—1992 年）

随着我国资本市场体制的转轨，我国企业职能及高管薪酬政策均发生了相应的变化。在改革开放以前，企业并不具有独立的自主经营权，其仅作为国家财政部门的附属机构，以国家指令为准负责计划生产。因而，企业的实际操作权掌握在国家手里，企业无权决定员工的薪酬制定及修改。在计划经济时期，我国国企高管的薪酬完全与其行政级别挂钩。新中国成立初期，国家开始接管地主阶级及官僚资本家所拥有的企业，但企业内部的员工薪酬依然按照接管前的原职原薪的办法。此后，历经 1952 年和 1956 年两次变革的工资制度，才暂时告一段落，完全行政化的工资制度被正式确定下来。完全行政化的工资制度一直延续了

20 多年，在此期间，为统一国家政府部门、事业单位及企业的高管薪酬管理，国家按照产业、地区、企业类别、科室等属性制定高管人员薪酬。在这种等级式的工资结构下，并不能充分体现高级管理人员的专业优势及贡献，高管与同等级别的普通员工间不存在薪酬差异，没有体现对管理者才能和付出的肯定，在一定程度上损害了高管工作的积极性。在限制企业高管薪酬水平的基础上，为防止企业高管薪酬与普通职工薪酬差距过大，国家对高管薪酬增长速度也制定了相应的管制要求，例如，在 1956 年的全国性工资改革过程中，中央政府限制厂长一级主要领导干部薪酬的增长幅度不得超过 13%，有关高管薪酬管制的强度有所加强。在社会主义制度背景下，平均主义在公众思想中根深蒂固，从而导致以促进社会收入公平分配的高管薪酬管制政策相继出台。源于人们无法客观评价社会公平性，因而没有薪酬分配公平的统一标准。“平均主义”“大锅饭”的高管薪酬体制，完全违背了市场经济的发展要求，严重挫伤了管理人员参与企业经营的积极性和主动性。

自 1978 年党的十一届三中全会以来，经济体制从计划经济向市场经济转轨，党的工作重心也发生巨变，由“以阶级斗争为主”转向“以经济建设为中心”。在这一转轨过程中，我国采取了一系列的创新性改革措施，经理层的劳动力市场开始逐步形成（Groves et al.，1995）。政府主管部门对高管薪酬的严格管控模型逐步退出了历史舞台，取而代之的是以企业业绩为主的高管薪酬激励措施。1978—1991 年，伴随着改革开放政策的落地，国企高管薪酬也经历了多种方式的变革，奖励工资制、承包责任制、经济效益考核等多项薪酬激励措施相继实行，其中承包责任制最为典型。随着企业厂长负责制的初步形成，高级管理者不但获取了企业的自主经营权，还拥有了部分剩余所有权，以企业业绩为基准的高管薪酬激励方式初步建立。在这种情况下，政府部门、企业和高管各司其职，以合约的形式正式划分相关权益和责任（Baxter and King，1990），认可和肯定了高管人员的专业性和贡献，保证了我国市场的协调发展。随着企业高管权力的增加，国有企业高管薪酬管理制度也发生了相应变化，高管薪酬逐步从最初的行政化管理体制中解放出来，于 1982 年颁布的《国营工厂厂长工作暂行条例》强调高管薪酬可以根据公司业绩上下浮动，提出“由于改善经营管理，使长期亏损的企业改变落后面貌，由亏变盈满一年以上厂长可以获得荣誉奖励或者物质奖励”。1986 年 12 月国务院颁布的《国务院关于深化企业改革增强企业活力的若干规定》更是成为一个具有里程碑意义的政策文件，首次明确了厂长（经理）负责制，并赋予厂长（经理）相应的权力，为激励高管经营积极性及保障经营者利益，实行厂长任期目标责任制。在高管经营初期制定经营目标，通过考察高管报告期的任务完成情况进行奖励或处罚。若高管没有完成年度任务将降低高管个人收入，若高管超额完成既定目标，可将高管薪酬提升至普通职工平均薪酬的一倍至三倍，有特殊贡献者薪酬水平可酌情再高一些。由此可见，我国已经允许国企高管薪酬与普通职工薪酬拉开了适当的差距，放松了原有的薪酬管制力度，并试图通过与企业绩效相关联的高管薪酬激励措施激发高管的能力。

1988 年，国务院颁布的《全民所有制工业企业承包经营责任制暂行条例》加强了我国高管薪酬奖惩力度，该条例是对《国务院关于深化企业改革增强企业活力的若干规定》的进一步补充。明确了企业贡献突出的高管薪酬水平可以高出同公司普通职工薪酬水平的三倍，没有完成承包合同目标的，将高管薪酬水平降为原来的一半，并将惩罚范围扩大到领导班子的其他成员，而非只针对厂长（经理）一人，从而调动了整个领导班子成员的工作积极性。1992 年 8 月国务院经贸办和劳动部联合下发的《关于改进完善全民所有制企业经营者收入分配办法的意见》，细化了企业高管薪酬的激励方案，确定了企业高管薪酬激励标准。随着高管薪酬管制力度的放松以及赋予企业高管相应的剩余索取权，以厂长（经理）为主的领导班子的积极性被充分地调动起来。

随着我国社会主义经济体制改革的不断推进，收入分配的平均主义思想开始被打破，取而代之的是以按劳分配为主，按贡献分配、按业绩分配为辅的高管薪酬激励原则。高管薪酬激励摆脱了早期的完全行政化管理，企业高管的专业化管理及贡献得到了社会的承认和认可，高管企业经营的积极性逐渐被提升。但不可否认的是，薪酬管制政策的行政化时期，我国国企的经营权和所有权并未完全分离，以企业业绩为标准的高管薪酬激励方式虽在小范围内试行，但依然基于本企业职工薪酬水平，而且这种激励方式是由政府主导的。

（二）高管薪酬管制政策的现代化阶段（1992—2003 年）

我国于 1992 年颁布的《股份有限公司规范意见》《股票发行与交易管理暂行条例》《股份制企业试点办法》《有限责任公司规范意见》及《全民所有制工业企业转换经营机制条例》等法规为国企改革提供了法律依据，预示着我国国企改革进入新阶段。此后，年薪制和股权激励成为垄断国企试验和推广的两种主要激励形式。

伴随着现代企业制度的改革，我国国企高管的薪酬激励制度开始了从月薪到年薪的转变。这次改革始于上海，随后在全国范围内开始了国企高管年薪制改革，同时将这一改革方案以正式文件的形式颁布。《企业经营者年薪制试行办法》的颁布预示着我国国企开始正式推进年薪制改革。这一改革从试点开始，五年内就有上万家国企对高管进行了年薪制改革。年薪制改革过程中，通过对试点地区的总结及修正，使该制度很快得到推广。最终，我国国企大都对高管采用年薪制作为激励方式。这一时期的高管年薪都是与本企业普通员工的平均工资相关的，同时各地区具体规定了高管薪酬最多是本企业员工工资的几倍，例如南京规定这一数值最多为 8 倍，四川规定的不超过 10 倍位居全国第一。高管年薪包括基本工资和绩效奖金两部分，通常以年为单位对高管业绩进行考核。基本工资部分是为保障高管的基本生活，绩效部分是与企业该年度业绩相关的，具有不确定性，主要体现了年薪制对高管的激励作用。2002 年，国家对实施年薪制的国企高管薪酬上限做出了明确规定，高管薪酬不能过于超过一般员工工资。国企高管年薪制的实施在一定程度上提高了高管的工作积极性。同时，由于对高管年薪上限加以限制，其激励效果受到部分制约。此外，由于对高管业绩的考核会在企业间进行比较，通常产生“鞭打快牛”或“棘轮效应”现象；还可能由于企业缺失相应的长期激励方式，将导致高管为了提高自身收入而操纵利润的现象发生。尽管年薪制存在一定的缺陷，但总体而言，年薪制在我国国企高管薪酬改革过程中发挥了较大的积极作用。

由于年薪制只是一种短期激励方式，那么，股权激励等激励形式将成为我国国企高管薪酬的重要改革方向。湖北的三家公司于 1995 年率先开始推行股权激励。随后，北京、上海等地及一些上市公司开始逐步推行股票期权制。大多数上市国企也开始对其高管实施股权激励。1999

年颁布的《中共中央关于国有企业改革和发展若干重大问题的决定》中提出允许国企试行经理持股及年薪制等薪酬方式。在我国，国有企业在上市公司中占比高，因此，该文件一经发布，国有企业随即采用了经营者持股、管理层收购、股票增值权、业绩股票等方式激励高管。我国于2000年发布《进一步深化企业内部分配制度改革的指导意见》。该《意见》指出，具备一定条件的企业可对高管和董事会依据其职位及对企业所做贡献制定有适当差距的薪酬，可以对其实行年薪制。与企业高管年薪制类似，在股份制企业中高管可以持有相对普通员工较多的股份，但对其数量加以限制。

总而言之，我国这一时期的垄断国企高管薪酬制度改革取得了显著成就，从月薪制到年薪制的改革及股权激励的实施都为我国现代企业高管薪酬及国企高管薪酬制的发展跨出了重要的一步。

（三）高管薪酬管制政策的规范与完善时期（2003年至今）

自2003年以来，国务院国有资产监督管理委员会（以下简称“国资委”）和地方各级国有资产机构相继成立，国有企业高管薪酬管理和绩效考核的相关制度不断深化改革，得到了进一步规范。首先，为了初步规范、限制国有企业高层管理人员薪酬设定与考核评价，国资委于2003年11月出台了《中央企业负责人经营业绩考核暂行办法》。该办法明确规定了管理层绩效考核的参照对象，将高管薪酬与企业业绩相挂钩，并将高管薪酬激励细分为基本薪金、以年度绩效为考核评价体系的短期激励与以高管任期内经营业绩为考核评价体系的中长期激励三个部分。在激励和约束管理层的绩效考核体系中，主要的参照对象涵盖了企业年度利润总额、净资产收益率、国有资产保值增值率和三年主营业务收入平均增长率等指标。但上述办法仅是针对管理层薪酬考核体系的导向性文件，究竟如何对管理层实施激励和约束未做出详细的规定，鉴于此，国资委于2004年6月进一步出台了《中央企业负责人薪酬管理暂行办法》和《中央企业负责人薪酬管理暂行办法实施细则》。此次颁布的文件详细说明了企业管理者基本年薪的确定方案，并强调中央企业管理者薪酬具体由基本薪酬、绩效薪酬和长期激励薪酬组成。其中，基本薪酬又名基础工资，是为管理者平日付出体力和脑力劳动所支付的；绩效薪酬是由平时工作取得突出业绩的额外所得；而长期激励薪酬包含股票期权等方式。上述办法虽然对激励和约束机制的具体表现形式有重大指导意义，使国企高管薪酬改革取得突破性进展，但在具体实施过程中仍然面临诸多问题。因此，国资委和财政部于 2006 年相继发布《国有控股上市公司（境外）实施股权激励试行办法》和《国有控股上市公司（境内）实施股权激励试行办法》，进一步完善和规范国有上市公司的长期薪酬激励——股权激励。于 2007 年，国资委发布了《关于加强中央企业负责人第二业绩考核任期薪酬管理的意见》，强调管理层与普通员工的收入差距要具有合理性。根据“同行业，同尺度”原则，国资委又于 2008 年颁布了《中央企业负责人年度经营业绩考核补充规定》，引导企业以同行先进企业为对标，努力改善公司治理争取达到标准企业水平。

然而随着金融危机的到来，经济环境不断恶化而高管薪酬却急剧攀升，社会不公平性问题凸显，管理层薪酬激励机制由此招致了社会公众与舆论媒体的口诛笔伐。为此，人力资源和社会保障部等六部门于 2009 年联合出台了《关于进一步规范中央企业负责人薪酬管理的指导意见》，并对高管薪酬结构和水平、薪酬支付、补充保险和职务消费、监督管理等方面进行规范和限制。该意见主要依据企业内职工的年平均薪酬对管理者基本工资和绩效薪酬进行明确限定，并在管理者中长期激励方面进行探索式规定。同年底，国资委再次修订《中央企业负责人经营业绩考核暂行办法》。此次主要针对中长期激励的设定方案进行了修订，强调在实施高管绩效考核时，必须依据企业可持续发展、国有资产保值增值以及股东价值最大化等参照原则。此外，该文件修订年度绩效考核方案，将利润总额和经济增加值作为基本参照指标，并规定了经济增加值的相关考核细则。与此同时，国资委还出台了《中央企业全员业绩考核情况核查计分办法》，进一步对中央企业经营业绩考核的规范和标准做出了详细规定。

尽管对管理者薪酬激励与约束已经颁布了诸多文献，但要真正实现“工作有标准、管理全覆盖、考核无盲区、奖惩有依据”依旧任重而道远，因此国资委于 2012 年专门出台了《关于进一步加强中央企业负责人副职业绩考核工作的指导意见》。该意见进一步加大了高管的业绩考核力度，促进业绩考核规范化，提高业绩考核效率。该文件将业绩考核主体转移至央企负责人，同时还要求从定量考核和定性评价两个角度将业绩考核与薪酬分配密切联系在一起。此外，国资委同年还修订了《中央企业负责人经营业绩考核暂行办法》，将考核的参照指标由股东价值最大化修订为企业价值最大化，并对任期经营业绩考核基本指标中的主营业务收入平均增长率修订为总资产周转率。

总而言之，自2003年国资委成立以来，我国上市公司的薪酬政策处在不断深化改革之中，高管激励和约束机制不断规范和完善，管理层的薪酬结构呈现出多元化态势。截至目前，在市场经济条件下，我国逐渐建立起长期化、多元化、全球化、高效率性的薪酬结构与制度体系。

表3-3　高管薪酬管制政策发展历程

颁发时间	颁发单位	法规标题
2003年10月	国资委	《中央企业负责人经营业绩考核暂行办法》
2004年6月	国资委	《中央企业负责人薪酬管理暂行办法》
2004年6月	国资委	《中央企业负责人薪酬管理暂行办法实施细则》
2006年1月	国资委	《国有控股上市公司（境外）实施股权激励试行办法》
2006年6月	国资委	《关于规范中央企业负责人职务消费的指导意见》
2006年9月	国资委	《国有控股上市公司（境内）实施股权激励试行办法》
2006年12月	国资委	《中央企业负责人经营业绩考核暂行办法（2006年修订版）》
2007年12月	国资委	《中央企业负责人任期经营业绩考核补充规定》
2007年12月	国资委	《关于加强中央企业负责人第二业绩考核任期薪酬管理的意见》
2007年12月	国资委	《中央企业负责人经营业绩考核暂行办法（2007年修订版）》
2008年2月	国资委	《中央企业负责人经营业绩考核暂行办法（2008年修订版）》
2008年2月	国资委	《中央企业负责人年度经营业绩考核补充规定》
2008年10月	国资委	《关于规范国有控股上市公司实施股权激励制度有关问题的通知》
2009年1月	财政部	《金融类国有及国有控股企业负责人薪酬管理办法（征求意见稿）》
2009年4月	财政部	《关于国有金融机构高管薪酬分配有关问题的通知》
2009年9月	人力社等六部委	《关于进一步规范中央企业负责人薪酬管理的指导意见》
2009年12月	国资委	《中央企业负责人经营业绩考核暂行办法（2009年修订版）》
2012年2月	财政部等	《国有企业负责人职务消费行为监督管理暂行办法》
2013年2月	国务院办公厅	《国务院办公厅关于深化收入分配制度改革重点工作分工的通知》

资料来源：国资委、财政部等网站。

二 高管薪酬管制政策特征分析

由于我国自身所拥有的特殊国情背景，国有企业的改革历程也与其他国家存在差异，呈现独一无二的特征。我国国有企业的最终所有人是数十亿的中国公民，在国有企业产权变革时，这种特征依然保留，并没有将国有企业产权私有化。在部分行业领域中，为提升国有企业经营质量、改善公司治理结构，以电信业为例的一些国有企业开始引入外国资本，资本来源的多元化在一定程度上降低了我国公民的所有权比例，但整体上并没有改变国有企业所有权为全民所有的本质。政府作为我国社会公众的代理人参与国有企业经营，但每个国家的政府都不能脱离本国的市场环境，都不是超然的中立者，为达到追求社会利益最大化的目的，政府在某种特定环境下也会迎合利益相关者的目的，寻求自身在政治竞争中的支持（Sigler，1995）。因此，每个国家的政府应呈现出自身的特色，而我国上市公司高管薪酬管制政策也具有区别于他国的特征。

近年来，我国社会公众对国有企业的关注点已从原来的国企生存问题转为国企中高管薪酬问题，随着媒体对国企高管“天价薪酬”、高管平均薪酬与普通员工平均薪酬间差距的不断曝光，国有企业高管的问题薪酬越来越引起民众的注意。公司与社会文化的匹配性决定了公司经营行为在所处环境下的合理性，随着我国社会发展理念的不断进步，公司高管薪酬激励效率和社会收入分配公平性间关系不断变化。相应地，当国家以提高公司生产效率时，以公司业绩为标准制定高管薪酬水平的激励方式，同时也会导致高管薪酬激励效率与社会主义分配公平理念间的紧张关系（Eisenhardt，1988；贾艳琴和蒋涛，1997；Conyon and Murphy，2002）。薪酬管制的公共利益理论提出政府部门是否对高管薪酬进行管制取决于高管薪酬分配是否损害了社会收入分配的公平性，并且基于不同的文化背景，高管薪酬管制的标准及管制的力度都会发生变化。Deutsch（1985）将薪酬分配公平细分为三种，分别是需求公平、投入产出公平和结果公平。其中，需求公平是依个体需求情况为标准，制订相应的分配计划；投入产出公平强调劳动贡献与分配金额相关联的相对公平；结果公平则体现以最终分配数额为准的绝对公平。在不同的市场环境下，人们对薪酬分配公平的认可种类也不一样，在倡导自由主义的西方国家，投入产出公平更能被社会公众所接受，而在坚持集体主义的社会主义国家中，社会更倾向于结果公平（Akerlof and Yellen，1990；Core and Guay，1999）。我国的制度由原来的计划经济体制向市场经济转变，但社会主义中的公平观念依然根深蒂固，并没有随变革发生实质性的变化（Heyman，2005）。通过实践发现，我国国有企业的高管薪酬管制目标在于促进社会收入分配的公平性，保证公司薪酬在高管与普通员工间的合理分配，但这种管制也可能会导致高管在职消费或腐败行为的发生。

我国的高管薪酬管制主要是依靠政府非强制的意见指导及强制性的行政法规。相比严格的立法程序和制度的持久性，行政法规具有随意和易变的特性。此外，从我国高管薪酬政策颁布主体来看，我国具有薪酬管制政策政出多门的特征，随着我国政府对高管薪酬管制力度的不断增大，证监会、国资委、财政部、发改委、中纪委及地方性政府都先后制定了高管薪酬管制条例，观测多款薪酬管制政策后不难发现，高管政策在适用范围上存在部分重叠，甚至各部门的法令法规间存在条款矛盾的现象。例如，2005 年上海市地方政府要求国有企业高管最高收入不得超过 40 万元；而财政部办公厅曾拟定金融类国有及国有控股企业负责人的税前薪酬不得超过 280 万元。在有关社会收入差距的相关规定中，发改委相关部门曾出台政策规定国有企业高管平均薪酬不得超过普通职工平均薪酬的 8 倍；2005 年全国政协副主席、中国工程院院长徐匡迪透露，国有企业管理层年薪收入不能超过员工平均工资的 14 倍；而后，2008 年北京市国资委则规定企业负责人最高收入不得超过员工平均收入的 12 倍。一方面，行政法规的朝令夕改使高管薪酬管制政策效果的发挥充满了不确定性；另一方面，由于高管薪酬管制政策的随意性及部分法规间的相互矛盾，使高管薪酬管制部分法规流于形式。

三　高管薪酬管制政策效果描述

高管薪酬管制政策的目标在于促进社会收入分配的合理性，缩小薪酬差距，提升上市公司高管与员工、高管间的薪酬公平性。为便于详细观测薪酬公平性的情况，我们依据高管和员工工资效率、公司特征将薪酬公平性细分为内部薪酬公平性（*Equity_in*）、外部薪酬公平性（*Equi-*

ty_ex），并分别赋予不同的权重，合成综合指标薪酬公平性（*Equity*）。2009 年，人社部、国资委等六部门联合下发了《关于进一步规范中央企业负责人薪酬管理的指导意见》，成为我国薪酬管制政策中的典型。图 3 - 1 中展现了 2005—2015 年我国上市公司高管薪酬公平性的现状，图 3 - 1 显示，我国上市公司的高管薪酬公平性（*Equity*）大致呈现逐渐上升的趋势，说明高管薪酬公平性在我国越来越多地受到重视。内部薪酬公平性（*Equity_in*）代表高管薪酬与普通员工间薪酬公平性，2005—2011 年内部薪酬公平性水平大致不变，仅在 2008 年前后发生较大变化，这可能源于 2008 年金融危机的波及，意外的是，2011 年之后内部薪酬公平性逐渐下降。外部薪酬公平性（*Equity_ex*）在观测期内表现为上升但递增速度逐渐下降的趋势，说明我国上市公司间高管薪酬差距越来越小。高管薪酬公平性的表现为后续的高管薪酬管制政策有效性分析做铺垫，我们还需进一步观测不同产权性质间薪酬公平性差异。

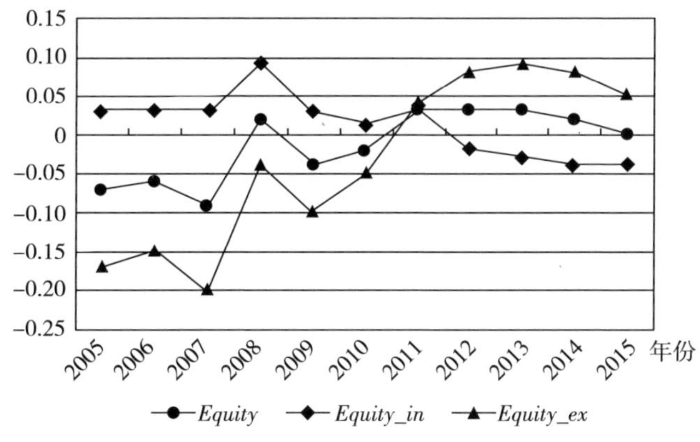

图 3 - 1　薪酬公平性现状

第三节　本章小结

本章主要对我国高管薪酬披露政策、高管薪酬管制政策的演变历程、特征以及现状进行了详细的、系统的梳理和回顾，为本书后续研究奠定了坚实的理论基础和研究背景。

依据我国高管薪酬政策特征，我们将高管薪酬政策分为薪酬披露政策和薪酬管制政策，并分别观测两种政策的发展历程。从我国高管薪酬披露政策的演变历程来看，伴随着我国特色社会主义的发展和进步，我国高管薪酬披露政策也是一个不断发展、与时俱进的理论体系，通过完善高管薪酬水平、结构及高管薪酬决策程序的披露内容，为提升资本市场效率，降低上市公司代理成本提供基础。基于中华人民共和国成立初期股东与董事会及高管间的信息不对称问题，经国家相关机构的要求不断增加、完善高管薪酬披露内容，使我国高管薪酬信息日益透明化。从我国高管薪酬管制政策的变迁分析来看，伴随着我国国有企业经济体制的发展和变革，我国上市公司在关注经济发展时也会兼顾社会责任，国企高管薪酬管制政策也从最初的完全行政化逐步向现代企业的薪酬政策转变，让始于年薪制的国企高管薪酬分配关注社会薪酬差距及社会分配合理性。

从现状来看，无论是高管薪酬与公司业绩间的关联性，还是我国高管薪酬分配公平性上，均存在问题，高管薪酬业绩敏感性相对较弱，高管人员与其他职工间的收入分配公平性有待提高等。这在一定程度上为研究我国高管薪酬政策的有效性提供背景，也为进一步探讨我国高管薪酬政策管理提供方向，我们将在后面的研究中针对这些政策效果进行深入探讨。

第四章　高管薪酬披露政策有效性的实证研究

第一节　引言

高管薪酬曾被视为缓解管理层与股东间利益冲突的有效方式，但在实践中，由于管理层与股东间信息不对称、利益不一致等问题，致使原本用来解决委托代理问题的高管薪酬自身却已演变成典型的代理问题。自金融危机以来，世界经济发展一度低迷，但居高不下的高管薪酬水平却与社会失业率的提升、公司价值的连续下滑形成鲜明对比，基于人们对高管薪酬的持续不断的质疑和反思，高管薪酬这种逆势而行的现象再次引起了人们的普遍关注。我国高管薪酬存在“天价薪酬”、薪酬与业绩脱节等不合理现象，例如，中国平安董事长马明哲以 6616. 1 万元的“天价薪酬”一度问鼎薪酬排行榜，使上市公司高管薪酬的合理性不断受到社会各界的广泛质疑，有关高管薪酬“支付多少”以及“如何支付”问题的探讨具有重要的理论和现实意义。我国高管薪酬屡见不鲜的乱象引发了国内外学者对人力资本定价、公司治理等方面的广泛探讨，但研究大多局限于考察内部公司治理因素（如 CEO、董事会特征）与高管薪酬间的关系，从微观层面探讨公司治理环境对高管薪酬水平、薪酬业绩敏感性的影响（方军雄，2009；杨青等，2014）。这其实是高管薪酬研究的内部视角，即从内在公司治理的角度对高管薪酬水平和薪酬业绩敏感性进行分析，该视角仅揭示了问题的一个方面，高管薪酬政策干预等外部视角，也是探索这一问题的切入点之一。蒋国华和饶品贵

（2011）提出了以宏观经济政策与微观企业行为互动为基础的会计与财务研究框架，成为会计与财务研究的新领域。Murphy（2012）再次强调任何忽略政府因素的高管薪酬解释都是不完整的，如何从宏观的高管薪酬政策出发，研究其所产生的经济后果，对降低高管薪酬决策中的代理问题，提高高管薪酬的激励效率具有重要的意义。

源于人们对高管薪酬披露的要求和嫉羡心理，许多国家相继出台了一系列的高管薪酬披露政策。2006 年，美国 SEC 对高管薪酬披露规则做了自 1992 年以来最大幅度的修改，其扩大了高管薪酬或高管其他利益的披露范围，加强了对各种薪酬的价值披露，以适应高管薪酬实践的变化，并回应社会公众对企业高管薪酬飙升和薪酬不透明现象的批评。2005 年，我国证监会修订的《公开发行证券的公司信息披露内容与格式准则第 2 号〈年度报告的内容与格式〉》（以下简称为《第 2 号准则》），将之前披露的“金额最高前三名董事及金额最高的前三名高级管理人员”更改为“披露每一位现任董事、监事和高级管理人员在报告期内从公司获得的报酬总额”，并增加披露现任董事、监事、高级管理人员最近 5 年的主要工作经历，以及在除股东单位外的其他单位的任职或兼职情况。这一事件成为我国高管薪酬信息披露的里程碑，一些学者借鉴外国的规范研究方法，梳理了我国上市公司高管薪酬披露政策的发展历程，并对相关政策的修订和完善提供了理论指导（葛家澍和田志刚，2012；施廷博，2012）。随着政策效果检验方法的出现，越来越多的学者开始运用实证方法分析高管薪酬信息披露对激励效率的影响，但是否应该详细披露上市公司高管薪酬信息仍然存在很大的争议；同时，对于高管薪酬披露能否提高薪酬激励效率，尚未达成一致结论。反对披露高管薪酬信息的观点认为，高管薪酬披露可能会造成公司间高管薪酬的相互攀比，引发高管层为争取高薪而进行集体辩护行为，导致更多的高管出于“羡慕和嫉妒”而引发工资膨胀，进而降低高管薪酬激励效率（Acharya and Volpin，2010；Hermalin and Weisbach，2012）。支持者认为，薪酬信息披露的提升有利于高管行为监督，减少了高管的不道德行为，促进高管以股东的利益为目标，进而提升高管薪酬激励效率（Perry and Zenner，2001；Bizjak et al.，2008）。Leuz 和 Wysocki（2008）结合不同的公司治理情境，发现在不同的制度和经济环境下，高管薪酬信息披露对薪酬契约有效性的影响存在差异。Jiang 等（2016）依据 2005 年薪酬信息披露政策，发现我国上市公司高管薪酬间存在普遍的行业基准现象。江伟等（2016）结合我国特殊的制度背景，进一步考察了不同类型公司中高管薪酬信息披露对薪酬激励效率的影响，也发现了高管薪酬信息披露的效果差异。综观以往文献，相关研究大多关注高管薪酬披露政策与薪酬业绩敏感性间的表层关系，缺乏对两者关系的内在逻辑分析，为本章的研究提供了契机。

遵循上述逻辑，为评价我国高管薪酬披露政策对薪酬业绩敏感性的影响，本章从高管薪酬披露政策的直接效果和传导路径两个视角进行详尽的实证研究。直接效果将观测高管薪酬披露政策这一外生冲击事件对薪酬业绩敏感性的影响。中介效应方法检验薪酬攀比、投资效率是否为高管薪酬披露政策效果的传导路径，并结合产权性质等因素进一步观测高管薪酬披露政策效果在不同类型公司间的差异。在参照 Jensen 和 Murphy（1990）度量薪酬业绩敏感性方法的基础上，以 2005 年我国上市公司披露单个高管薪酬信息为切入点，通过中介效应方法（Mediating Effect Test）分析高管薪酬披露政策的效果及传导路径，研究发现，我国高管薪酬信息披露与薪酬业绩敏感性关系间存在非对称性；高管薪酬信息披露通过薪酬攀比降低了薪酬业绩敏感性，通过投资效率提升了薪酬业绩敏感性；且不同类型的公司间高管薪酬披露效果的传导路径存在差异。

可能的贡献在于：第一，从宏观的政府干预的视角出发，结合微观治理因素研究高管薪酬披露政策对薪酬激励效率的影响，丰富了高管薪酬激励的相关内容。第二，以我国高管薪酬披露政策为背景，区分薪酬激励不足、薪酬激励过度，研究不同薪酬激励强度公司的激励效率差异性，并采用薪酬攀比、投资效率等双重中介效应方法揭示高管薪酬披露与薪酬业绩敏感性间的内在关系，为我国高管薪酬披露政策的效果检验提供了证据。第三，区别于以往研究大多基于委托代理理论、管理者权力理论等，本章引入社会学和心理学考虑高管薪酬信息披露对薪酬业绩敏感性的影响，丰富和拓展了高管薪酬激励的研究理论。

本章第二部分回顾与评述相关文献；第三部分分析理论基础与提出研究假设；第四部分设计实证模型并介绍样本选取；第五部分进行实证检验分析；第六部分为本章结论及其启示。

第二节　文献回顾及评述

高管薪酬披露政策实施的直接目标在于提高高管薪酬的合理性和透明性，薪酬业绩敏感性是衡量高管薪酬合理性的常用指标。本章将着眼于薪酬业绩敏感性，从高管薪酬披露政策的直接效果、传导路径共同检验宏观政策的经济后果。

一　高管薪酬披露政策的有效性

信息披露的充分、真实、及时是市场机制充分发挥作用的必要前提，然而，学术界中有关高管薪酬披露能否提高上市公司高管薪酬契约有效性的研究尚未达成一致结论，高管薪酬披露反对者认为，随着高管薪酬信息披露质量的增强，各公司高管薪酬信息公之于众，公司高管可能会依据同类别公司高管薪酬水平为提升自身薪酬做辩护；同时，上市公司董事会为争取优秀高管会迫于人才竞争压力盲目地提高高管薪酬水平，从而导致薪酬契约有效性的弱化（Acharya and Volpin，2010；Hermalin and Weisbach，2012）。依据美国 SEC 对高管薪酬信息披露所做的修改，Faulkender 和 Yang（2013）研究发现，相比于高管薪酬披露政策修改以前，2006 年之后上市公司对基准公司选择过程中的机会主义行为没有降低反而提升了，这种现象在治理水平较低的公司中尤为明显。Yun 等（2014）根据韩国高管薪酬披露政策（FISCMA），发现政治压力会带来高管薪酬结构调整，但并没有提升高管薪酬与业绩间的关联度。江伟等（2016）依据 2005 年我国高管薪酬披露政策为背景，检验了我国上市公司高管薪酬披露政策的经济后果，数据显示，上市公司高管薪酬信息披露的增强并不必然提升高管薪酬的激励效率，这种经济后果会因公司治理状况、上市公司经理人市场程度的不同而存在差异。然而，仍有部分学者发现了高管薪酬披露对薪酬业绩敏感性的提升作用。依据美国 1992 年新的薪酬披露政策，Perry 和 Zenner（2001）不但发现了美国上市公司中高管薪酬结构的变化，同时证明了高管薪酬业绩敏感性有所增强。在加拿大，学者 Craighead 等（2004）对比了股权分散型公司和股权集中型公司的薪酬披露效果差异，发现相比于股权集中型公司，股权分散型公司的高管薪酬与公司业绩间关系更紧密。基于我国2001年修订版《第2号准则》的新增要求，张静（2010）以2002年为时间分界点，对比分析1999—2002年和2003—2008年样本结果差异。结果显示，1999—2002年的高管薪酬水平与前一年每股收益不显著相关；而2003—2008年模型中的高管薪酬水平与前一年每股收益却显著相关。验证了我国上市公司2002年所实施的薪酬政策提升了薪酬绩效敏感性。吴联生等（2010）将研究视角转移至我国上市公司开始披露单个高管薪酬信息这一事件上，他们基于社会比较理论考察高管薪酬外部公平性对公司业绩的影响，而没有结合2005年信息披露事件，考虑高管薪酬信息披露对于上市公司高管薪酬契约的影响。2006年美国证监会要求上市公司需披露其在薪酬决策过程中的基准公司选择，Bizjak等（2011）发现对上市公司高管薪酬比较基准的进一步披露，降低了薪酬决策过程中的机会主义行为。

二　高管薪酬披露政策效果的传导路径

关于高管薪酬披露政策如何影响高管薪酬激励，Hermalin和Weisbach（2012）在分析信息披露与公司治理间关系时指出，我们应该将高管薪酬披露视为一把“双刃剑”，它在提升股东、董事等对高管的监督作用时，充分、及时的高管薪酬信息披露，有可能会导致上市公司迫于人才竞争的压力而给予高管过高薪酬，或者高管类比同行业、同岗位人员的平均工资后提高自身薪酬。在相似行业、相似组织或者具有其他相似特征的群体中，群体内个体间互动行为会产生薪酬攀比，这一说法得到了学者的支持（葛伟、高明华，2013；罗宏等，2016）。通过薪酬攀比所产生的心理反应会影响人的行为选择，Bizjak等（2011）发现公司薪酬委员会以相似公司高管薪酬均值为基准，通过攀比制定公司高管薪酬水平，导致市场中高管薪酬水平的不断上涨，形成“乌比冈湖效应”。我国学者李实和刘小玄（1986）将攀比分为上行攀比和下行攀比，后来的学者也发现了攀比行为的差异化结果。

由于信息不对称、道德风险的存在，就会产生高管与股东间的利益冲突，即代理问题。表现在非效率投资方面，高管可能会将资金投资于净现值为负的项目实现其“帝国建造”的目的，或通过不作为、享受在职消费等不投资净现值为正的项目。以往学者主要依据委托代理理论和融资约束假说探讨非效率投资（Weishach et al.，2004；刘星等，2014；胡建雄和谈咏梅，2015），其实政府政策、法律环境等外部政府干预因素也会对投资行为产生影响（Kang et al.，2010；Julio and Yook，2012）。毫无疑问，薪酬激励会在一定程度上影响企业高管的非效率投资（Griner and Gordon，1995；简建辉等，2011），高管薪酬披露政策实施后，市场中高管薪酬信息越来越透明，企业高管会在薪酬披露后对自身薪酬重新评价，并通过投资行为展现其行为选择，产生对薪酬业绩敏感性和企业绩效的进一步影响。

三 产权性质与高管薪酬披露政策的有效性

由于特殊的制度背景，大多数学者在探讨我国高管薪酬披露政策的有效性时，都会进一步观测产权性质等因素对经济后果的影响。

结合我国新的国有资产管理体制特征，依据政府部门对国有企业所实施的分级管理，赵卫斌和陈志斌（2012）将国有上市公司分为中央政府控股和地方政府控股两类上市公司，基于政府对两类公司监管差异，检验这两类公司高管对薪酬的关注程度影响，研究发现，相比于地方国有控股公司，中央政府控制企业的高管薪酬业绩敏感性更低，说明我国政府控制人的行政级别将会影响高管薪酬业绩敏感性。杨继东（2013）在探索同群效应对高管薪酬的影响时，结合我国上市公司产权性质进一步分析，发现国有上市公司更容易因同群效应导致高管薪酬上涨。这可能反映了受旧体制的限制，国有上市公司高管薪酬低于同群公司中的其他上市公司，为了挽留人才，国有上市公司更有可能采用同群效应。马强（2014）依据竞争强度将国有企业上市公司细分为垄断企业和完全竞争企业，观测高管薪酬业绩敏感性在不同类型国有企业中的差异。研究发现，国有企业高管人员的货币薪酬与当期的企业业绩间存在显著的正相关关系，但这种关联性仅体现在垄断国有企业中，且垄断国企高管存在激励过度问题；此外，在相对业绩不同的样本组中，存在“薪酬业绩敏感性”不对称的现象，相对业绩高的样本中高管薪酬业绩敏感性显著为正，而相对业绩较低时，高管薪酬业绩不敏感。不同于马强（2014）的研究结果，赵颖（2016）在观测高管薪酬披露效果在不同企业间差异时，垄断行业的国有企业高管薪酬业绩敏感性在强化高管薪酬披露质量前后没有发生变化，竞争行业的国有企业高管薪酬业绩敏感性随着薪酬披露强度的提升而下降，考虑地区市场化进程的进一步研究发现，市场化进程比较低的国有企业高管薪酬业绩敏感性在薪酬披露强度提升之后有所增强。

通过梳理与本章研究主题有关的前述文献，不难发现：

首先，上述文献中只有江伟等（2016）结合2005年中国证监会进一步要求上市公司披露每一位现任高管薪酬总额这一事件，探讨我国高管薪酬披露对薪酬契约的影响，研究方法上以2005年为分界点，检验事件前后高管薪酬业绩敏感性的变化。其他文献并未直接研究我国上市公司高管薪酬披露政策这一宏观事件如何影响微观企业的高管薪酬水平及薪酬业绩敏感性。虽然前述Faulkender和Yang（2013）、Yun等（2014）分别结合美国、韩国相关高管薪酬披露政策进行经济后果探讨，但其并不能替代我国高管薪酬披露政策的实施效果，并且由于研究方法不同、时间跨度的不一致，导致分析结果存在差异。

其次，前述文献对高管薪酬披露的研究都是通过实证分析高管薪酬披露政策对高管薪酬激励效率的影响，在忽略了高管薪酬信息披露的同时也会伴随着高管薪酬攀比、投资效率的发生，进而影响高管薪酬的传导路径，因而无法深入、详细地探寻高管薪酬披露政策对薪酬业绩敏感性等指标的影响。

最后，国外学者在研究高管薪酬披露政策这一外部冲击事件对微观公司的影响时，会结合本国自身特点进行差异化分析。我国具有不同于其他国家的制度背景，不同类型的上市公司对政策落实的力度或效果会存在差异，结合产权性质等特征对高管薪酬披露政策的有效性进一步分析的文献还有待于丰富。

第三节　理论分析与研究假设

一　高管薪酬披露与薪酬业绩敏感性关系分析

社会比较理论认为，人们希望正确地评价自己的观点和能力。在缺乏直接的自然标准时，会通过与他人的比较进行自我评价（Festinger，1954）。高管薪酬披露政策的目标在于提升高管薪酬的透明度，在一定程度上促进了个体公司对同行业公司薪酬信息的可得性，提升了高管间薪酬比较的可能性。因此，上市公司高管会将个人薪酬同可比公司的高管薪酬进行比较，通过薪酬的社会比较形成对自身薪酬的重新认知，从而导致管理者行为的变化。江伟等（2016）依据我国2005年所颁发的薪酬信息披露政策，比较分析了高于（低于）行业薪酬均值的公司高管薪酬所引发的高管行为变化，并检验不同产权性质、不同行业竞争状况下高管薪酬披露对薪酬业绩敏感性的影响，但未考虑不同的薪酬激励强度可能会对高管薪酬披露政策的实施效果产生影响。借鉴Core等（1999）、王生年和尤明渊（2015）的做法计算薪酬决策模型残差作为高管薪酬激励强度的衡量依据，当残差小于零时，认为高管薪酬激励不足；当残差大于零时，认为薪酬激励过度。在高管薪酬信息未强制披露前，公司高管通常并不了解同行业其他公司高管的薪酬信息，缺乏横向的外部比较。

高管薪酬披露政策虽然会在一定程度上提升市场流动性，减少人力资源成本，但随着高管薪酬信息披露质量的提升，也会导致公司特定的间接成本。一方面，在薪酬激励不足的公司中，当管理层薪酬信息强制披露后，增加了公司高管的薪酬信息透明度，公司高管既可以在内部纵向比较，也可以在同行业间进行外部横向比较。如果公司高管薪酬与同行业高管薪酬间有较大差距，感觉自身没有得到应得的补偿就会有被剥削的感觉，从而产生懈怠等负面行为，导致高管人员对组织目标的漠不关心和企业凝聚力下降的现象，进而降低薪酬业绩敏感性（Cowherd and Levine，2010）。另一方面，在薪酬激励过度的公司中，当高管发现自己的薪酬水平高于可比公司高管时，将会提升自我评价，产生公平感和喜悦感，同时迫于外界的监督与压力，促使高管薪酬激励效率的发挥（吴联生等，2010）。因此，提出假设4－1：

H4－1：高管薪酬披露降低了薪酬激励不足公司的薪酬业绩敏感性，但提升了薪酬激励过度公司的薪酬业绩敏感性。

二　高管薪酬披露政策效果的传导路径分析

1. 薪酬攀比、高管薪酬披露与薪酬业绩敏感性

自2000年以来，即使只考虑工资和奖金收入，国内高管薪酬也经历了显著的增长。实证研究发现，仅仅通过公司业绩和治理结构很难解释高管薪酬的快速上涨。无疑，在薪酬决定的过程中，特定的制度扮演了重要的角色（O’Reilly and Main，2010）。在决定高管薪酬的制度特征中，参考同类公司的薪酬水平来决定本公司高管的薪酬水平的做法非常普遍。Bizjak等（2011）认为，薪酬攀比是驱动美国高管薪酬上涨的重要原因。他们发现，薪酬委员会在设计高管薪酬的过程中，会选择同类集团公司的薪酬作为一种竞争性基准，并把本公司的高管薪酬设定在同群薪酬水平的中值（均值）之上，为公司高管提供具有竞争力的薪酬。我国资本市场新兴加转轨的制度背景下，政府干预依然无法充分限制高管薪酬，只能在高管薪酬制定中发挥有限的作用（Chen et al.，2010），其他相关政策的效果无法有效发挥（沈艺峰和李培功，2010），导致高管薪酬攀比行为愈演愈烈。从社会比较理论的心理学视角来看，Firth等（2007）、吴育辉和吴世农（2010）、苏方国（2011）认为，当高管发现同行或同事薪酬高于自身薪酬后，会以积极努力的态度弥补，提升上进心和责任心，从而带来公司价值的提升，自身薪酬也会随着企业业绩的提升而增加。当高管意识到被支付不足时会产生不同程度的嫉妒和攀比等心理，这些不公平心理会降低他们的努力程度（高良谋和卢建词，2015）。当高管通过薪酬信息披露发现自身薪酬水平弥补甚至超出自己的实际努力时，会提升自我工作积极性，表现为收益和付出相匹配。李实和刘小玄（1986）也认为，内化形式的攀比不可能通过外化形式将信息不完全的攀比转化为信息较为完全的充分攀比，因而产生广泛的盲目攀比现象，使高管脱离工作努力单纯追求更高收入的不充分攀比得到增强。换言之，公司高管会以同行业或类似公司高管薪酬为目标进行盲目的、消极的攀比，当可比公司高管薪酬水平提高时高管会预期自己薪酬得到相应提升，提高个人薪酬水平，给公司带来负向的经济后果。提出假设4－2a：

H4－2a：高管薪酬披露通过薪酬攀比降低了薪酬业绩敏感性。

2. 代理成本、高管薪酬披露与薪酬业绩敏感性

2005 年，我国证券监督委员会颁布的《第 2 号准侧》明文规定上市公司“披露每一位现任董事、监事和高级管理人员在报告期内从公司获得的报酬总额”，随着高管薪酬信息的越发透明化，为公司内、公司间高管薪酬横向比较提供了基础。基于社会比较理论对薪酬契约有效性的影响，强调个人倾向将薪酬水平同相似职务、相似能力的人进行比较，实证发现，并在预测薪酬满意度上，比较薪酬比实际薪酬水平更有效（Law and Wong，2011）。在投资决策中，高管有积极扩张需求和消极守旧需求。Fehr 和 Schmidt（1999）、Fehr 和 Falk（2002）的研究发现，公司高管在自利选择的同时具有嫉妒心理。当高管了解可比公司高管薪酬后，会进行薪酬比较重新评价自身薪酬并影响其行为选择，当发现自身薪酬低于可比公司高管薪酬水平后会产生妒忌负效用，并会运用高管权力不断获取其他形式的收入补偿，一方面提升自身的物质收益总效用，另一方面在于降低因薪酬差距所带来的负效用。高管作为公司活动的决策者，控制公司资源且有可能持有股东无法获得的私有信息，高管薪酬披露后会通过比较感知薪酬状况并最终决定自己的努力程度。如果有才能的高管没有得到及时的、足够的薪酬补偿时，就会导致其在公司经营期间产生代理问题，构建帝国等消极后果将导致投资不足或投资过度等无效率的投资策略，不利于公司价值的提高（Richardson，2006）。当高管通过薪酬信息披露后的比较发现被过度支付时，感觉自己的独特价值和社会地位被认可，会在一定程度上减轻其自利行为。同时，高管人员的风险规避缺陷也会被偏高的货币薪酬所弥补，增加自身积极工作的努力程度，进而采取有效的投资策略提升公司长期价值（张正堂，2009）。因此，提出假设 4 -2b：

H4 -2b：高管薪酬披露通过投资效率提升了薪酬业绩敏感性。

三 产权性质与高管薪酬披露政策关系分析

我国国有企业的改革伴随着政府不断放权让利的过程（Qian and Weingast，1996），而且主要是通过金字塔式的所有权结构来实现的（Fan et al.，2013）。上市公司按照最终实际控制人有国有和非国有之分，其在经营目标、公司治理和外部环境等方面存在巨大的差异。对于

国有上市公司而言，公司高管与政府官员间存在重叠，国有企业高管人员一般具有政治色彩，公司可以通过货币薪酬激励高管经营的努力程度，也可以通过政治晋升等隐性激励方式促进高管能力的发挥。此外，政府作为国有企业的代理人，指派或选聘高管代为管理国有企业，政府会通过国有企业高管交叉经营等调动、协调国有企业的高管，这在一定程度上促使国有企业高管形成相对封闭的“内部劳动力市场”（Zhou，2002），相比于整个资本市场，“内部劳动力市场”中信息不对称性相对较低，高管可以通过流动或私下交流等方式获得其他国有企业高管的薪酬信息。因此，市场中的高管薪酬披露依然无法向身居“内部劳动力市场”的高管提供太多的额外信息，披露单个高管薪酬信息不会增加国有企业高管的薪酬信息含量。另一方面，披露上市公司每一位高管的薪酬信息在于提高薪酬的透明度，薪酬披露程度的加强不仅会影响企业高管对自身薪酬的重新评价，也会促进媒体、社会公众等对高管薪酬激励问题的探讨（权小锋等，2010）。加之我国国有企业的特殊制度背景，政府会从整个社会层面出发对国有企业高管薪酬进行管制（陈信元等，2009）。即使 2005 年的高管薪酬信息披露可以为国有企业高管提供新的薪酬信息含量，但在越发透明的高管薪酬环境下，董事会对高管薪酬的决策程序、高管薪酬提供操纵的机会主义行为都会受到媒体和社会公众的监督，在一定程度上提升了国有企业高管人为调整其薪酬水平的难度。此外，国有企业经营兼顾效率和社会任务；相应地，国有企业高管的行为选择也会在自身利益和社会利益间权衡。政府给予国有企业较大的支持力度，通过资金扶持、项目保障等途径给予国有企业更大的优惠措施，身为国有企业决策者的高管自然也会享受政府扶持所带来的好处（陆正飞等，2012），为获得更多的政策优惠和经济资源，国有企业高管会主动承担社会公平、就业率等社会共同问题，薪酬委员会会设立让社会公众满意的高管薪酬为已有的薪酬支付提供充分的辩护（谢德仁等，2012）。

对于非国有上市公司而言，其大股东更有动力和能力对高管实施更加紧密的监督，因此，这些企业的高管可能较难通过提高薪酬谋取控制权私利。随着 2005 年单个高管薪酬信息的披露，非国有企业高管的薪酬平衡发生着变化。无论是薪酬的制定者还是薪酬的接受者都有动机进行薪酬调整。作为薪酬接受者的非国有企业高管，会通过自身薪酬的纵向比较以及与其他人员薪酬间的横向比较重新评价自身薪酬，进而影响高管的行为选择，为降低随之而来的机会主义行为及代理问题，公司会通过增加高管的剩余索取权激励高管，从而改善公司治理环境（Hermalin and Weisbach，2012）。基于以上分析，本书提出如下假设：

H4－3：相对于国有企业，非国有企业高管薪酬披露政策效果更明显。

综上所述，高管薪酬披露政策对薪酬业绩敏感性的影响及其传导路径机理如图4－1所示：

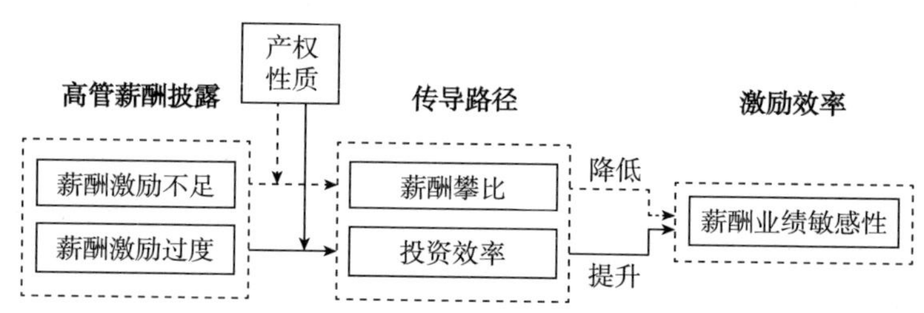

图4－1 薪酬披露政策对薪酬业绩敏感性影响及作用机理

第四节 研究数据与模型设计

一 数据和样本

2005年修订的《第2号准则》要求所有上市公司在年报中披露“每一位现任董事、监事和高级管理人员在报告期内从公司获得的报酬总额”，本章的研究样本为我国沪深两市的主板上市公司，样本期间为2001—2015年，样本公司的所有财务数据和公司治理数据均来自国泰安数据库（CSMAR）和色诺芬数据库（CCER）。对初选样本按以下原则进行筛选：①剔除金融行业上市公司；②剔除被ST、＊ST、PT的上市公司；③为避免高管薪酬自愿披露和强制披露对分析结果的影响，剔除了2004年之前自愿披露单个高管薪酬信息的上市公司；④剔除公司治理数据、财务数据缺失的上市公司。为消除极端值的影响，对主要连续变量在 1% 和 99% 水平进行了 Winsorize 处理，最终得到 12546 个公司年样本。统计分析软件为 Stata14. 0。

二　变量定义

（一）因变量

薪酬业绩敏感性。基于 Jensen 和 Murphy（1990）的识别方法，借鉴辛清泉和谭伟强（2009）、江伟等（2016）的做法，以薪酬业绩敏感性作为高管薪酬激励效率的替代变量，考虑一个最简单的薪酬业绩敏感性模型：

$$\Delta Comp_{i,t} = a + b\Delta ROA_{i,t} + \mu \tag{4-1}$$

其中，$\Delta Comp_{i,t}$是高管薪酬的一阶差分，$\Delta ROA_{i,t}$是公司业绩的一阶差分。高管薪酬为上市公司前三名高管薪酬总额的自然对数，公司业绩为总资产收益率。μ 是误差项，参数 b 反映了高管薪酬随公司业绩变动而变动的程度，即薪酬业绩敏感性。

第一，国外学者主要考察 CEO 的薪酬变动与股东财富之间的关系，特别是 CEO 薪酬变动与公司市值变动之间的敏感程度。考察 CEO 薪酬影响因素不但要求识别 CEO，而且需要清除 CEO 个体特征变量。本章并非考察单个管理者，而是关注管理层群体薪酬与公司业绩之间的关系。本章使用前三名高管和前三名董事的薪酬总额来表示公司高管薪酬，这样虽然不能识别单个 CEO 的薪酬业绩敏感程度，但可以考察公司业绩的变动对管理层薪酬的影响。

第二，在资本市场较为成熟的国家，高管薪酬不仅包括工资和奖金，还包括管理层持股、股权期权、养老金等长期激励。因此，国外文献研究高管薪酬业绩敏感程度会考虑不同的高管薪酬指标与公司业绩之间的关系。目前我国高管薪酬结构依然比较单一，公开报告的薪酬主要包括管理者的工资和奖金收入。因此，本章反映的是管理者货币薪酬总额对公司业绩的敏感程度。

第三，西方国家学者一般使用股价来替代公司价值，由于制度背景和市场环境的不同，本章认为，在我国股价作为公司业绩指标的做法不合适，并借鉴我国学者的普遍做法以会计指标计量公司业绩，即以公司资产收益率的变化来反映公司股东价值的变化。这是因为，股权分置改革以前我国股票存在流通股和非流通股之分，随着市场化进程的发展，市场依然带有不成熟的表现，股价并不能真实地反映我国上市公司的股东价值。

（二）自变量

高管薪酬信息披露（*Disclosure*）。2005 年证监会修订的《第 2 号准则》要求上市公司需在年报中披露每一位高管的薪酬信息，设置哑变量 *Disclosure*，以 2005 年为分界点，2005 年以后高管薪酬信息披露指标取值为 1，否则为 0。

（三）中介变量

薪酬攀比。根据 Bizjak 等（2011）、罗宏等（2016）的做法，依据上市公司主营业务收入与同年度同行业同地区公司中位数之间的关系，将主营业务收入大于中位数的公司列为大规模组，将主营业务收入小于中位数的公司列为小规模组；然后计算同规模公司的高管薪酬中位数，求得上市公司高管薪酬与同规模公司间薪酬中位数的比值作为攀比系数（*Compar*），该数值越小表示高管的薪酬攀比动机越大。

投资效率。借鉴 Richardson（2006）的模型估计投资效率。具体如下：

$$Inv_{i,t} = \beta_0 + \beta_1 Growth_{i,t-1} + \beta_2 Lev_{i,t-1} + \beta_3 Cash_{i,t-1} + \beta_4 Age_{i,t-1} + \beta_5 Size_{i,t-1} + \beta_6 Return_{i,t-1} + \beta_7 Inv_{i,t-1} + \sum Year + \sum Industry + \varepsilon \tag{4-2}$$

其中，模型（4－2）中的因变量 $Inv_{i,t}$ 为 i 公司第 t 年购建固定资产、无形资产和其他长期资产的支出；自变量 $Growth_{i,t-1}$、$Lev_{i,t-1}$、$Cash_{i,t-1}$、$Age_{i,t-1}$、$Size_{i,t-1}$、$Return_{i,t-1}$ 分别为 i 公司第 $t-1$ 年的成长性、资产负债率、现金持有量、上市年限、公司规模、股票年度收益，并控制了年度和行业。模型（4－2）中 ε 的绝对值即为投资效率指标，残差绝对值越大投资效率越低。

（四）控制变量

基于 Core 等（1999）、唐松和孙铮（2014）等的研究发现，薪酬业绩敏感性还会受其他指标的影响，因此选取公司规模（*Size*）、资产负债率（*Lev*）、兼职情况（*Dual*）、董事会规模（*Numdir*）、独立董事占比（*Condir*）、持股比例（*Shrcr*1）、成长性（*Growth*）、产权性质（*State*）等指标为控制变量。具体变量定义见表4－1。

表4－1　　变量定义

变量名称	变量符号	变量定义
薪酬变化	$\Delta Comp$	公司前三名高管薪酬总额的自然对数较前一年的数值变化酬总额的自然对数
业绩变化	ΔROA	公司总资产收益率较前一年的变化
薪酬信息披露	*Disclosure*	虚拟变量，如果观测值为2005年以后，取值为1，否则为0
薪酬攀比	*Compar*	公司高管薪酬与同规模可比公司薪酬中位数的比值，数值越小薪酬攀比动机越大
投资效率	*Inv*	模型（4－2）残差的绝对值，数值越大投资效率越低
薪酬激励强度	*Low*	根据薪酬决策模型计算残差，残差小于0时，薪酬激励不足；残差大于0时，薪酬激励过度
产权性质	*State*	根据实际控制人类型，国有企业为1，否则为0
公司规模	*Size*	公司期末总资产的自然对数
资产负债率	*Lev*	公司期末总负债与期末总资产之比
两职合一	*Dual*	如果董事长与总经理为同一人，则取值为1，否则为0
董事会规模	*Numdir*	公司全部董事人数
独立董事比率	*Condir*	公司独立董事人数与董事人数之比
持股比例	*Shrcr*1	第一大股东持股比例
成长性	*Growth*	公司营业收入较前一年的变化值与前一年营业收入之比
行业	*Industry*	行业虚拟变量，根据《上市公司行业分类指引》（2012版），制造业取二位代码

三　模型设计

2005年是我国证监会要求上市公司在年报中全面披露每一位高管薪酬信息的第一年，我们以2005年为标准，采用模型（4－3）估计上市公司薪酬激励强度（*Low*）并匹配到其他各年份，根据薪酬决策模型计算残差（Core et al.，1999；吴联生，2010），当残差小于零时，为薪酬激励不足；残差大于零时，为薪酬激励过度。模型如下：

$$Comp_{i,t} = \alpha_0 + \alpha_1 Size_{i,t} + \alpha_2 Lev_{i,t} + \alpha_3 ROA_{i,t} + \alpha_4 ROA_{i,t-1} + \alpha_5 Dual_{i,t} + \alpha_6 Numdir_{i,t} + \alpha_7 Condir_{i,t} + \alpha_8 State_{i,t} + \varepsilon \quad (4-3)$$

然后采用模型（4－4）检验本书的假设 H4－1，回归系数 α_1 代表薪酬业绩敏感性，交乘项的回归系数 α_3 则代表高管薪酬披露对薪酬业绩敏感性的影响，*Controlvaliables* 为控制变量的统称。

$$\Delta Comp_{i,t} = \alpha_0 + \alpha_1 \Delta ROA_{i,t} + \alpha_2 Disclosure + \alpha_3 \Delta ROA_{i,t} \times Disclosure + \alpha_4 Controlvaliables_{i,t} + \varepsilon \quad (4-4)$$

借鉴温忠麟和叶宝娟（2014）中介效应方法检验高管薪酬信息披露对薪酬业绩敏感性的影响路径，综合模型（4－4）、模型（4－5）和模型（4－6）检验本章假设 H4－2a 和假设 H4－2b。模型（4－5）和模型（4－6）中的 $Mediation_{i,t}$ 为中介变量，分别表示为攀比（$Compar_{i,t}$）和投资效率（$Inv_{i,t}$）。

$$Mediation_{i,t} = \beta_0 + \beta_1 Disclosure + \beta_2 Controlvaliables_{i,t} + \varepsilon \quad (4-5)$$

$$\Delta Comp_{i,t} = \lambda_0 + \lambda_1 \Delta ROA_{i,t} + \lambda_2 Disclosure + \lambda_3 \Delta ROA_{i,t} \times Disclosure + \lambda_4 Mediation_{i,t} + \lambda_5 \Delta ROA_{i,t} \times Mediation_{i,t} + \lambda_6 Controlvaliables_{i,t} + \varepsilon \quad (4-6)$$

中介效应检验流程如下：第一步，检验模型（4－4）的系数 α_3，如果高管薪酬信息披露显著影响了薪酬业绩敏感性，按中介效应立论，否则按遮掩效应立论。但无论是否显著，都需进行后续检验。第二步，依次检验模型（4－5）的系数 β_1 和模型（4－6）的系数 λ_5，观测高管薪酬信息披露对中介变量影响，以及加入中介变量后中介变量对薪酬业绩敏感性的影响，如果两者均显著，则间接效应显著，转到第四步；如果至少有一个不显著，转第三步。第三步，用 Bootstrap 法直接检验 H_0：$\beta_1\lambda_5 = 0$。如果显著，则间接效应显著，转第四步；否则间接效应不显著，停止分析。第四步，检验模型（4－6）的系数 λ_3，加入中介变量后，高管薪酬信息披露政策与薪酬业绩敏感性关系不显著，即直接效应不显著，说明只有中介效应。如果显著，即直接效应显著，转第五步。第五步，比较 $\beta_1\lambda_5$ 和 λ_3 的符号，如果同号，属于部分中介效应；如果异号，属于遮掩效应。具体步骤设计见图 4－2。

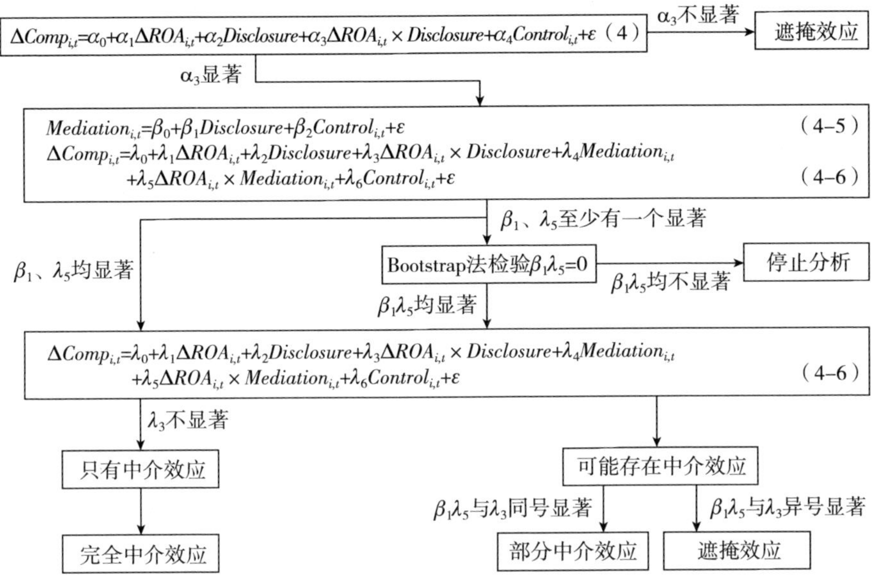

图 4-2 中介效应方法步骤

第五节 实证结果与分析

一 描述性统计

表 4-2 列示了主要变量的描述性统计结果。从 Panel A 的描述性分析结果可知，高管薪酬变化的均值为 0.130，说明我国高管薪酬在逐年上升，最大变化值为 1.260，最小变化值为 -0.760，表明我国上市公司间高管薪酬变化存在较大差异。而公司业绩变化的均值和中值均为 0，说明在研究期间，我国上市公司业绩整体上没有发生太大变化，但通过比较公司业绩变化的最大值和最小值可以发现，公司业绩增加量和减少量大致相抵，各公司间业绩变化悬殊。薪酬攀比的均值和中值相等，但最小值为 0.880，最大值为 1.120，说明不同公司间薪酬攀比动机大小不同，还需分情况探讨。投资效率均值为 0.030，最大值为 0.230，表明个别上市公司存在严重的非效率投资现象。在 Panel B 对高管薪酬变化和公司业绩变化指标的差异性检验表明，披露后高管薪酬增

速虽有所下降，但高管薪酬水平依然不断攀升，相反公司业绩却在不断下降，薪酬业绩敏感性有待进一步考察。

表 4－2　　　　描述性统计

Panel A：描述性分析

变量	观测值	均值	中值	标准差	最小值	最大值
ΔComp	12546	0.130	0.090	0.300	－0.760	1.260
ΔROA	12546	0	0	0.050	－0.210	0.230
Disclosure	12546	0.960	1	0.200	0	1
Compar	12546	1	1	0.050	0.880	1.120
Inv	12546	0.030	0.020	0.040	0.000	0.230
Size	12546	21.770	21.620	1.230	19.240	25.680
Lev	12546	0.460	0.460	0.210	0.060	0.990
Dual	12546	0.220	0	0.410	0	1
Numdir	12546	8.960	9	1.790	5	15
Condir	12546	0.370	0.330	0.050	0.270	0.570
Shrcr1	12546	0.360	0.340	0.150	0.090	0.750
Growth	12546	0.190	0.120	0.470	－0.570	3.140

Panel B：差异性检验

		薪酬信息披露前	薪酬信息披露后	差异检验
均值	*ΔComp*	0.153	0.129	－0.024 *
	ΔROA	－0.007	－0.003	0.004 *
中值	*ΔComp*	0.120	0.090	－0.030 **
	ΔROA	－0.000	－0.000	0.000

注：差异性检验采用均值 T 检验和中值 Z 检验方法，***、**、* 分别表示 1%、5%、10% 的水平显著。

二　实证分析

（一）高管薪酬披露与薪酬业绩敏感性

表 4－3 列示了模型（4－4）高管薪酬披露与薪酬业绩敏感性关系的回归结果。列（1）的 *ΔROA* 系数为 0.052 且在 1% 的水平上显著，

说明我国高管薪酬变化与公司业绩变化正相关，即存在薪酬业绩敏感性。列（2）为假设 H4－1 的检验结果，$\Delta ROA\times Disclosure$ 的回归系数代表高管薪酬披露对薪酬业绩敏感性的影响，估计系数为0.041，但不显著。为进一步考察高管薪酬披露与薪酬业绩敏感性关系是否受薪酬激励程度的影响，依据薪酬决策模型残差，将残差小于零的公司归为薪酬激励不足，残差大于零的公司归为薪酬激励过度，进行分组检验。列（3）为薪酬激励不足情况下，高管薪酬披露对薪酬业绩敏感性的影响，$\Delta ROA\times Disclosure$ 的回归系数在1%的水平上显著负相关，说明高管薪酬披露降低了激励不足样本的薪酬业绩敏感性。基于全样本中 ΔROA 系数和列（4）中交乘项的回归系数可知，高管薪酬披露提升了激励过度样本的薪酬业绩敏感性。结果表明，高管薪酬披露与薪酬业绩敏感性的关系在不同激励程度的企业中呈现非对称性，支持假设 H4－1，也为列（2）$\Delta ROA\times Disclosure$ 回归系数的不显著提供了另一种解释：由于高管薪酬信息披露在不同激励强度的公司中作用方向不同，因而在总体样本中其作用相互抵消，这也可能是已有文献对高管薪酬信息披露与薪酬业绩敏感性关系尚未达成一致结论的一个重要原因。高管薪酬信息披露后，不同激励程度公司的高管，将自身薪酬水平与可比公司高管相比较后，要么通过盲目攀比而增加了代理成本，降低了薪酬业绩敏感性；要么缓解了代理成本，提升了薪酬业绩敏感性。

表4－3　　　高管薪酬披露与薪酬业绩敏感性的回归

	全样本		薪酬激励不足	薪酬激励过度
	（1）	（2）	（3）	（4）
ΔROA	0.052***	0.018	0.914***	－0.101**
	（3.55）	（0.51）	（7.86）	（－2.19）
Disclosure		－0.009	－0.003	－0.022
		（－0.63）	（－0.12）	（－1.09）
$\Delta ROA\times Disclosure$		0.041	－0.933***	0.225***
		（1.06）	（－7.86）	（4.65）
$\Delta Size$	0.175***	0.177***	0.102***	0.276***
	（17.48）	（17.52）	（8.09）	（16.95）

续表

	全样本		薪酬激励不足	薪酬激励过度
	(1)	(2)	(3)	(4)
ΔLev	0.011 (0.97)	0.008 (0.67)	-0.009 (-0.68)	-0.014 (-0.46)
ΔDual	0.066*** (5.60)	0.065*** (5.58)	0.061*** (3.49)	0.069*** (4.45)
Numdir	0.000 (0.22)	0.000 (0.23)	-0.001 (-0.28)	0.000 (0.19)
Condir	-0.172*** (-2.85)	-0.168*** (-2.76)	-0.232*** (-2.75)	-0.102 (-1.20)
*Shrcr*1	0.003 (0.17)	0.003 (0.14)	0.047 (1.64)	-0.003 (-0.09)
Growth	-0.000*** (-3.03)	-0.000*** (-3.12)	-0.000** (-2.36)	0.000** (2.23)
Constant	0.136*** (3.32)	0.143*** (3.34)	0.145** (2.45)	0.148** (2.43)
Industry	控制	控制	控制	控制
N	12535	12535	5870	6665
R-squared	0.030	0.030	0.031	0.057

注：括号中为t值，*、**、***分别表示在10%、5%和1%水平显著。

为进一步检验产权性质对高管薪酬披露与薪酬业绩敏感性关系的影响，依据最终实际控制人类型，将上市公司分为国有企业和非国有企业。表4-4列示了不同产权性质下，高管薪酬披露对薪酬业绩敏感性的回归结果。列（1）和列（2）为薪酬激励不足的检验结果，对比国有企业和非国有企业中$\Delta ROA \times Disclosure$的回归系数可知，列（1）中高管薪酬披露与薪酬业绩敏感性负相关但不显著，列（2）中高管薪酬披露在1%的水平上显著降低了薪酬业绩敏感性。列（3）和列（4）为薪酬激励过度的检验结果，回归系数显示高管薪酬披露仅提升了非国有企业的薪酬业绩敏感性。综合表4-3和表4-4的回归结果表明，高管薪酬披露与薪酬业绩敏感性间关系的非对称性仅存在于非国有企业中。

表 4-4　　产权性质下高管薪酬披露与薪酬业绩敏感性的回归

	薪酬激励不足		薪酬激励过度	
	国有企业	非国有企业	国有企业	非国有企业
	(1)	(2)	(3)	(4)
ΔROA	0.816 (1.03)	0.867 *** (7.50)	0.293 (0.58)	-0.139 ** (-2.55)
Disclosure	-0.046 * (-1.69)	0.117 *** (2.92)	-0.036 (-1.47)	0.033 (0.86)
ΔROA × Disclosure	-0.837 (-1.05)	-0.861 *** (-7.06)	-0.129 (-0.26)	0.199 *** (3.30)
ΔSize	0.102 *** (4.95)	0.096 *** (5.81)	0.204 *** (7.17)	0.302 *** (14.51)
ΔLev	-0.094 (-1.53)	0.001 (0.06)	0.021 (0.45)	-0.039 (-0.91)
ΔDual	-0.018 (-0.54)	0.099 *** (4.99)	0.047 * (1.78)	0.084 *** (4.38)
Numdir	0.000 (0.04)	-0.002 (-0.46)	0.003 (0.80)	-0 (-0.38)
Condir	-0.302 ** (-2.40)	-0.180 (-1.48)	-0.143 (-1.17)	-0.119 (-0.95)
*Shrcr*1	-0.000 *** (-2.72)	0.000 (0.95)	0.030 *** (4.39)	0.000 * (1.77)
Growth	-0.007 (-0.16)	0.078 ** (1.97)	-0.026 (-0.64)	0.023 (0.55)
Constant	0.235 *** (2.78)	0.000 (0.00)	0.118 (1.13)	0.117 (1.29)
Industry	控制	控制	控制	控制
N	2752	3118	3196	3469
R-squared	0.023	0.056	0.045	0.083

注：括号中为 t 值，*、**、*** 分别表示在 10%、5% 和 1% 水平显著。

（二）薪酬攀比：高管薪酬披露影响薪酬业绩敏感性的传导路径

基于表 4-3 对高管薪酬信息披露与薪酬业绩敏感性关系的初步分

析，表4-5整合了高管薪酬披露影响薪酬业绩敏感性的薪酬攀比路径回归结果，依据温忠麟和叶宝娟（2014）的中介效应检验流程，依次检验了高管薪酬披露对薪酬攀比的影响，以及加入薪酬攀比指标后，高管薪酬披露对薪酬业绩敏感性的影响。其中列（1）、列（2）为薪酬激励不足样本下高管薪酬披露与薪酬业绩敏感性间关系的薪酬攀比路径结果。列（1）中高管薪酬信息披露（*Disclosure*）与薪酬攀比（*Compar*）显著正相关，说明高管薪酬信息披露显著降低了薪酬激励不足样本公司的薪酬攀比。列（2）中薪酬攀比显著降低了薪酬业绩敏感性，而高管薪酬披露也显著降低了薪酬业绩敏感性。根据中介检验需进一步分析列（1）中 *Disclosure* 回归系数与列（2）中 $\Delta ROA \times Compa$ 系数的乘积与列（2）中 $\Delta ROA \times Disclosure$ 系数的符号，结果显示为异号。根据中介效应检验的第一、第二、第四和第五步分析可知，在薪酬激励不足的情况下，薪酬攀比在高管薪酬披露对薪酬业绩敏感性的影响中发挥了遮掩效应。列（3）、列（4）为薪酬激励过度样本的回归结果。基于表4-3中列（4）$\Delta ROA \times Disclosure$ 回归参照系数，表4-5中列（3）显示高管薪酬披露与薪酬攀比系数显著负相关，列（4）是加入薪酬攀比后高管薪酬披露对薪酬业绩敏感性的影响回归结果，高管薪酬披露与薪酬业绩敏感性间关系在加入中介变量后没有发生变化，$\Delta ROA \times Compar$ 的回归系数显著为正，而 $\Delta ROA \times Disclosure$ 的回归系数不显著。根据中介效应的第一、第二和第四步检验可知，在薪酬激励过度的全样本中，高管薪酬披露通过薪酬攀比显著降低了薪酬业绩敏感性，且薪酬攀比在高管薪酬披露政策的影响中发挥了完全中介效应。验证了本章提出的假设H4-2a。

表4-5 高管薪酬披露影响薪酬业绩敏感性的传导路径——薪酬攀比

	薪酬激励不足		薪酬激励过度	
	Compar	$\Delta Comp$	*Compar*	$\Delta Comp$
	(1)	(2)	(3)	(4)
ΔROA		0.225 (0.65)		-1.797*** (-3.30)
Disclosure	0.009*** (3.73)	-0.004 (-0.16)	-0.010*** (-4.54)	0.016 (0.77)

续表

	薪酬激励不足		薪酬激励过度	
	Compar	*ΔComp*	*Compar*	*ΔComp*
	(1)	(2)	(3)	(4)
ΔROA × Disclosure		-0.967*** (-8.17)		0.033 (0.64)
Compar		2.080*** (17.18)		2.425*** (21.15)
ΔROA × Compar		0.759** (2.01)		1.876*** (3.29)
Size	0.008*** (21.27)	-0.026*** (-6.84)	0.009*** (22.29)	-0.030*** (-7.76)
ΔLev		-0.026** (-2.17)		0.008 (0.27)
Dual	0.011*** (9.96)	-0.012 (-1.16)	0.007*** (6.02)	-0.007 (-0.66)
Numdir	0.002*** (6.47)	-0.002 (-0.83)	0.002*** (6.78)	-0.002 (-0.74)
Condir	0.040*** (4.52)	-0.280*** (-3.34)	0.021** (2.32)	-0.129 (-1.50)
Shrcr1	0.015*** (4.93)	0.044 (1.51)		0.000*** (5.89)
Growth		-0.000 (-1.01)	-0.001 (-0.25)	0.036 (1.27)
Constant	0.720*** (79.78)	-1.192*** (-9.79)	0.807*** (87.47)	-1.635*** (-12.86)
Industry	控制	控制	控制	控制
N	5870	5870	6665	6665
R - squared	0.244	0.068	0.182	0.078

注：括号中为 t 值，*、**、*** 分别表示在 10%、5% 和 1% 水平显著。

为进一步探究产权性质是否对高管薪酬信息披露与薪酬业绩敏感性关系间的薪酬攀比路径产生影响，表 4-6 为后续回归结果。其中，列

(1)、列（2）为薪酬激励不足的国有企业样本回归结果，列（1）中 *Disclosure* 回归系数在 5% 的水平上显著为正，列（2）中 $\Delta ROA \times Compar$ 的回归系数也显著为正，但 $\Delta ROA \times Disclosure$ 的回归系数不显著。根据中介检验的第一、第二和第四步可知，在薪酬激励不足的国有企业中，高管薪酬披露通过薪酬攀比动机降低了薪酬业绩敏感性，且薪酬攀比在高管薪酬披露对薪酬业绩敏感性的影响中发挥了完全的中介效应。列（3）、列（4）为薪酬激励不足的非国有企业样本回归结果，列（3）中 *Disclosure* 的回归系数显著为 0.014，且在 1% 的水平上显著，列（4）中 $\Delta ROA \times Compar$ 的回归系数在 1% 的水平上显著为正，而 $\Delta ROA \times Disclosure$ 的回归系数在 1% 的水平上显著为负。进一步分析可知，列（3）中 *Disclosure* 的回归系数和列（4）中 $\Delta ROA \times Compar$ 的系数乘积与列（4）中 $\Delta ROA \times Disclosure$ 的系数异号，说明在薪酬激励不足的非国有企业中，薪酬攀比在高管薪酬披露对薪酬业绩敏感性的影响中仅发挥了遮掩效应。

同理，列（5）、列（6）列出了薪酬激励过度的国有企业相关回归结果。列（5）中高管薪酬信息披露与薪酬攀比不相关，同时，列（6）中 $\Delta ROA \times Compar$ 的回归系数也不显著，因而需要采用 Bootstrap 法进一步检验列（5）中 *Disclosure* 系数与列（6）$\Delta ROA \times Compar$ 系数的乘积是否显著为 0，结果显示两者并不显著为 0。由中介效应的第一、第二、第三步分析可知，在薪酬激励过度的国有企业中，薪酬攀比并不是高管薪酬披露影响薪酬业绩敏感性的中介。列（7）、列（8）为薪酬激励过度的非国有企业回归结果。列（7）中 *Disclosure* 的回归系数在 1% 的水平上显著为负，列（8）为加入中介效应变量后的回归结果，其中 $\Delta ROA \times Compar$ 的回归系数显著，但 $\Delta ROA \times Disclosure$ 的回归系数不显著。根据中介效应第一、第二、第四步检验可知，在薪酬激励过度的非国有企业中，薪酬攀比在高管薪酬披露对薪酬业绩敏感性的影响中发挥了完全的中介效应。

综合产权性质对高管薪酬披露效果的薪酬攀比路径影响可知，薪酬攀比对高管薪酬信息披露与薪酬业绩敏感性关系的传导作用同时存在于薪酬激励不足的国有企业和薪酬激励过度的非国有企业。观测到了产权性质对高管薪酬披露政策效果的差异影响，也在一定程度上验证了本章假设 H4 - 3。

表 4 - 6 产权性质对高管薪酬披露效果的薪酬攀比路径影响分析

	薪酬激励不足				薪酬激励过度			
	国有企业		非国有企业		国有企业		非国有企业	
	Compar	Δ*Comp*	*Compar*	Δ*Comp*	*Compar*	Δ*Comp*	*Compar*	Δ*Comp*
	(1)	(2)	(3)	(4)	(5)	(6)	(7)	(8)
Δ*ROA*		-0. 246 (-0. 28)		-1. 280 (-1. 46)		-0. 311 (-0. 21)		-3. 718 *** (-4. 26)
Disclosure	0. 006 ** (2. 34)	-0. 029 (-1. 07)	0. 014 *** (3. 24)	0. 091 ** (2. 28)	-0. 004 (-1. 43)	-0. 005 (-0. 20)	-0. 021 *** (-5. 23)	0. 094 ** (2. 47)
Δ*ROA* × *Disclosure*		-0. 600 (-0. 78)		-0. 965 *** (-7. 16)		-0. 417 (-0. 84)		0. 045 (0. 75)
Compar		2. 321 *** (12. 45)		1. 950 *** (12. 05)		2. 093 *** (12. 71)		2. 872 *** (17. 77)
Δ*ROA* × *Compar*		0. 858 * (1. 95)		2. 444 ** (2. 44)		0. 817 (0. 59)		3. 912 *** (4. 27)
Size	0. 009 *** (17. 42)	-0. 039 *** (-7. 16)	0. 008 *** (12. 21)	-0. 007 (-1. 22)	0. 008 *** (16. 33)	-0. 034 *** (-6. 71)	0. 010 *** (16. 15)	-0. 026 *** (-4. 17)
Δ*Lev*		-0. 091 (-1. 48)		-0. 009 (-0. 69)		0. 014 (0. 29)		0. 042 (0. 98)
Dual	0. 004 (1. 52)	-0. 009 (-0. 37)	0. 013 *** (10. 11)	-0. 008 (-0. 70)	0. 007 *** (3. 54)	-0. 012 (-0. 66)	0. 005 *** (3. 99)	0. 002 (0. 15)
Numdir	0. 002 *** (4. 74)	0. 000 (0. 04)	0. 002 *** (3. 60)	-0. 006 (-1. 34)	0. 002 *** (5. 73)	0. 002 (0. 49)	0. 002 *** (4. 85)	-0. 007 (-1. 61)
Condir	0. 069 *** (5. 52)	-0. 360 *** (-2. 86)	0. 019 (1. 41)	-0. 241 ** (-2. 00)	-0. 005 (-0. 40)	-0. 020 (-0. 17)	0. 041 *** (3. 15)	-0. 294 ** (-2. 36)
*Shrcr*1	0. 007 (1. 60)	0. 022 (0. 49)	0. 016 *** (3. 71)	0. 045 (1. 14)		0. 046 *** (7. 17)		0. 000 *** (5. 51)
Growth		-0. 000 (-1. 43)		0. 001 *** (3. 14)	0. 004 (0. 99)	0. 004 (0. 09)	0. 003 (0. 73)	0. 048 (1. 15)
Constant	0. 701 *** (58. 98)	-1. 080 *** (-6. 00)	0. 744 *** (48. 03)	-1. 569 *** (-8. 51)	0. 805 *** (58. 85)	-1. 302 *** (-7. 02)	0. 778 *** (51. 50)	-2. 134 *** (-11. 17)

续表

	薪酬激励不足				薪酬激励过度			
	国有企业		非国有企业		国有企业		非国有企业	
	Compar	*ΔComp*	*Compar*	*ΔComp*	*Compar*	*ΔComp*	*Compar*	*ΔComp*
	(1)	(2)	(3)	(4)	(5)	(6)	(7)	(8)
Industry	控制	控制	控制	控制	控制	控制	控制	控制
N	2752	2752	3118	3118	3196	3196	3469	3469
R - squared	0.324	0.076	0.219	0.083	0.223	0.079	0.177	0.109

注：括号中为t值，*、**、***分别表示在10%、5%和1%水平显著。

（三）投资效率：高管薪酬披露对薪酬业绩敏感性影响的传导路径

与高管薪酬披露对薪酬业绩敏感性影响的薪酬攀比路径研究思路一致，接下来，首先检验投资效率在高管薪酬披露与薪酬业绩敏感性关系间的作用，再深入分析产权性质对投资效率中介效果的调整。表4－7整合了薪酬激励不足和薪酬激励过度公司的回归结果。列（1）、列（2）展示了薪酬激励不足的情况下，高管薪酬披露是如何通过投资效率影响薪酬业绩敏感。列（1）中高管薪酬披露显著提升了投资效率，然而列（2）投资效率与薪酬业绩敏感性间关系不显著。因而需要采用Bootstrap法进一步检验列（1）中 *Disclosure* 系数和列（2）中 $\Delta ROA \times Inv$ 系数的乘积是否显著为0，经验证两系数间并不显著为0。根据中介效应检验的第一、第二和第三步分析可知，薪酬激励不足全样本下，高管薪酬披露并不通过投资效率影响薪酬业绩敏感性。列（3）和列（4）依次检验薪酬激励过度情况下，高管薪酬披露对投资效率的影响，以及加入投资效率指标后，高管薪酬披露对薪酬业绩敏感性的影响。列（3）中高管薪酬披露与中介变量 *Inv* 显著负相关，说明高管薪酬披露提升了薪酬激励过度样本公司的投资效率。列（4）中投资效率显著提升了薪酬业绩敏感性，同时高管薪酬披露显著提升了薪酬业绩敏感性。进一步检验发现，列（3）中 *Disclosure* 系数和列（4）中 $\Delta ROA \times Inv$ 系数乘积与列（4）中 $\Delta ROA \times Disclosure$ 系数同号。根据新中介效应检验的第一、第二、第四和第五步分析可知，在薪酬激励过度情况下，高管薪酬信息披露通过投资效率提升了薪酬业绩敏感性，且投资效率在高管薪酬信息披露对薪酬业绩敏感性的影响中发挥了部分中介效应。验证了本章假设 H4 -2b。

表 4 -7　高管薪酬披露影响薪酬业绩敏感性的传导路径——投资效率

	薪酬激励不足		薪酬激励过度	
	Inv	*ΔComp*	*Inv*	*ΔComp*
	(1)	(2)	(3)	(4)
ΔROA		0. 001 (0. 00)		0. 215 (0. 88)
Disclosure	-0. 007 ** (-2. 22)	0. 031 (1. 24)	-0. 009 *** (-3. 08)	0. 025 (1. 06)
ΔROA × Disclosure		-0. 057 (-0. 12)		0. 488 ** (1. 98)
Inv		0. 373 *** (3. 25)		0. 257 ** (2. 17)
ΔROA × Inv		1. 423 (0. 64)		-4. 165 ** (-2. 46)
Size	-0. 001 * (-1. 81)	-0. 011 ** (-2. 43)	-0. 001 (-1. 46)	-0. 015 *** (-3. 39)
ΔLev		-0. 063 (-1. 10)		0. 106 * (1. 70)
Dual	0. 004 ** (2. 33)	0. 015 (1. 15)	0. 001 (0. 65)	0. 018 (1. 44)
Numdir	-0. 000 (-1. 03)	0. 001 (0. 34)	0. 001 (1. 61)	0. 004 (1. 26)
Condir	0. 002 (0. 14)	-0. 225 ** (-2. 22)	0. 007 (0. 57)	-0. 021 (-0. 21)
*Shrcr*1	0. 004 (0. 78)	0. 079 ** (2. 29)		0. 000 *** (5. 42)
Growth		0. 002 ** (2. 04)	0. 002 (0. 41)	0. 042 (1. 26)
Constant	0. 068 *** (5. 05)	0. 341 *** (3. 35)	0. 049 *** (3. 96)	0. 383 *** (3. 73)

续表

	薪酬激励不足		薪酬激励过度	
	Inv	*ΔComp*	*Inv*	*ΔComp*
	(1)	(2)	(3)	(4)
Industry	控制	控制	控制	控制
N	5870	5870	6665	6665
R - squared	0.031	0.011	0.025	0.029

注：括号中为 t 值，*、**、*** 分别表示在 10%、5% 和 1% 水平显著。

为深入检验产权性质对高管薪酬披露效果的投资效率传导路径影响，表 4-8 根据不同的薪酬激励强度进一步观测产权性质对投资效率传导路径的影响。列（1）、列（2）是薪酬激励不足情况下国有企业高管薪酬披露通过投资效率影响薪酬业绩敏感性的检验结果。列（3）、列（4）是薪酬激励不足情况下非国有企业高管薪酬披露通过投资效率影响薪酬业绩敏感性的检验结果。与表 4-7 中高管薪酬激励不足全样本分析思路一致，根据中介效应检验的第一、第二和第三步分析依次检验，遗憾的是，我们并未发现投资效率在薪酬激励不足情况下的传导路径，也未观测到产权性质对高管薪酬披露效果的投资效率中介效应影响。在薪酬激励过度情况下，列（5）中数据显示高管薪酬披露显著提升了投资效率，列（6）中主要回归系数均不显著。根据中介效应检验标准，当列（5）中 *Disclosure* 系数和列（6）中 $\Delta ROA \times Inv$ 回归系数至少有一个不显著时，需用 Bootstrap 法直接检验上述两系数乘积是否显著为 0，结果显示两者并不显著为 0。由中介效应的第一、第二和第三步分析可知，在薪酬激励过度的国有企业中，投资效率并不是影响高管薪酬披露与薪酬业绩敏感性关系的传导路径。列（7）、列（8）是薪酬激励过度的非国有企业下，高管薪酬披露通过投资效率中介效应影响薪酬业绩敏感性的检验结果。列（7）验证了高管薪酬披露对投资效率的提升作用，同时检验高管薪酬披露和投资效率对薪酬业绩敏感性的影响后，列（8）中高管薪酬披露与薪酬业绩敏感性依然显著正相关，而投资效率也被证实能够显著提升薪酬业绩敏感性。进一步分析列（7）中 *Disclosure* 系数和列（8）中 $\Delta ROA \times Inv$ 乘积与列（8）中 $\Delta ROA \times$ *Disclo-*

sure 系数同号。根据新中介效应检验的第一、第二、第四和第五步分析可知，在薪酬激励过度的非国有企业中，高管薪酬披露通过投资效率提升了薪酬业绩敏感性，投资效率在高管薪酬披露对薪酬业绩敏感性的影响中发挥了部分中介效应。

综合表 4－8 结论可知，投资效率对高管薪酬信息披露效果的传导路径仅体现于薪酬激励过度的非国有企业中。再次证实了本章假设 H4－3。

表 4－8　产权性质对高管薪酬披露效果的投资效率路径影响分析

	薪酬激励不足				薪酬激励过度			
	国有企业		非国有企业		国有企业		非国有企业	
	Inv	*ΔComp*	*Inv*	*ΔComp*	*Inv*	*ΔComp*	*Inv*	*ΔComp*
	(1)	(2)	(3)	(4)	(5)	(6)	(7)	(8)
ΔROA		0.499 (0.61)		−0.272 (−0.44)		1.075* (1.90)		−0.031 (−0.11)
Disclosure	−0.008** (−1.98)	−0.001 (−0.04)	−0.007 (−1.03)	0.126** (2.56)	−0.008** (−2.51)	0.013 (0.49)	−0.013** (−2.40)	0.087* (1.75)
ΔROA × *Disclosure*		−0.586 (−0.72)		0.506 (0.80)		−0.350 (−0.64)		0.627** (2.16)
Inv		0.340** (2.15)		0.327* (1.94)		0.229 (1.51)		0.226 (1.20)
ΔROA × *Inv*		2.667 (0.86)		−2.359 (−0.70)		−3.531 (−1.11)		−4.138** (−1.99)
Size	−0.002*** (−3.20)	−0.022*** (−3.85)	0.000 (0.37)	0.008 (1.03)	−0.001 (−1.43)	−0.019*** (−3.60)	0.000 (0.47)	−0.005 (−0.67)
ΔLev		−0.060 (−0.70)		−0.059 (−0.74)		0.081 (0.87)		0.083 (0.97)
Dual	−0.003 (−0.96)	0.015 (0.60)	0.006** (2.57)	0.018 (1.13)	−0.005* (−1.87)	0.003 (0.15)	0.003 (1.27)	0.030* (1.74)
Numdir	−0.000 (−0.70)	0.004 (1.06)	−0.000 (−0.16)	−0.007 (−1.19)	0.000 (0.99)	0.006 (1.64)	0.001** (2.25)	0.002 (0.43)
Condir	−0.010 (−0.58)	−0.189 (−1.38)	0.026 (1.23)	−0.323** (−2.00)	0.003 (0.16)	−0.005 (−0.03)	0.013 (0.67)	−0.139 (−0.84)
Shrcr1	0.005 (0.83)	0.047 (0.96)	0.003 (0.46)	0.088* (1.69)		0.037*** (5.11)		0.000*** (4.97)

续表

	薪酬激励不足				薪酬激励过度			
	国有企业		非国有企业		国有企业		非国有企业	
	Inv	*ΔComp*	*Inv*	*ΔComp*	*Inv*	*ΔComp*	*Inv*	*ΔComp*
	(1)	(2)	(3)	(4)	(5)	(6)	(7)	(8)
Growth		0.017***		0.001	-0.008	0.006	0.018***	0.111**
		(2.59)		(1.63)	(-1.42)	(0.13)	(2.89)	(1.97)
Constant	0.091***	0.564***	0.030	-0.033	0.059***	0.393***	0.013	0.184
	(5.24)	(4.22)	(1.20)	(-0.18)	(3.41)	(2.85)	(0.60)	(0.99)
Industry	控制	控制	控制	控制	控制	控制	控制	控制
N	2752	2752	3118	3118	3196	3196	3469	3469
R - squared	0.052	0.027	0.029	0.020	0.033	0.040	0.036	0.042

注：括号中为t值，*、**、***分别表示在10%、5%和1%水平显著。

三　稳健性检验

为保证研究结果的稳健性，本章进行以下两方面的稳健性测试，检验结果基本维持了原有的结论。

（一）改变路径检验方法：交乘项处理

在对高管薪酬信息披露与薪酬业绩敏感性间路径传导分析时，将原来的中介效应检验转变为交乘项检验。由表4-9数据显示，改变传导路径检验方法后，高管薪酬信息披露依然会通过薪酬攀比、投资效率影响薪酬业绩敏感性，且产权性质对高管薪酬信息披露效果的传导路径影响基本保持不变。

表4-9　　交乘项的中介效应检验

Panel A：高管薪酬披露对薪酬业绩敏感性影响的路径——薪酬攀比

	薪酬激励不足			薪酬激励过度		
	全样本	国有	非国有	全样本	国有	非国有
	(1)	(2)	(3)	(4)	(5)	(6)
ΔROA	0.329***	0.555***	0.010	0.672***	0.486***	0.656***
	(3.85)	(4.36)	(0.09)	(7.91)	(3.63)	(5.77)

续表

Panel A：高管薪酬披露对薪酬业绩敏感性影响的路径——薪酬攀比

	薪酬激励不足			薪酬激励过度		
	全样本	国有	非国有	全样本	国有	非国有
	(1)	(2)	(3)	(4)	(5)	(6)
Disclosure	0.008 (0.40)	-0.532 (-1.02)	1.307 (1.64)	-0.011 (-0.62)	-0.400 (-0.73)	1.069 (1.33)
ΔROA × Disclosure	-0.079*** (-3.45)	-0.070** (-2.53)	-0.079* (-1.73)	0.007 (0.30)	0.131*** (2.70)	-0.008 (-0.25)
ΔROA × Disclosure × Compar		-0.029** (-2.19)	0.259 (0.70)		-0.154 (-1.19)	-0.306** (-2.29)
Compar		2.892*** (3.47)	1.477*** (2.82)		1.287** (2.50)	3.281*** (4.32)
*Compar * Disclosure*		0.517 (0.96)	-1.277 (-1.52)		0.377 (0.71)	-0.958 (-1.24)
Controlvaliables	控制	控制	控制	控制	控制	控制
Industry	控制	控制	控制	控制	控制	控制
N	5870	2752	3118	6665	3196	3469
R-squared	0.018	0.084	0.060	0.060	0.095	0.135

Panel B：高管薪酬披露对薪酬业绩敏感性影响的路径——投资效率

	薪酬激励不足			薪酬激励过度		
	全样本	国有	非国有	全样本	国有	非国有
	(1)	(2)	(3)	(4)	(5)	(6)
ΔROA	0.244** (2.42)	0.293** (2.47)	-0.023 (-0.11)	0.737*** (5.37)	0.643*** (4.54)	0.787*** (4.72)
Disclosure	0.009 (0.39)	-0.074** (-2.53)	0.116** (2.55)	0.011 (0.63)	-0.030 (-1.26)	0.032 (0.70)
ΔROA × Disclosure	-0.041 (-1.24)	-0.039 (-1.48)	0.103 (0.59)	0.013 (0.13)	0.086 (1.02)	0.191* (1.69)
ΔROA × Disclosure × Inv		-1.024 (-1.35)	0.238 (0.31)		-0.288 (-0.81)	-0.477* (-1.82)
Inv		-0.013 (-0.03)	-1.531** (-2.00)		-1.615*** (-4.29)	-1.486** (-2.47)

续表

Panel B：高管薪酬披露对薪酬业绩敏感性影响的路径——投资效率						
	薪酬激励不足			薪酬激励过度		
	全样本	国有	非国有	全样本	国有	非国有
	(1)	(2)	(3)	(4)	(5)	(6)
Inv × Disclosure		10.325 *** (39.79)	9.807 *** (40.18)		11.189 *** (44.05)	10.429 *** (40.60)
Controlvaliables	控制	控制	控制	控制	控制	控制
Industry	控制	控制	控制	控制	控制	控制
N	5870	2752	3118	6665	3196	3469
R - squared	0.020	0.420	0.448	0.062	0.439	0.460

注：括号中为 t 值，*、**、*** 分别表示在 10%、5% 和 1% 水平显著，*Controlvaliables* 为控制变量的统称。

（二）排除同类政策干扰

2009 年，人社部、国资委等六部门联合颁布了《关于进一步规范中央企业负责人薪酬管理的指导意见》，它主要对中央企业高管的薪酬水平及与员工的薪酬差距进行了规制。为避免其他同类高管薪酬政策对本书研究结果的影响，我们剔除 2009—2015 年的样本数据。同时，为避免金融危机对研究结果的干扰，我们仅保留 2003—2007 年的样本进行再次检验。表 4 - 10、表 4 - 11 分别列示了高管薪酬信息披露影响薪酬业绩敏感性的薪酬攀比、投资效率路径，回归结果均大体维持了原有结论。

表 4 - 10　排除类似干扰政策后的中介效应检验——薪酬攀比

	薪酬激励不足					
	国有企业			非国有企业		
	模型（4）	模型（5）	模型（6）	模型（4）	模型（5）	模型（6）
ΔROA	0.292 (0.78)		3.449 (0.67)	-0.087 (-0.24)		-9.927 (-1.64)
Disclosure	-0.016 (-0.51)	0.006 * (1.94)	-0.015 (-0.50)	0.177 *** (3.34)	0.009 * (1.80)	0.125 ** (2.37)

续表

	薪酬激励不足					
	国有企业			非国有企业		
	模型（4）	模型（5）	模型（6）	模型（4）	模型（5）	模型（6）
ΔROA × Disclosure	-0.207 (-0.67)		-0.274 (-0.92)	-0.010 (-0.08)		-0.012 (-0.10)
Compar			1.948 *** (5.80)			2.810 *** (5.49)
ΔROA × Compar			3.302 * (1.82)			10.547 (1.62)
Controlvaliables	控制	控制	控制	控制	控制	控制
Industry	控制	控制	控制	控制	控制	控制
N	758	758	758	396	396	396
R - squared	0.040	0.320	0.075	0.118	0.246	0.191
	薪酬激励过度					
	国有企业			非国有企业		
	模型（4）	模型（5）	模型（6）	模型（4）	模型（5）	模型（6）
ΔROA	-0.012 (-0.04)		-0.613 (-0.12)	0.652 ** (2.42)		5.746 (1.09)
Disclosure	0.029 (1.03)	0.003 (1.07)	0.034 (1.19)	0.102 ** (2.19)	-0.011 ** (-2.08)	0.146 *** (3.18)
ΔROA × Disclosure	0.122 ** (2.07)		0.073 (1.38)	-0.049 (-1.12)		-0.041 (-0.92)
Compar			2.276 *** (7.33)			2.658 *** (6.45)
*ΔROA * Compar*			0.624 (0.12)			5.048 * (1.98)
Controlvaliables	控制	控制	控制	控制	控制	控制
Industry	控制	控制	控制	控制	控制	控制
N	932	932	932	463	463	463
R - squared	0.073	0.244	0.119	0.117	0.237	0.185

注：括号中为 t 值，*、**、*** 分别表示在 10%、5% 和 1% 水平显著，*Controlvaliables* 为控制变量的统称。

表4-11　排除类似干扰政策后的中介效应检验——投资效率

	薪酬激励不足					
	国有企业			非国有企业		
	模型（4）	模型（5）	模型（6）	模型（4）	模型（5）	模型（6）
ΔROA	0.292 (0.78)		-0.450 (-0.57)	-0.087 (-0.24)		-0.406 (-0.50)
Disclosure	-0.016 (-0.51)	-0.006 (-1.25)	-0.001 (-0.02)	0.177*** (3.34)	-0.002 (-0.23)	0.142** (2.28)
ΔROA×Disclosure	-0.207 (-0.67)		0.200 (0.29)	-0.010 (-0.08)		1.172 (1.49)
Inv			-0.474 (-1.57)			-0.085 (-0.19)
ΔROA×Inv			3.682 (0.47)			-11.880 (-1.31)
Controlvaliables	控制	控制	控制	控制	控制	控制
Industry	控制	控制	控制	控制	控制	控制
N	758	758	758	396	396	396
R-squared	0.040	0.088	0.033	0.118	0.082	0.108
	薪酬激励过度					
	国有企业			非国有企业		
	模型（4）	模型（5）	模型（6）	模型（4）	模型（5）	模型（6）
ΔROA	-0.012 (-0.04)		1.131* (1.96)	0.652** (2.42)		0.272 (0.34)
Disclosure	0.029 (1.03)	-0.007* (-1.58)	0.064** (2.11)	0.102** (2.19)	-0.011* (-1.87)	0.134** (2.31)
ΔROA×Disclosure	0.122** (2.07)		-0.500 (-0.93)	-0.049 (-1.12)		0.664 (1.07)
Inv			-0.163 (-0.56)			-0.138** (-2.28)
ΔROA×Inv			-5.004 (-0.91)			-9.502* (-1.76)
Controlvaliables	控制	控制	控制	控制	控制	控制
Industry	控制	控制	控制	控制	控制	控制
N	932	932	932	463	463	463
R-squared	0.073	0.075	0.079	0.117	0.131	0.148

注：括号中为t值，*、**、***分别表示在10%、5%和1%水平显著，*Controlvaliables*为控制变量的统称。

第六节　研究结论

本章以2005年证监会要求上市公司在年报中披露每一位高管薪酬信息为背景，系统分析了高管薪酬披露对薪酬激励效率的影响及传导路径。研究结果表明：①高管薪酬信息披露与薪酬业绩敏感性间关系存在非对称性。当公司高管通过薪酬比较获知被支付不足后，可能会产生消极怠工等情绪，从而降低上市公司的薪酬业绩敏感性，但当高管发觉自身价值、地位得到公司充分支付后，由此产生的积极努力会提升上市公司的薪酬业绩敏感性。整体上看，我国上市公司高管薪酬披露并未显著提高薪酬激励效率源于不同激励程度的效果中和。②通过探究高管薪酬披露对薪酬业绩敏感性的影响路径后发现，公司高管将自身薪酬与可比公司高管对比后，所产生的心理感受会影响高管行为选择进而影响薪酬激励效率。高管薪酬信息披露会通过薪酬攀比降低薪酬业绩敏感性，也会通过投资效率提升相应公司的薪酬业绩敏感性。上市公司不同的薪酬激励程度会对高管薪酬信息披露效果的传导路径带来差异，无论是薪酬激励不足公司还是薪酬激励过度公司，均发现了薪酬攀比在高管薪酬信息披露与薪酬业绩敏感性关系中的中介效应，而投资效率在高管薪酬信息披露与薪酬业绩敏感性关系中的部分中介效应仅体现于薪酬激励过度的公司。③考虑到产权性质对高管薪酬披露效果传导路径的调节作用后，我们发现了不同类型公司中的路径传导效果差异。薪酬攀比同时在薪酬激励不足的国有企业和薪酬激励过度的非国有企业中发挥完全中介效应，但投资效率对高管薪酬披露效果的传导效果仅体现于薪酬激励过度的非国有企业中。

本章的结论表明，高管薪酬信息披露政策存在两面性，其监督效应能提升薪酬业绩敏感性，而追赶效应可能会降低薪酬业绩敏感性，公司薪酬激励应充分考虑高管薪酬信息披露作用的非对称性。提出以下政策建议：第一，随着学者对高管薪酬政策经济后果的研究，肯定了我国高管薪酬政策作用的有限性。因此，宏观的高管薪酬政策干预可以作为一项外部治理手段，结合内部公司治理方式共同促进薪酬激励效率。第二，我国相关部门对上市公司高管薪酬进行治理时，考虑高管薪酬披露政策在不同上市公司中的效果差异，需结合公司实际情况进行差异化管理。第三，高管薪酬信息透明化为高管薪酬的社会比较带来了可能，不同薪酬激励程度的高管，会在薪酬比较后进行不同的行为选择，进而影响企业价值或薪酬激励效率，公司制定高管薪酬时应充分考虑高管薪酬信息披露效果的非对称性。

第五章　高管薪酬管制政策有效性的实证研究

第一节　引言

随着我国市场由计划经济向市场经济转轨，实现了我国市场机制与政府机制协同调整市场资源配置的目的，公共部门和私人部门共同发挥作用。自 1978 年之后的 30 多年内，GDP 保持 10% 左右的发展速度，然而经济稳步增长的背后，却是日益拉大的居民收入差距。家庭财产基尼系数从 1995 年的 0.45 扩大到 2012 年的 0.73，居民收入基尼系数从 20 世纪 80 年代初的 0.3 上升到 2012 年的 0.49，两者均大大超过收入差距国际警戒线 0.4（李建新，2015）。随着和谐社会及法制建设的同步推进，合理的社会收入分配显得越来越重要。国有企业高管作为全体社会公众的代理人经营和管理全体人民的社会资产，其薪酬分配必然受到社会和政府的普遍关注，媒体曝光的高管“天价薪酬”及其他的高管薪酬问题，一度激起了股东和社会民众对高管薪酬的“愤怒”。在构建和谐、公平的组织文化氛围与提升员工生活质量理念的引领下，企业如何制定合理的收入分配制度，凸显收入分配公平性越发重要。为进一步规范高管薪酬水平，促进高管间、高管与员工间薪酬分配的公平性，实务界和理论界都积极地回应了关于高管收入分配公平性的问题，2009 年，人社部、国资委等六部门联合颁布了《关于进一步规范中央企业负责人薪酬管理的指导意见》，这被称为中国版“限薪令”。它主要对中央企业高管的薪酬水平及与员工的薪酬差距进行了规制。可见，内生于政府行政干预及国有资产管理体制的高管薪酬管制，俨然已成为我国宏观调控收入分配的一项制度安排（张楠和卢洪友，2017）。

虽然公司高管薪酬分配问题备受社会关注，却鲜见相关的理论与实证研究。有关公平性的研究始于 Adams（1963）的公平理论，它是研究人的动机和知觉关系的一种激励理论，认为职工的工作动机不仅受薪酬绝对值的影响，而且还受薪酬相对值的影响。由于公平性指标难以度量，最初的学者多关注于公平性概念、分类等定性研究，或通过调查问卷、实验、经验检验等方法探讨高管薪酬公平性问题（Greenberg，1987；Main et al.，1993；王莉和孙文刚，2012）。吴联生等（2010）将公司内部薪酬比较拓展至公司间比较，并借鉴 Core 等（1999）的方法测量高管薪酬外部公平性，依此，学者开始依据锦标赛理论或社会比较理论考察薪酬公平性及其经济后果（O'Reilly et al.，1988；杨志强和石本仁，2014；潘中华，2015）。但结合宏观经济政策探讨高管薪酬公平性的文献依然很少，虽然有研究美国金融部门相关薪酬管制政策的经济后果，但只限于对薪酬水平、经理人行为的分析（Bebchuck and Spamann，2010；Thanassoulis，2014）。结合我国高管薪酬管制政策，有文献分析宏观经济政策对薪酬水平、高管腐败等的影响，均忽略了薪酬管制与高管薪酬公平性间的关系（陈信元等，2009；徐宁和姜楠楠，2016；张楠和卢洪友，2017）。

改革开放以来，高管薪酬问题一直备受政府部门关注，有关国有企业高管薪酬的管制政策相继出台，从现代化高管薪酬管制政策形成时期的 12 倍要求，到 2009 年拟订的不超过 20 倍薪酬差距的规定，均体现了我国高管薪酬管制政策对高管薪酬水平上限的限制。高管薪酬水平上限的制定，在一定程度上限制了锦标赛机制的作用发挥，导致通过薪酬差距激励高管时容易产生“天花板”效应。另一方面，相对于不够成熟的资本市场，我国市场中的经理人市场却相对成熟，在有效的经理人市场中高管薪酬供需关系决定了企业高管的最低薪酬水平；同时，我国政府对社会工资保障福利的关注，也保证了高管薪酬的最低限，从而将国有企业高管薪酬水平规制在一个范围内上下浮动，制约了高管薪酬水平与其他普通职工平均薪酬间的差距，从而对高管薪酬公平性产生影响。可见，政府管制在一定程度上影响了高管薪酬公平性。那么，在我国转型的制度背景下，薪酬管制政策是否发挥了有效性？薪酬管制政策有效性的实现路径是通过货币薪酬得以激励，还是通过隐性薪酬加以规制？薪酬管制政策对微观公司价值产生怎样的影响？

本章以2005—2015年我国A股上市公司数据为初选样本，依据2009年“限薪令”的实施作为高管薪酬管制的外冲事件，运用PSM - DID方法实证检验了管制政策的干预效果。具体检验高管薪酬管制对公平性、在职消费的影响，并进一步分析了宏观政策干预对公平性（在职消费）的公司激励（规制）效应的影响。研究结果发现，薪酬管制政策提升了国有企业高管薪酬公平性，但效果仅体现于地方国有企业的高管薪酬内部公平性；同时薪酬管制促进了地方国有企业的在职消费，而中央企业高管的在职消费增加不明显。进一步研究发现，薪酬管制强化了高管薪酬公平性的价值激励效应，但同时也强化了高管在职消费的价值抑制效应。

相对于已有文献，本章的可能贡献在于：第一，与以往针对高管薪酬的传统文献不同，本章的研究视角聚焦于宏观政策与微观企业行为互动，从政府干预方面揭示了高管薪酬的影响因素，从而拓展了高管薪酬问题的研究范畴，深化了对于高管薪酬问题规制的理论认知。第二，运用基于倾向得分匹配的双重差分法（PSM - DID），比较政策前后国有企业和非国有企业高管薪酬公平性、在职消费的差异来评估薪酬管制的效果，提供国有企业高管在薪酬管制下选择显性薪酬和隐性薪酬的直接证据。第三，落脚于微观企业价值，研究薪酬管制政策的激励效应与抑制效应，挖掘薪酬管制对企业价值影响的具体路径。

结合高管薪酬管制政策为制度背景，以我国非金融上市公司为样本，对上述问题进行检验。接下来的结构安排如下：第二部分回顾与评述相关文献；第三部分分析理论基础并提出研究假设；第四部分设计实证模型并介绍样本选取；第五部分进行实证检验分析；第六部分阐述结论及其启示。

第二节　文献回顾及评述

吕长江和赵宇恒（2008）发现，国有企业高管不仅具有经济人特征同时也兼顾政治官员身份，曾用于制约政府官员薪酬的政策自然转移到国有企业高管身上。作为我国数十亿公民的代理人经营国有企业，高管的经验目标不仅包括经营效率更关注社会公共利益，其中一个重要部分就是社会收入分配的公平性。薪酬管制作为政府干预的手段之一，将会影响高管薪酬公平性，并对货币激励的替代机制产生影响，最终影响上市公司价值的创造。

一 高管薪酬管制政策的直接效果分析：公平性

市场和政府同为公司治理的关键机制，其作用的发挥和关系的平衡随国家制度背景不同而有所差异。在西方国家中，一般通过高管薪酬披露、董事会监督和股东话语权等治理公司高管薪酬，公司治理主要依靠市场调整，政府规制研究以及涉及高管薪酬管制的文献不多，经归纳后发现经典文献主要关注以下三个方面。第一，通过不同方法量化薪酬管制程度，研究薪酬管制强度对高管薪酬水平、薪酬差距的影响。陈信元等（2009）以高管人员薪酬与员工人均薪酬比、前三位高管相对薪酬与高管相对薪酬之差等指标衡量高管薪酬所受的管制程度；徐细雄和刘星（2013）以收入最高的前三位高管薪酬总额作为政府薪酬管制程度的代理变量；黄卉敏（2016）用总资产与实际控制权乘积的自然对数表示薪酬管制水平，考察了薪酬管制对高管间薪酬差距的影响，发现薪酬管制抑制了高管薪酬差距的形成。第二，以薪酬管制政策为契机，研究政府薪酬干预对高管以及员工薪酬水平的影响。Frdman 和 Raven（2012）分析了第二次世界大战期间美国总统罗斯福颁布的两项限薪政策，发现限薪政策并未达到降低高管薪酬的目的。沈艺峰和李培功（2010）评估了 2009 年政府“限薪令”，认为政府法规发布后，国有企业高管的薪酬水平不仅没有降低，反而得到了显著提升。部分学者证实了我国高管薪酬管制政策的作用有限性，田妮和张宗益（2015）运用一个高管收益最大化的动态模型，通过数值仿真模拟，得出“限薪令”限制了高管通过证实契约获得的薪酬水平。张楠和卢洪友（2017）运用 PSM - DID 方法实证检验了我国薪酬管制政策的效果，发现没有降低国有企业高管货币薪酬，但是有效减缓了货币薪酬的增长速度，但职工工资没有受到薪酬管制政策的影响。第三，结合我国制度背景，从政府干预目标的多元化视角出发，研究薪酬管制与企业社会任务间关系。地区财政赤字与地区失业率均显著降低了国有企业相对薪酬，这在一定程度上佐证了国企高管薪酬管制中的“社会公平”诱因（陈信元等，2009）。刘银国等（2009）认为，收入分配的公平程度才是促使政府进行国企薪酬管制的主要原因，高管薪酬管制与收入分配公平程度显著正相关。潘中华（2015）从公平性和晋升激励两个视角考察了薪酬管制对国有上市公司高管团队薪酬级差的影响，结果发现，“限薪令”强化了公平性对高管团队薪酬级差的影响，降低了晋升激励对高管团队薪酬级差的影响。总之，薪酬管制不仅直接影响了上市公司高管团队薪酬级差，还进一步影响了公平性和晋升激励对高管团队薪酬级差的作用幅度。

二　高管薪酬管制政策溢出效果分析：在职消费

颜剑英（2002）认为，由于货币薪酬偏低、职位晋升激励异化和声誉机制不完善等弊端，管理层选择强化自我激励，主要包括利用非法手段侵吞国有资产和追求过度的在职消费。由于在职消费的隐蔽性和变通性，公司管理层甚至将在职消费作为对货币薪酬的部分替代，以便弥补因货币薪酬过低而无法有效弥补个体劳动付出的缺陷（赵文红和李垣，1998）。在现有的公司法体系下，依据既定的“商业判定规则”，限制了上市公司股东的干预权。为弥补股东干预权有限性的缺点，伯切克和弗里德（2009）认为，有必要从股东之外的其他层面进行高管行为监督。在此背景下，我国政府作为有效的公司治理机制之一，相继出台了高管薪酬管制政策。2009 年 9 月 16 日，中国版的“限薪令”由国务院六部委联合下发，要求规范中央国有企业在职消费及高管薪酬（沈艺峰、李培功，2010）。那么，在我国国有企业中普遍存在高管薪酬管制的情况下，薪酬管制政策是否会产生溢出效应？

随着政府对高管薪酬的宏观管制，学术界开始研究高管薪酬管制政策的经济后果，但从高管的在职消费等隐性激励出发，大多数学者提出高管薪酬管制政策的无效性或部分有限性，甚至建议放松或取消我国高管薪酬管制。如陈冬华等（2005）研究发现，在国有企业中，高管的在职消费行为内生于高管薪酬管制程度，随着高管显性激励受到制约后，隐性激励方式得到激化，成为高管人员的代替性选择。这种内生于国有资产管理体制和政府干预的薪酬管制，导致了在职消费成为管理人员的替代性选择，说明在职消费内生于国有企业面临的薪酬管制约束。刘银国等（2009）也从腐败现象和在职消费等视角检验高管薪酬管制政策效果，发现薪酬管制增加了企业代理成本从而降低企业业绩。张楠和卢洪友（2017）在分析薪酬管制政策对高管薪酬水平影响的同时，也检验了薪酬管制政策与在职消费间关系，并发现不同类型国企间的关系差异性，具体表现为，“限薪令”出台后地方国有企业在职消费水平显著增加，中央企业在职消费增加不明显。然而，梅洁（2015）利用国有控股上市公司的平衡面板数据对“限薪令”和“八项规定”的干预效果进行实证检验，结果显示，在控制其他解释变量不变的情况下，对于在职消费的增加或减少，薪酬管制政策均未能发挥积极作用。

三　高管薪酬管制政策的公司价值效应

国有企业在政府管制的背景下，高管薪酬激励机制会发生变动。高管薪酬管制政策将会通过对公平性、在职消费等路径影响公司价值，接下来，我们将依据上述思路梳理薪酬管制政策的激励效应或规范效应。Frye 和 Shleifer（1997）依据政府对企业影响作用标准，将其分为三类：帮助之手、无为之手和掠夺之手。但并没有批判任何一种模式下的政府无能，反而认为在不同的市场环境、制度背景下每种政府功能都具有存在的意义。

公平和效率一直是社会关注的话题，也不乏有关高管薪酬公平的后果研究。综合考察高管薪酬公平性对企业价值的影响后发现，Levine（1991）通过检验薪酬公平程度对产品质量的影响发现，高管薪酬公平程度的提升有助于产品质量的优化，进而提升公司价值。Chen 等（2003）从薪酬内部公平性的角度考察不同公平程度所带来的员工行为选择，通过实地调查研究发现，当企业员工感觉自己被不公平对待后，会选择消极怠工导致企业绩效下降，但绩效工资在一定程度上可以增加员工的薪酬公平感。吴联生等（2010）运用薪酬决策模型残差计算薪酬外部公平性，依据残差是否大于零，将样本分为正向额外薪酬和负向额外薪酬。数据显示，正向额外薪酬可以显著提升非国有企业业绩，但这种结果并不存在于国有企业中；同时，无论是在国有企业还是非国有企业中，负向额外薪酬均不影响企业业绩。政府对国有企业管理层的薪酬进行了管制，管制的结果可能扭曲国有企业管理层的相对收入水平（陈冬华等，2005），难以起到和以市场为基础的自由契约相媲美的激励作用。

在职消费成为洞察高管激励的重要渠道后，关注公司治理机制研究的学者开始探索在职消费对公司价值的影响及内在机理。综观以往研究发现，有关在职消费的研究存在两种流派，一方坚持"效率观"，另一方则坚持"代理观"。Berle 和 Means（1932）最先提出在职消费对公司价值的负面影响，他们认为，在股权相对分散的企业中，股东缺乏监督和制约高管的动机和能力，使高管成为此类公司的实际决策者，出于自利的动机，高管可能会通过在职消费等机会主义行为享受公司资源，进而以公司价值为代价扩大自身利益。Yermack（2006）、罗宏和黄文华（2008）、刘银国和张琛（2012）对在职消费的代理观表示支持，通过相关数据分析和实证检验，他们发现高管人员的在职消费与企业的业绩呈负相关关系。这一结论肯定了在职消费的代理成本观。然而，Alchian 和 Demsetz（1972）认为，从经济学的角度来看，在职消费的存在就符合效率观。国有企业高管的在职消费具有激励作用，能对企业经营绩效产生正向影响（Rajan and Wulf，2006；李焰等，2010；孙世敏等，2016）。此外，有学者结合薪酬管制背景，研究薪酬管制对在职消费的价值效应。陈冬华等（2005）从在职消费的影响视角发现薪酬管制约束下的高管薪酬缺乏激励效率，从而损害股东利益。黄在胜和王玉（2009）也指出，由于薪酬管制政策的存在，影响了以公司业绩为标准的薪酬激励效率和实施空间，导致国有企业高管治理机制的严重扭曲。陈菊花等（2011）基于迎合效应的薪酬结构模型分析，将在职消费纳入薪酬契约中，研究发现，薪酬管制并没有如上述文献所诟病的那样降低了经理人的效率，在制度创新尚未成熟前，在职消费反而成为经理人自我激励的方法。

分析与本章研究主题有关的文献后，我们可以看出：

第一，上述文献虽然也注意到薪酬管制政策的有效性研究，但该领域成果大多集中于我国学术界，这可能因为国有企业数量及其影响在我国资本市场中作用更大。有关薪酬管制程度的度量方法还不完善，实证检验分析有待提升。

第二，学术界对高管薪酬管制政策经济后果的研究结论尚不统一，有的坚持高管薪酬管制效果的有限性，有的认为高管薪酬管制根本无效。这可能是由于研究期间、研究方法的不同带来研究结果的不一致。因此，针对高管薪酬管制政策有效性的文章还有待丰富和完善，为相关研究提供证据。

第三，我国高管薪酬管制政策的目的在于合理分配社会收入，规范高管的在职消费行为。虽已有文献分析了高管薪酬管制对公司价值的影响，但这些文章缺乏对公平性和在职消费的系统性分析，以及高管薪酬管制政策的价值激励效应或规制效应研究。我们应该在检验高管薪酬管制政策有效性的同时，关注上市公司经济效益的发展，全面地观测高管薪酬管制政策的效果。

第三节　理论分析与研究假设

一　高管薪酬管制政策与薪酬公平性关系分析

薪酬管制对公平性传导路径的影响体现在两个方面。一方面，薪酬管制在一定程度上反映了政府对于公平等社会目标的要求。出于实现手段和实现方式的便利性，政府将很多目标下放给了国有企业（睢国余和蓝一，2005），导致国有企业承担着大量政策性负担（林毅夫和李志赟，2004），并衍生出多元化目标。作为实现企业目标的重要手段，薪酬必然体现出一定的政策性和目标多元性。因而，作为薪酬组成部分的薪酬结构必然受政府特定施政条件和多元化目标的影响（陈冬华等，2010），不仅反映了政府作为出资人的公司价值最大化目标要求，也反映和折射了政府追求公平的社会目标要求。薪酬管制程度越高，意味着企业执行政府所下达的公平性目标的程度越高，此时薪酬在高管间的分配就越平均化。另一方面，通过 2009 年 9 月 16 日的“限薪令”内容，我们认为收入分配的公平性才是促使政府干预国企薪酬分配的主要原因。国有企业高管薪酬分配问题只是收入分配公平问题的一个缩影，拿少了无法凸显高管人员管理努力在企业发展中所起到的作用，拿多了不可避免地又会引起职工和社会公众的不满情绪（吴杰，2005）。可见，国有企业高管薪酬管制问题是和薪酬公平性密切相关的，因此，我们提出以下假设：

H5－1：薪酬管制政策会提升高管薪酬公平性。

二　高管薪酬管制政策与在职消费关系分析

在我国特殊的制度背景下，薪酬管制有别于经理人市场调整，它作为国有企业高管薪酬安排的既定条件，在一定程度上剥夺了高管人员进行薪酬谈判的权利。人为干预下的薪酬管制效率很难与自由资本市场调整下的薪酬契约效率相比，国有企业高管人员行为必须受制于这一事先给定的硬约束，因此，政府宏观干预与自由缔约薪酬下的高管行为会有显著差异。一方面，即使我们假设最初的薪酬管制政策源于完全正确的判断而生成（其实这也不可能），但由于市场环境的变动导致管制成本不断变化，甚至超出管制成本的允许范围，而调整大量国有企业的薪酬契约所支付的额外成本又会阻碍薪酬契约本身的调整。因此，我国薪酬管制政策的最终效果与最初目标间可能存在偏差，效果的偏差可能会加剧市场发现与形成价格的交易成本，从而引发一系列严重的道德风险和机会主义行为（陈冬华等，2005）。Alchian 和 Demsetz（1972）从信息成本理论视角揭示了在职消费的内生性，他们认为，为避免上述机会主义成本高于由此带来的收益，因此，允许高管人员享有“特权、福利和额外津贴”内生于高昂的信息成本。另一方面，在我国，基于公司业绩的薪酬契约既然无法有效地实施，那么替代性的制度安排就有可能应运而生，政府干预引致的多重目标（如税收指标、失业指标），通常会在薪酬管制可以承受的成本范围内被观察到。基于行政的考核自然需要匹配基于行政的激励措施，这是目前我国高管薪酬激励体系的现状，在高管货币薪酬受到管制后，会替代性地形成多元的、隐性的薪酬激励，而在职消费正是其中的一种。基于我国的市场背景，我们提出如下假设：

H5－2：薪酬管制政策会导致高管在职消费行为的发生。

三 高管薪酬管制政策的价值激励效应分析

分配的效率和公平问题一直备受关注，已有研究从不同角度解释和评价了高管薪酬激励，典型的两种理论分别是锦标赛理论和社会比较理论。社会比较理论是公平分配理论的一个重要分支，社会比较理论表明高管作为社会群体中的一分子，总会将自身薪酬与同一公司中其他员工或同时期同行业类似职位人员薪酬做比较，进而对所获得薪酬产生重新评估并进一步影响其行为选择。例如，当高管通过薪酬比较后认为自己被不公平支付就会有种被剥削的感觉，会通过消极怠工、在职享受等方式降低其努力程度，缓解原有的劳动付出和收益产出间的不对称感，从公司角度看，其对组织目标的漠不关心将会影响公司价值的创造（Cowherd and Levine，2010）。为避免过大的高管薪酬不公平感影响或损害高管成员的协作水平及工作积极性，企业会偏向社会公平性目标（Lazear and Rosen，1981；Rose，2002）。高管薪酬管制目标在于加强社会分配的公平性，政府对高管薪酬的强制性管制，也会在一定程度上提升高管努力工作的积极性，加强公平性对公司价值的激励效应。

孙世敏等（2016）根据在职消费的经济性质，将其分为货币薪酬补充、正常职务消费和高管自娱消费。他认为作为货币薪酬补充成分的在职消费可以对高管发挥激励作用，正常职务消费虽然不会产生高管激励作用，但会有助于提升公司业绩，自娱性的在职消费只会减损公司价值。罗宏和黄文华（2008）证实了我国国企高管的在职消费行为与公司价值负相关。周铭山等（2016）证实了我国国企高管的在职消费行为与企业价值负相关。在职消费作为高管隐性激励的重要组成部分，是国有企业高管所享受的特殊权利（陈冬华等，2010；鄢伟波等，2018；Luo et al.，2011），在一定程度上内生于高管显性薪酬激励，在分析薪酬管制政策效果时需同时观测货币薪酬激励和在职消费水平。因此，不能孤立评价在职消费对公司价值的影响，而需将其与相应的货币薪酬激励一起分析。我们认为，在国有企业高管薪酬管制情况下，在职消费行为会明显增加，这可能会影响在职消费对公司价值的规制效应。

H5-3：薪酬管制政策会强化薪酬公平性的价值激励效应；同时，薪酬管制政策也会强化高管在职消费的价值规制效应。

第四节　研究数据与模型设计

一　数据和样本

2009 年颁布的“限薪令”以国有上市公司（尤其是中央企业）为作用对象。为观测薪酬管制政策对国有上市公司的影响，以及非国有上市公司与国有上市公司间经济后果差异，本章以我国 2005—2015 年 A 股上市公司为初选样本，进一步筛选原则如下：①剔除金融行业的样本公司；②剔除 ST、＊ST、PT 样本公司；③剔除主要公司治理数据和财务数据缺失的样本公司；④剔除考察时期内产权性质发生变动的样本公司；为消除极端值的影响，对文中的主要连续变量处以 1% 和 99% 的水平上的 Winsorize 处理。最终得到 10564 个公司年样本数据，按照最终实际控制人分为非国有企业（5082）和国有企业（5482），其中央企业样本数 1855 个、地方国有企业样本数 3627 个。财务数据均来源于国泰安（CSMAR）数据库，产权性质数据来源于色诺芬数据库（CCER）。使用的统计软件为 Stata14. 0。

二　变量定义

（一）薪酬公平性

由于人们对公平性的感知存在很大的主观因素，因而学术界对高管薪酬公平性的度量尚未达成一个共识，目前已有文献对薪酬公平性的研究归纳起来主要有：员工满意度的衡量、薪酬差距的衡量以及额外薪酬。

魏光兴和蒲勇健（2008）从公平心理出发，以问卷调查的方式来设计公平变量（Sweeney and McFarlin，1993；黄再胜和王玉，2009），以员工对高管薪酬的满意度来衡量高管薪酬的公平性程度。虽然人们可以通过调查问卷获取第一手数据，但由于调查对象选择的偏误性和调查对象主观性会降低数据质量，致使结果分析不一定服从正态分布，影响研究结论的普遍性。依据行为理论和锦标赛理论普通员工间的薪酬差距来解释公平问题（Martin，1979；Lazear and Rosen，1981；闫威等，

2006），这种研究方法虽然有助于公司间的横向比较，但忽略了高管与员工间差距的合理决定因素。此外，不同研究的样本区间和行业不一致使研究结论不稳健，很难给出关于薪酬是否公平的一致判断（Lazear and Rosen，1981；张正堂，2009）。吴联生等（2010）以额外薪酬作为高管薪酬的外部不公平程度，他借鉴 Core 等（1999）的薪酬决定模型残差将高管薪酬分解为合理薪酬和额外薪酬，这种方法一方面避免了问卷调查的主观性结果，另一方面也考虑了薪酬差距的合理因素。然而，由于不同国家间的环境、制度差异，使学者在设计薪酬决策模型时会考虑不同的决定因素，从而降低了额外薪酬结果的普遍性和适用性。

可见，高管薪酬公平性的估算是公司治理领域的一个难点，至今学术界尚未对一种方法产生普遍认可。在综合已有文献的基础上，步丹璐等（2010）融合公平理论和相对剥削理论，对前期的高管薪酬公平性评价方法进行了修正，其度量方法既考虑了外部公平问题又关注了内部公平问题。

$$Ratio\_exe/Ratio\_emp = \beta_0 + \beta_1 Employee_{i,t} + \beta_2 Turnover_{i,t} + \beta_3 Education_{i,t} + \beta_4 Tenure_{i,t} + \varepsilon \quad (5-1)$$

基于员工视角和高管特征，模型（5－1）残差衡量了上市公司内部公平性，*Ratio* 为公司高管（普通员工）薪酬的相对分位数。首先区别高管薪酬变量 A_i、普通员工薪酬 B_i，其次确定同年同行业同地区的高管最高薪酬 A_{max}、普通员工最高薪酬 B_{max}，然后试算出高管薪酬的相对分位数 A_i/A_{max}、普通员工薪酬的相对分位数 B_i/B_{max}，模型中分别表示为 *Ratio_exe* 和 *Ratio_emp*。其中，$Employee_{i,t}$为上市公司员工人数的自然对数；$Turnover_{i,t}$为高管离职情况，存在高管离职时设定为 1，否则为 0；$Education_{i,t}$为上市公司高管的教育水平，1 代表中专及中专以下水平，2 代表大专水平，3 代表本科水平，4 代表硕士研究生水平，5 代表博士研究生水平，6 代表其他；$Tenure_{i,t}$为上市公司高管任职年限的自然对数。

$$Comp_{i,t} = \beta_0 + \beta_1 Size_{i,t} + \beta_2 MB_{i,t} + \beta_3 Risk_{i,t} + \beta_4 Freecash_{i,t} + \beta_5 Growth_{i,t} + \beta_6 Industry + \varepsilon \quad (5-2)$$

基于公司特征分析，模型（5－2）残差衡量了上市公司外部公平性。$Comp_{i,t}$为上市公司前三名高管薪酬的自然对数；$Size_{i,t}$为上市公司期末总资产自然对数衡量；$MB_{i,t}$为上市公司成长机会的替代变量，等于账面价值和市场价值之比；$Risk_{i,t}$为公司的监督成本，等于净资产收益率的标准差；$Freecash_{i,t}$为上市公司自由现金流量，它等于经营现金流量减去折旧摊销、新增投资剩余的自然对数；$Growth_{i,t}$为成长性，等于上市公司主营业务收入的增长率；*Industry* 为上市公司所属行业，根据《上市公司行业分类指引》（2012 年版），制造业取二位代码。

$$Equity_{i,t} = w_1 \times Residual_{(1)} + w_2 \times Residual_{(2)} \tag{5-3}$$

借鉴步丹璐等（2010）的薪酬公平性计算方法，从高管薪酬内部公平性和外部公平性等多视角综合我国高管薪酬公平性。首先秉承有效工资理论、相对剥削理论及公平理论的主要思想，通过剔除公司高管特征对薪酬内部分配情况进行客观度量；然后从公司特征的角度衡量上市公司间高管薪酬外部公平性；基于模型（5－1）和模型（5－2）对模型残差的计算，我们分别赋予高管薪酬内部公平性、外部公平性相应的权重，并运用模型（5－3）计算综合公平性。具体的高管薪酬公平性指标设计思路如图 5－1 所示。

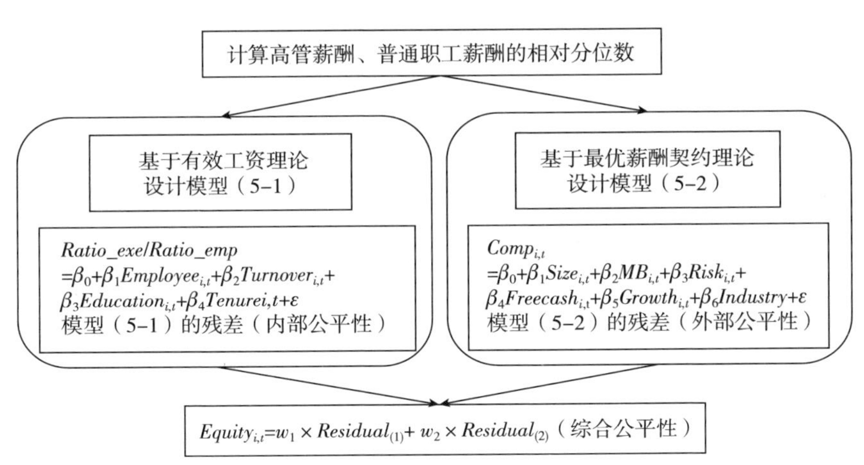

图 5－1　薪酬公平性的设计思路

（二）在职消费

综观在职消费的度量方法发现，学者常通过绝对值估算法和相对值估算法计量上市公司高管的在职消费。

由于在职消费的绝对值度量方法能够更加直观地展现水平，是相关研究的最初选择。绝对值度量方法也存在不同的计算方式，有的学者运用加总法，有的学者选择扣除法。学者陈冬华等（2005）开启了我国高管在职消费的度量研究，他们将高管在职消费相关数据界定在年报的“支付的其他与经营活动相关的现金流量”中，具体到八种相关的管理费用类别，然后加总计算。但另一种做法是将明显不属于在职消费的项目支出从经营活动相关的流量中剔除，如折旧摊销、高管货币薪酬等。扣除法优于加总法，但依然存在局限性。李宝宝和黄寿昌（2012）则通过扣除法所得到的异常管理费来替代在职消费，这在一定程度上改进了在职消费的绝对值计算方法。

鉴于不同规模上市公司间在职消费的可比性，部分学者运用相对指标法计算在职消费。Yermack（2006）运用被公司主营业务收入平分的管理费用或管理费用与销售收入之和衡量在职消费，也被称为管理费用率和销售管理费用率。罗宏和黄文华（2008）综合了绝对值估算法和相对值估算法，首先借鉴以往学者的在职消费绝对值估算，然后除以企业当年的主营业务收入，消除估算规模影响。参考周玮等（2011）的研究，本书采用相对值估算方法计算在职消费，具体采用上市公司管理费用、销售费用之和与营业收入比例的自然对数度量在职消费。

$$Perk = \mathrm{Ln}[(\text{管理费用} + \text{销售费用})/\text{营业收入}]$$

根据已有研究（沈艺峰和李培功，2010；唐松和孙铮，2014；张楠和卢洪友，2017），本章选择企业规模（*Size*）、资产负债率（*Lev*）、两职合一（*Dual*）、独立董事占比（*Condir*）、董事会规模（*Numdir*）、成长性（*Growth*）、行业集中度（*HHI*）等已被证实对高管薪酬产生影响的变量作为控制变量。

三　回归模型设计

薪酬管制可被看作是针对国有企业高管薪酬的一项规制政策，对于该类政策的效果评价，通常使用双重差分法（DID）进行分析。但是，双重差分法（DID）的理论分析是建立在“自然实验”的基础上的，需同时满足随机性假设与同质性假设。随机性假设要求政策实施对象是随机选择的，才不会发生“选择偏误”，同质性假设要求处理组与控制组除政策冲击不同外，其他各方面应近乎相似。准确来讲，高管薪酬管制政策仅为一次“准自然实验”。“自然实验”和“准自然实验”间存在着细微却显著的区别：准自然实验的样本选择是实验者人为进行的，而自然实验则是完全随机的（Dinardo and Lee，2010）。

正如陈林和伍海军（2015）归纳国内政策效果评估的双重差分法时所发现的，大多数自然实验往往难以成立，薪酬管制政策也不满足双重差分法（DID）的两个基本应用条件。薪酬管制政策的处理组为国有企业，并非是从所有企业中随机选择部分企业作为政策试验对象，不能保证样本分组满足无条件随机，存在选择偏误问题。平行趋势假设要求在薪酬管制政策出台前，国有企业与非国有企业高管薪酬的变动趋势一致。根据 Bertrand 和 Mullainathan（2003）、张楠和卢洪友（2017）采用的方法进行平行趋势假设检验，我们分别考察薪酬管制政策前后国有企业和非国有企业的高薪酬公平性、在职消费的变动趋势。如果观测值是国有企业在薪酬管制政策前的第 4 年、第 3 年、第 2 年和第 1 年的数据，Before4、Before3、Before2、Before1 取值为 1，否则为 0；如果观测值为国有企业在薪酬管制政策当年的数据，Current 取值为 1，否则为 0。通过采用核匹配的方法确定非国有企业后，对比国有企业与非国有企业样本指标在薪酬管制政策前变化趋势发现，高管薪酬公平性、在职消费在 2005—2009 年间存在显著差异。表 5 - 1 中的差异性检验结果显示，在“限薪令”颁发前，高管薪酬公平性、在职消费指标在国有企业和非国有企业间存在显著差异，变动趋势不一致，说明直接选用双重差分法会导致结果偏误。依据同样的方法，我们检验了中央国有企业和非国有企业、地方国有企业和非国有企业间的平行趋势分析。

表 5 - 1　　平行趋势检验

		全样本			分样本					
	变量	国企和非国企			央企和非国企			地方国企和非国企		
Before4	Equity	-0.083	-0.027	0.056**	-0.066	-0.027	0.038	-0.091	-0.027	0.064**
	Perk	-2.098	-1.937	0.161**	-2.039	-1.937	0.102	-2.121	-1.937	0.184**
Before3	Equity	-0.053	-0.062	-0.010*	-0.018	-0.062	-0.044**	-0.067	-0.062	0.005*
	Perk	-2.159	-2.128	0.031	-2.156	-2.128	0.028	-2.164	-2.128	0.036

续表

	全样本									
					分样本					
	变量	国企和非国企			央企和非国企			地方国企和非国企		
Before2	Equity	-0.077	-0.105	-0.028 **	-0.045	-0.105	-0.059 **	-0.089	-0.105	-0.016 *
	Perk	-2.386	-2.250	0.136 **	-2.425	-2.250	0.175 **	-2.370	-2.250	0.120 *
Before1	Equity	0.023	0.023	0.000	0.040	0.023	-0.017 **	0.016	0.023	0.007 *
	Perk	-2.335	-2.151	0.184 ***	-2.410	-2.151	0.259 ***	-2.300	-2.151	0.149 **
Current	Equity	-0.038	-0.034	0.003 ***	-0.012	-0.034	-0.023 **	-0.050	-0.034	0.015 ***
	Perk	0.128	0.238	0.110 **	0.123	0.238	0.115 *	0.130	0.238	0.108 **

注：上表分别列示薪酬管制政策的前 4 年、前 3 年、前 2 年、前 1 年、当年 *Equity*、*Perk* 的均值差异性检验；全样本中，对国企和非国企数据进行差异性分析；分样本中，将国企分为央企和地方国企，比照组均为所有非国企。*** 、** 、* 分别表示在 1% 、5% 、10% 的水平显著。

基于倾向评分匹配的双重差分法（PSM - DID）能够较好地避免选择偏误和薪酬管制政策的内生性问题（Khandker et al.，2010；张楠和卢洪友，2017）。PSM - DID 的基本思想是，采用倾向评分匹配法（PSM）来选择控制组样本，进而运用双重差分法（DID）探讨实验组和控制组间的政策效果差异。本章采用核匹配的方法确定权重，首先，采用 Probit 回归预测实验组变量和控制组变量的倾向得分；其次，基于倾向值进行样本匹配，找到与实施了薪酬管制政策的国有企业相似的非国有企业；最后，运用双重差分法（DID）检验薪酬管制政策对国有企业高管薪酬的实际影响。

$$Probit(State_{i,t}) = \alpha_0 + \alpha_1 X_{i,t} + \sum Year + \sum Industry + \mu_{i,t} \quad (5-4)$$

模型（5 - 4）中通过 $State_{i,t}$ 对控制变量进行 Probit 回归，其中，$State_{i,t}$ 表示为企业产权性质，国有企业取值为 1，非国有企业则为 0。$X_{i,t}$ 为一系列控制变量的统称，*Year* 和 *Industry* 分别表示年份和行业固定效应，按 2012 年证监会行业分类指引划分行业类别，其中制造业按二级代码分类，μ 为随机误差项，下标 i 和 t 分别代表第 i 个企业和第 t 年。经过 PSM 匹配控制组后，实验组和控制组样本数据变得平衡，设定 DID 模型：

$$Y_{i,t}=\beta_0+\beta_1 Treat_i+\beta_2 Post_t+\beta_3 Treat_i\times Post_t+\beta_4 Controlvaliables_{i,t}+\varepsilon_{i,t} \quad (5-5)$$

其中，被解释变量 $Y_{i,t}$ 为薪酬公平性、在职消费的统称，$Treat_i$ 用来区分实验组和控制组，当样本为实验组时，$Treat_i$ 取值为 1，否则为 0；$Post_t$ 为时间虚拟变量，2009 年以后取值为 1，2009 年当年及以前取值为 0；$Controlvaliables_{i,t}$ 为相关的控制变量统称。通过 $Treat_i\times Post_t$ 的回归系数 β_3 来观测高管薪酬管制政策的效果。

$$ROA_{i,t}=\beta_0+\beta_1 Treat_i+\beta_2 Post_t+\beta_3 Treat_i\times Post_t+\beta_4 Y_{i,t}+\beta_5 Treat_i\times Post_t\times Y_{i,t}+\beta_6 Controlvaliables_{i,t}+\varepsilon_{i,t} \quad (5-6)$$

为进一步检验薪酬管制政策对高管薪酬公平性（在职消费）的价值激励效应（规制效应）影响，我们在模型（5－5）的基础上加入相关变量得到模型（5－6）。其中，$ROA_{i,t}$ 为公司价值，其他指标设计和模型（5－5）一致。我们在关注 $Y_{i,t}$ 对公司价值影响的同时，主要分析 $Treat_i\times Post_t\times Y_{i,t}$ 的回归系数 β_5。

表 5－2　　变量定义

变量名称	变量符号	变量定义
薪酬公平性	*Equity*	由模型（5－3）计算而得
内部公平性	*Equity_in*	模型（5－1）的残差
外部公平性	*Equity_ex*	模型（5－2）的残差
在职消费	*Perk*	ln［（管理费用＋销售费用）／营业收入］
公司价值	*ROA*	净利润除以期末平均总资产
公司规模	*Size*	公司期末总资产的自然对数
资产负债率	*Lev*	期末总负债/期末总资产
两职合一	*Dual*	如果董事长兼任总经理，则取值为 1，否则为 0
独立董事比例	*Condir*	公司独立董事人数/董事会人数
董事会规模	*Numdir*	公司董事会人数
成长性	*Growth*	营业收入增长率
行业集中度	*HHI*	$\sum$(企业市场规模／企业所属行业的总市场规模)^2
高管薪酬	*Comp*	上市公司前三名高管薪酬总额的自然对数
普通员工薪酬	*Comp1*	上市公司应付薪酬减去高管薪酬后的自然对数

续表

变量名称	变量符号	变量定义
职工人数	*Employee*	上市公司职工人数的自然对数
是否离职	*Turnover*	发生高管离职，取值为1，否则为0
教育水平	*Education*	高管的教育水平，1为中专及中专以下水平，2为大专水平，3为本科水平，4为硕士研究生水平，5为博士研究生水平，6为其他
任职期限	*Tenure*	上市公司高管任职年限的自然对数
账市比	*MB*	账面价值与市场价值的比值
公司风险	*Risk*	上市公司前三年净资产收益率的标准差
自由现金流	*Freecash*	经营现金流量减去折旧摊销、新增投资剩余的自然对数
行业	*Industry*	行业虚拟变量，根据《上市公司行业分类指引》（2012年版），制造业取二位代码

第五节　实证结果与分析

一　PSM过程及匹配效果

我国颁布的薪酬管制政策仅以国有上市公司为对象，被管制对象和非管制对象构成了天然的实验组和控制组，为解决可能存在的内生性及选择偏误等问题，我们选取有放回的一对一近邻匹配，只保留与国有企业倾向得分值最为相近的非国有企业。首先，我们选取了企业价值（ROA）、公司规模（Size）、资产负债率（Lev）、两职合一（Dual）、独立董事比例（Condir）、董事会规模（Numdir）、成长性（Growth）、行业集中度（HHI）作为协变量。表5－3展示了协变量对处理变量（State）的回归结果，数据表明，大部分协变量均在1%的水平上显著影响了处理变量。其次，通过Logit模型预测倾向值，在取得每个国有企业的倾向值以后，依据一对一的近邻匹配法选取对应的非国有企业为控制组。匹配前和匹配后国有企业和非国有企业间倾向得分的概率分布见图5－2，图5－2（a）表示匹配前的倾向得分分布，图5－2（b）表示匹配后的倾向得分分布。其中横轴为倾向得分值，纵轴为概率密度，实线代表国有企业，虚线代表非国有企业。图 5－2（a）显示匹配前的国有企业和非国有企业间存在较大差异，经匹配后两组间基本不存在显著差异［见图 5－2（b）］。

表 5－3　　协变量检验结果

协变量	系数	标准差	Z 值	P > | Z |
ROA	－3.410	0.806	－4.23	0.000***
Size	0.304	0.028	10.88	0.000***
Lev	0.693	0.179	3.86	0.000***
Dual	－0.923	0.085	－10.83	0.000***
Condir	0.348	0.631	0.55	0.581
Numdir	0.237	0.020	11.67	0.000***
HHI	0.318	0.264	1.20	0.228
Growth	－0.166	0.041	－4.07	0.000***
常数项	－8.520	0.613	－13.91	0.000***
R－squared	0.11			

注：依据有放回的一对一近邻匹配法检验协变量对处理变量的影响，*、**、*** 分别表示在 10%、5% 和 1% 的显著水平。

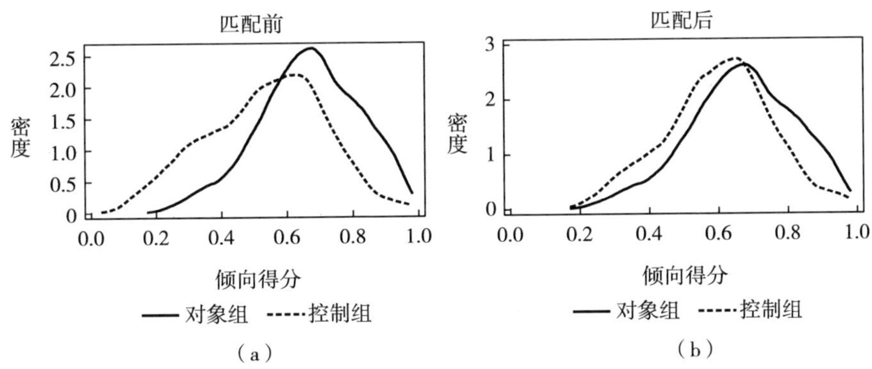

图 5－2　倾向得分核密度

二　描述性统计

表 5－4 为主要变量的描述性统计结果，分别报告了匹配前后国有

表 5 – 4　　描述性分析

Panel A：变量描述性统计

			Equity	Perk	ROA	Size	Lev	Dual	Numdir	Condir	HHI	Growth
匹配前	国企	平均值	0.00	–1.91	0.03	22.33	0.51	0.10	9.57	0.36	0.08	0.17
		中位数	0.01	–1.90	0.03	22.06	0.53	0	9	0.33	0.03	0.11
		标准差	0.16	0.73	0.05	1.43	0.19	0.30	1.97	0.05	0.12	0.40
	非国企	平均值	–0.00	–2.29	0.05	21.47	0.37	0.34	8.44	0.37	0.08	0.21
		中位数	–0.00	–2.24	0.04	21.36	0.36	0	9	0.33	0.02	0.14
		标准差	0.16	0.77	0.05	0.98	0.21	0.47	1.60	0.05	0.12	0.44
匹配后	国企	平均值	0.00	–1.91	0.03	22.33	0.51	0.10	9.57	0.36	0.07	0.17
		中位数	0.00	–1.91	0.03	22.07	0.53	0	9	0.33	0.03	0.11
		标准差	0.14	0.73	0.05	1.43	0.19	0.30	1.97	0.05	0.11	0.40
	非国企	平均值	0.00	–2.27	0.05	21.46	0.37	0.32	8.40	0.37	0.07	0.21
		中位数	0.00	–2.23	0.04	21.37	0.35	0	9	0.33	0.02	0.14
		标准差	0.16	0.75	0.05	0.90	0.19	0.47	1.42	0.05	0.11	0.43

Panel B：匹配前后关键指标的差异性检验

	匹配前			匹配后		
	均值差异	T 值	P 值	均值差异	T 值	P 值
Equity	0.009	2.102	0.036**	0.004	0.891	0.373
Equity_ in	–0.008	–2.136	0.033**	0.007	1.843	0.065*
Equity_ ex	0.027	3.584	0.000***	0.001	0.167	0.867
Perk	0.071	5.123	0.000***	0.246	1.47	0.135

注：Panel A 为匹配前后国企、非国企样本中主要变量的描述性统计结果；Panel B 通过数据的均值差异性检验，分别展示实验组和控制组数据间差异。

企业和非国有企业的薪酬公平性、在职消费、公司价值指标以及主要控制变量的平均值、中位数与标准差。从 Panel A 的描述性统计可知，与非国有企业相比，无论是在匹配前还是匹配后的样本中，国有企业的高管薪酬公平性、在职消费的平均值和中位数均略高一些，说明国有企业高管薪酬的公平性、在职消费均高于非国有企业高管。在其他指标中，国有企业的公司规模、董事会规模稍微高于非国有企业，但非国有企业的成长性却略高于国有企业。为解决可能存在的内生性及选择偏误等问题，我们基于 PSM - DID 方法匹配国有企业和非国有企业，Panel B 检验了“限薪令”前国有企业和非国有企业高管薪酬公平性、在职消费的均值差异性检验。结果表明，匹配前，国有企业和非国有企业的在职消费存在显著的差异性；匹配后，无论是高管薪酬公平性还是在职消费均不存在显著的差异性，说明样本间不存在非随机的选择偏误问题。

表 5 - 5 列示了变量间相关性分析，其中左下角为 Pearson 相关性分析结果，右上角为 Spearman 相关性分析结果。从表中可以观察出：高管薪酬公平性（*Equity*）与公司价值（*ROA*）之间存在显著正相关关系，无论是 Pearson 系数还是 Spearman 系数，都通过了显著性检验，这一现象说明随着公司高管薪酬水平与行业高管平均薪酬的接近，薪酬外部公平性产生了正向的价值激励效应。在职消费（*Perk*）与公司价值（*ROA*）之间显著负相关，并且在两者相关性分析结果中，这种负相关现象均存在，说明我国上市公司高管在职消费行为造成了公司价值的损失，产生了价值规制效应。在职消费与高管薪酬公平性显著正相关，说明随着我国高管薪酬公平性的提升，在职消费行为将会被加强。此外，分析结果中的变量间关系系数均低于 0.6，不存在多重共线性关系，变量间的相关性也非常合理、直观。

三　实证分析

（一）高管薪酬管制政策直接效应的实证检验

我们分别观测高管薪酬管制政策对薪酬公平性和在职消费的影响。通过倾向评分匹配的双重差分法（PSM - DID）检验了国有企业和非国有企业间的指标差异，并进一步将国有企业细分为中央企业（以下简称央企）和地方国有企业（以下简称地方国企）。

表 5－5　　相关性分析

	ROA	*Equity*	*Perk*	*Size*	*Lev*	*Dual*	*Numdir*	*Condir*	*Growth*
ROA	1	0.020***	−0.104*	0.043***	−0.027***	0.006*	−0.045***	−0.007***	0.018***
Equity	0.001*	1	0.073***	0.204***	0.133***	−0.085***	0.167***	0.010	0.020**
Perk	−0.056***	0.107***	1	−0.389***	−0.381***	0.099***	−0.109***	0.018*	−0.135***
Size	0.020**	−0.048***	−0.390***	1	0.439***	−0.106***	0.260***	0.080***	0.044***
Lev	−0.376***	−0.026*	−0.382***	0.458***	1	−0.082***	0.136***	0.021**	0.073***
Dual	0.020**	0.011***	0.103***	−0.094***	−0.084***	1	−0.141***	0.078***	−0.014
Numdir	0.045***	−0.054***	−0.114***	0.222***	0.118***	−0.151***	1	−0.381***	0.007
Condir	−0.039***	−0.010	0.029***	0.033***	0.009	0.070***	−0.420***	1	−0.010
Growth	0.316***	−0.053***	−0.127***	0.059***	0.053***	0.01	0.030***	−0.021**	1

注：左下角为 Pearson 分析，右上角为 Spearman 分析。***、**、*分别表示在 1%、5%、10% 的水平显著。

表 5－6　　　　高管薪酬管制政策直接效应回归

	全样本			分样本			
	国企和非国企			央企和非国企		地方国企和非国企	
	Equity	*Equity_in*	*Equity_ex*	*Equity_in*	*Equity_ex*	*Equity_in*	*Equity_ex*
	(1)	(2)	(3)	(4)	(5)	(6)	(7)
Treat × Post	0. 008	0. 015 *	0. 001	0. 010	－0. 009	0. 018 **	0. 008
	(0. 83)	(1. 95)	(0. 08)	(0. 84)	(－0. 34)	(2. 03)	(0. 40)
Treat	－0. 002	－0. 026 ***	0. 021	－0. 011	0. 057 **	－0. 032 ***	0. 010
	(－0. 26)	(－3. 88)	(1. 42)	(－1. 10)	(2. 56)	(－4. 29)	(0. 57)
Post	0. 052 ***	－0. 027 **	0. 130 ***	－0. 028	0. 105 ***	－0. 027 *	0. 207 ***
	(2. 98)	(－1. 99)	(4. 26)	(－1. 62)	(2. 78)	(－1. 81)	(6. 13)
Size	－0. 007 **	0. 001	－0. 014 ***	0. 000	－0. 010 *	0. 000	－0. 012 **
	(－2. 48)	(0. 35)	(－2. 98)	(0. 08)	(－1. 85)	(0. 04)	(－2. 24)
Lev	0. 031 **	0. 022 **	0. 040	0. 032 **	0. 025	0. 020 *	0. 026
	(2. 19)	(2. 01)	(1. 60)	(2. 26)	(0. 80)	(1. 67)	(0. 93)
Dual	0. 025 ***	0. 016 ***	0. 034 ***	0. 019 ***	0. 056 ***	0. 019 ***	0. 037 ***
	(4. 08)	(3. 39)	(3. 14)	(3. 20)	(4. 23)	(3. 85)	(3. 29)
Numdir	0. 006 ***	0. 003 **	0. 009 ***	0. 003	0. 011 ***	0. 004 ***	0. 011 ***
	(3. 56)	(2. 31)	(3. 02)	(1. 58)	(3. 02)	(2. 63)	(3. 31)
Condir	0. 037	0. 001	0. 073	0. 024	0. 122	0. 019	0. 140
	(0. 73)	(0. 01)	(0. 83)	(0. 45)	(1. 06)	(0. 45)	(1. 44)
HHI	0. 037	0. 059	0. 015	0. 073	0. 048	0. 066	－0. 026
	(0. 74)	(1. 53)	(0. 17)	(1. 55)	(0. 46)	(1. 64)	(－0. 28)
Growth	0. 002	－0. 002	0. 007	－0. 001	0. 012 **	－0. 002	0. 009 *
	(0. 89)	(－1. 14)	(1. 51)	(－0. 43)	(2. 10)	(－0. 89)	(1. 65)
Constant	0. 017	－0. 036	0. 070	－0. 036	0. 003	－0. 028	－0. 004
	(0. 29)	(－0. 78)	(0. 67)	(－0. 62)	(0. 02)	(－0. 57)	(－0. 03)
Industry/Year	控制	控制	控制	控制	控制	控制	控制
N	10564	10564	10564	6937	6937	8709	8709
R－squared	0. 096	0. 157	0. 142	0. 160	0. 149	0. 147	0. 148

注：该表整合了模型（5－5）中有关公平性的回归结果，括号中报告的回归系数为相应的 t 值，*、**、*** 分别表示在 10%、5% 和 1% 的显著水平。

表5-6报告了PSM-DID方法检验模型（5-5）中高管薪酬管制政策对薪酬公平性的影响结果。前三列为全样本下薪酬公平性双重差分检验结果，并将薪酬公平性细分为内部公平性和外部公平性。对比国有企业和非国有企业的结果显示，薪酬管制政策（*Treat*×*Post*）与高管薪酬公平性（*Equity*）的回归系数为0.008，但不存在显著性；我们进一步观测高管薪酬管制政策对内部公平性和外部公平性的影响，发现薪酬管制政策与薪酬内部公平性的回归系数为0.015，且在10%的水平上显著正相关；薪酬管制政策与薪酬外部公平性的回归系数为0.001，正相关但不显著。说明薪酬管制政策仅提升了上市公司内部薪酬公平性，且薪酬管制政策对内部公平性和外部公平性的影响效果间存在差异。接下来，我们将国有企业按照最终实际控制人分为中央企业和地方国有企业，其中列（4）、列（5）为央企检验结果，列（6）、列（7）为地方国企检验结果，控制组不变，仍为非国有企业。综合观测列（4）至列（7）的结果发现，薪酬管制政策并没有提升中央企业的薪酬公平性，高管薪酬管制政策对薪酬内部公平性的提升作用仅体现在地方国有企业中。薪酬管制政策对高管薪酬内部公平性、外部公平性的影响差异，主要原因在于内部公平性体现的是企业高管与员工间薪酬差距，同一企业全体成员对薪酬管制政策的执行力不存在较大差异，然而，不同企业对高管薪酬管制政策的落实能力不同，伴随着“内部劳动力”市场的存在，高管与高管间的薪酬外部公平会因薪酬攀比行为受到影响，进而干扰薪酬管制政策对外部公平性的实施效果。造成薪酬管制政策对央企、地方国企效果差异的原因在于：央企高管薪酬原本就存在一定的公平性，在管制政策前后并未产生薪酬公平性的较大变化，此外，随着上市公司高管薪酬管制强度的增加，不同公司间高管薪酬也会出现相互攀比的现象，致使外部公平性被同群效应所影响。

（二）高管薪酬管制政策溢出效应的实证检验

依照表5-6的检验思路，表5-7列示了薪酬管制政策对高管在职消费的影响结果，检验我国高管薪酬管制政策的溢出效应。结果显示，在全样本回归中高管在职消费（*Perk*）的双重差分结果并不显著，检验薪酬管制政策与在职消费关系在不同类型公司中的差异后发现，薪酬管制政策提升了地方国企高管的在职消费行为，且在5%的水平上显著正相关，而薪酬管制政策并没有对央企高管的在职消费产生影响。可见，薪酬激励并不必然解决代理问题，薪酬政策的制定与执行也有可能滋生代理问题。在职消费作为显性激励的一个主要替代方式，在宏观环境发生变化时，不同层级的国有企业间存在效果差异。这可能是由于中央企业隶属于中央管理，相应部门对在职消费的监管力度更大，而地方国有企业在监管上存在分散化、力度小等缺陷，致使高管更容易通过在职消费进行隐性激励。

表 5－7　　　高管薪酬管制政策溢出效应的回归

	全样本	分样本	
	国企和非国企	央企和非国企	地方国企和非国企
Treat × *Post*	0.045 (1.44)	0.013 (0.37)	0.081** (1.97)
Treat	－0.022 (－0.77)	－0.014 (－0.37)	－0.016 (－0.55)
Post	0.157*** (3.60)	－0.092 (－1.56)	－0.049 (－1.00)
Size	－0.165*** (－26.02)	－0.154*** (－18.62)	－0.185*** (－23.70)
Lev	－0.639*** (－17.26)	－0.803*** (－17.00)	－0.692*** (－16.81)
Dual	0.055*** (3.39)	0.031 (1.64)	0.063*** (3.79)
Numdir	0.020*** (4.79)	0.024*** (4.27)	0.023*** (4.84)
Condir	0.683*** (5.27)	0.982*** (5.95)	0.586*** (3.93)
HHI	－0.095 (－0.74)	－0.013 (－0.08)	－0.095 (－0.68)
Growth	－0.180*** (－11.74)	－0.174*** (－9.27)	－0.184*** (－10.85)
Constant	1.392*** (9.94)	1.067*** (5.83)	1.799*** (10.33)

续表

	全样本	分样本	
	国企和非国企	央企和非国企	地方国企和非国企
Industry/Year	控制	控制	控制
N	10564	6937	8709
R - squared	0.299	0.294	0.290

注：该表整合了模型（5-5）中有关在职消费的回归结果，括号中报告的回归系数为相应的t值，*、**、***分别表示在10%、5%和1%的显著水平。

（三）高管薪酬管制政策对公司价值影响的实证检验

前文结合我国高管薪酬管制政策这一宏观事件，发现薪酬管制会提升地方国有企业的内部公平性，并加强地方国企高管的在职消费行为。国有企业在政府管制的背景下，高管薪酬激励机制会发生变动。为进一步观测高管薪酬管制政策的有效性，我们将通过薪酬公平性、在职消费路径，检验高管薪酬管制政策对公司价值的影响，并考察相应的激励效应或规制效应。

表5-8整合了模型（5-6）中有关薪酬公平性的回归结果。在模型中，我们运用PSM-DID方法分析公平性对公司价值的影响，进而研究薪酬管制政策对公平性与公司价值间关系的调节作用。表5-7中的列（1）、列（2）、列（3）是有关薪酬公平性的逐步检验结果，列（4）、列（5）和列（6）、列（7）为内部公平性、外部公平性分别在央企和地方国企中的分样本检验。通过薪酬公平性的逐步回归，发现我国国有企业中的高管薪酬公平性促进了公司价值的产生，回归系数均在10%的水平上显著正相关，表明薪酬公平性存在价值激励效应；但薪酬管制政策与薪酬公平性的交乘项（*Treat* × *Post* × *Equity*）系数为负，且在10%的水平上显著，说明随着薪酬管制政策的实施，薪酬公平性对公司价值的激励效应得到了弱化。为进一步解释高管薪酬管制政策对公司价值的真实影响，我们通过分样本再次检验内部公平性、外部公平性的价值激励效应及高管薪酬管制政策的调节作用。通过将国企分为央企和地方国企后的子样本回归结果显示，在央企和非国有企业的对比分析中，内部公平性（*Equity_in*）和公司价值（*ROA*）的回归系数为

0.013，在5%的水平上显著正相关；但外部公平性（*Equity_ex*）和公司价值（*ROA*）间正相关但不显著；在地方国有企业和非国有企业的对比分析中，我们依然发现了内部公平性（*Equity_in*）对公司价值（*ROA*）的激励作用，尚未观测到外部公平性（*Equity_ex*）对公司价值（*ROA*）的影响。且未发现高管薪酬管制政策对薪酬公平性价值激励效果的强化作用。结果发现，无论是央企还是地方国企样本中，薪酬公平性的价值激励效应仅来源于内部薪酬公平性，外部薪酬公平性对公司价值虽有促进作用但不显著，高管薪酬管制政策对薪酬公平性的价值激励的强化作用均不显著。说明高管薪酬管制政策对公平性的价值激励效应仅体现在内部公平性上。可能的原因在于，外部的薪酬管制会迫使不同公司间高管薪酬相互比较，甚至引发企业间高管薪酬的相互攀比，导致很多高管出于攀比而引发薪酬膨胀，不利于企业价值创造。

表5-8　高管薪酬管制政策对薪酬公平性的价值激励效应影响

	全样本			分样本			
	国企和非国企			央企和非国企		地方国企和非国企	
	(1)	(2)	(3)	(4)	(5)	(6)	(7)
Equity	0.004 (0.90)	0.004 (0.92)	0.008* (1.67)				
Treat × Post × Equity			-0.016* (-1.76)				
Equity_in				0.013** (2.08)		0.016*** (2.67)	
Treat × Post × Equity_in				-0.038 (-1.63)		0.010* (1.89)	
Equity_ex					0.001 (0.32)		0.002 (0.74)
Treat × Post × Equity_ex					0.010 (1.13)		-0.014** (-2.36)
Treat × Post		0.004 (1.44)	0.004 (1.56)	0.002 (0.59)	0.003 (0.66)	0.004** (2.10)	0.005* (1.81)
Treat		-0.006*** (-2.89)	-0.006*** (-2.89)	-0.004 (-1.13)	-0.004 (-1.21)	-0.007*** (-2.99)	-0.008*** (-3.21)

续表

	全样本			分样本			
	国企和非国企			央企和非国企		地方国企和非国企	
	(1)	(2)	(3)	(4)	(5)	(6)	(7)
Post		0.010**	0.009**	0.016***	0.016***	0.008	0.007
		(2.16)	(2.04)	(2.95)	(2.85)	(1.58)	(1.41)
Size	0.007***	0.007***	0.007***	0.005***	0.006***	0.006***	0.006***
	(9.70)	(9.84)	(9.84)	(6.60)	(6.64)	(8.23)	(8.21)
Lev	-0.080***	-0.079***	-0.079***	-0.078***	-0.078***	-0.079***	-0.079***
	(-21.97)	(-21.90)	(-21.87)	(-17.20)	(-17.16)	(-19.91)	(-19.74)
Dual	0.001	0.001	0.001	0.002	0.002	0.001	0.001
	(0.78)	(0.49)	(0.44)	(0.85)	(0.95)	(0.65)	(0.80)
Numdir	0.001	0.001	0.001	-0.000	-0.000	0.001**	0.001**
	(1.30)	(1.35)	(1.27)	(-0.34)	(-0.23)	(2.01)	(2.09)
Condir	-0.023*	-0.024*	-0.026**	-0.026	-0.024	-0.019	-0.020
	(-1.78)	(-1.89)	(-1.97)	(-1.53)	(-1.41)	(-1.39)	(-1.44)
HHI	-0.020	-0.022*	-0.022*	-0.053***	-0.053***	-0.021	-0.020
	(-1.59)	(-1.69)	(-1.70)	(-3.49)	(-3.45)	(-1.60)	(-1.53)
Growth	0.009***	0.008***	0.008***	0.009***	0.009***	0.009***	0.009***
	(12.17)	(12.04)	(12.03)	(11.31)	(11.25)	(11.90)	(11.82)
Constant	-0.071***	-0.069***	-0.068***	-0.042**	-0.044**	-0.060***	-0.060***
	(-4.70)	(-4.56)	(-4.50)	(-2.22)	(-2.32)	(-3.63)	(-3.61)
Industry/Year	控制	控制	控制	控制	控制	控制	控制
N	10564	10564	10564	6937	6937	8709	8709
R - squared	0.192	0.194	0.195	0.201	0.200	0.200	0.199

注：括号中报告的回归系数为相应的 t 值，*、**、*** 分别表示在 10%、5% 和 1% 的显著水平。

表 5-9 列示了模型（5-6）中有关在职消费指标的回归结果。在模型中，我们运用 PSM-DID 方法分析在职消费对公司价值的影响，进而观测薪酬管制政策对在职消费与公司价值间关系的调节作用。表 5-9 中进行了国有企业的全样本分析和分样本分析，数据显示，我国国有企业中的高管在职消费行为损害了公司价值，相关回归系数均在 1% 的水平上显著负相关，表明高管在职消费存在价值规制效应，且无论央企还

是地方国企，在职消费的价值规制效应均显著存在。随着薪酬管制政策的实施，薪酬管制政策与在职消费的交乘项（*Treat* × *Post* × *Perk*）系数依然为负，且在1%的水平上显著，说明随着薪酬管制政策的实施，在职消费对公司价值的规制效应得到了强化。由于利益不一致，信息不对称等问题的存在，致使企业高管会产生道德风险和逆向选择。在职消费是企业高管在行使职权过程中发生的由企业承担的消费，会在一定程度上成为企业高管"帝国建造"的手段，损害企业发展，薪酬管制政策的实施助长了国企高管的在职消费行为，进而加剧了在职消费对企业价值的损害。

表5-9　　高管薪酬管制政策对在职消费的价值抑制效应检验

	全样本			分样本	
	逐步回归			央企和非国企	地方国企和非国企
	(1)	(2)	(3)	(4)	(5)
Perk	-0.002***	-0.002***	-0.004***	-0.003***	-0.003***
	(-3.09)	(-3.33)	(-5.65)	(-3.91)	(-4.43)
Treat × *Post*		0.005**	0.021***	0.029***	0.015***
		(2.41)	(5.93)	(5.48)	(3.88)
Treat × *Post* × *Perk*			-0.007***	-0.011***	-0.004***
			(-5.61)	(-5.78)	(-3.09)
Treat		-0.011***	-0.013***	-0.014***	-0.014***
		(-6.15)	(-6.67)	(-5.87)	(-7.11)
Post		-0.011***	-0.012***	0.008**	0.009***
		(-3.63)	(-4.04)	(1.97)	(2.78)
Size	0.009***	0.010***	0.011***	0.011***	0.013***
	(20.96)	(22.02)	(24.77)	(18.76)	(24.46)
Lev	-0.121***	-0.118***	-0.116***	-0.109***	-0.115***
	(-49.16)	(-47.13)	(-46.01)	(-33.74)	(-41.80)
Dual	0.001	-0.000	-0.000	-0.002*	-0.001
	(1.19)	(-0.26)	(-0.42)	(-1.66)	(-0.61)
Numdir	0.000	0.001*	0.000*	0.000	0.001***
	(0.71)	(1.91)	(1.67)	(0.91)	(3.79)

续表

	全样本			分样本	
	逐步回归			央企和非国企	地方国企和非国企
	(1)	(2)	(3)	(4)	(5)
Condir	-0.041*** (-4.68)	-0.041*** (-4.70)	-0.041*** (-4.73)	-0.046*** (-4.15)	-0.025** (-2.49)
HHI	-0.008 (-0.91)	-0.010 (-1.18)	-0.010 (-1.21)	-0.036*** (-3.35)	-0.018* (-1.95)
Growth	0.026*** (25.62)	0.026*** (24.87)	0.027*** (25.74)	0.027*** (21.53)	0.026*** (22.79)
Constant	-0.138*** (-15.05)	-0.146*** (-15.58)	-0.162*** (-16.97)	-0.155*** (-12.40)	-0.216*** (-18.59)
Industry/Year	控制	控制	控制	控制	控制
N	10564	10564	10564	6937	8709
R - squared	0.259	0.263	0.265	0.244	0.276

注：该表整合了模型（5-6）中有关在职消费影响公司价值的回归结果，括号中报告的回归系数为相应的t值，*、**、***分别表示在10%、5%和1%的显著水平。

四 稳健性检验

为进一步保证实证结果的可靠性，本章做了以下两种方式的稳健性检验，最终的检验结果总体上没有改变原有的结论。

（一）排除制度变迁与类似政策干扰

2012年12月14日，习近平总书记主持召开中共中央政治局会议，审议并通过中央政治局关于改进工作作风、密切联系群众的八项规定。其中涉及的“招待、宴请和生活待遇”等限制性规定不可避免地对从中央到地方的国有企业产生影响，该禁令减少了国有企业业务招待费，使薪酬管制政策对在职消费的影响可能存在“噪声”。为排除类似政策的干扰，我们剔除了2013—2015年的样本，保留2005—2012年的样本进行重新检验。表5-10列示了干扰政策剔除后的薪酬管制政策效果检验、薪酬管制政策与公司价值关系检验。回归数据表明，薪酬管制政策提升了高管薪酬内部公平性，且薪酬管制政策大体上仅体现于地方国有企业中，回归系数均在不低于5%的水平上显著，但薪酬管制政策并未提升央企外部公平性；同时，薪酬管制政策加强了地方国企高管的在职消费行为。此外，我们证实薪酬管制政策的实施，强化了公平性对公司价值的激励效应，同时强化了在职消费的价值规制效应。

表5-10　稳健性检验——剔除干扰政策

	央企和非国企			地方国企和非国企		
	(1)	(2)	(3)	(4)	(5)	(6)
Equity_in	0.012* (1.83)			0.013** (2.22)		
Treat×Post×Equity_in	-0.054** (-2.05)			0.003 (0.15)		
Equity_ex		0.004 (1.02)			0.007* (1.86)	
Treat×Post×Equity_ex		0.011 (0.86)			-0.025*** (-2.96)	
Perk			0.001 (0.77)			0.000 (0.32)
Treat×Post×Perk			0.008* (1.86)			0.001 (0.42)
Treat×Post	0.004 (0.86)	0.004 (0.76)	0.021** (2.09)	0.005 (1.33)	0.006 (1.61)	0.008 (1.00)
Treat	-0.003 (-1.03)	-0.004 (-1.13)	-0.004 (-1.09)	-0.008*** (-3.05)	-0.008*** (-3.26)	-0.008*** (-3.20)
Post	0.015*** (2.66)	0.015** (2.55)	0.015*** (2.58)	0.009* (1.80)	0.007 (1.39)	0.009* (1.72)
Size	0.006*** (5.43)	0.007*** (5.50)	0.007*** (5.61)	0.007*** (7.12)	0.007*** (7.25)	0.007*** (7.09)
Lev	-0.087*** (-13.78)	-0.087*** (-13.81)	-0.085*** (-13.37)	-0.086*** (-16.00)	-0.085*** (-15.92)	-0.084*** (-15.37)
Dual	0.003 (0.91)	0.003 (0.94)	0.003 (1.11)	0.002 (1.03)	0.002 (1.05)	0.003 (1.21)

续表

	央企和非国企			地方国企和非国企		
	(1)	(2)	(3)	(4)	(5)	(6)
Numdir	0.000 (0.02)	0.000 (0.04)	0.000 (0.11)	0.001 * (1.68)	0.001 (1.59)	0.001 * (1.74)
Condir	-0.007 (-0.29)	-0.007 (-0.28)	-0.007 (-0.28)	-0.032 * (-1.73)	-0.037 ** (-1.98)	-0.033 * (-1.77)
HHI	-0.040 ** (-2.06)	-0.037 * (-1.89)	-0.036 * (-1.87)	-0.012 (-0.78)	-0.009 (-0.59)	-0.010 (-0.61)
Growth	0.010 *** (8.78)	0.010 *** (8.64)	0.010 *** (8.87)	0.009 *** (9.81)	0.009 *** (9.69)	0.009 *** (9.72)
Constant	-0.070 *** (-2.68)	-0.072 *** (-2.77)	-0.076 *** (-2.90)	-0.075 *** (-3.38)	-0.075 *** (-3.39)	-0.078 *** (-3.49)
Industry/Year	控制	控制	控制	控制	控制	控制
N	3090	3090	3090	3929	3929	3929
R-squared	0.213	0.211	0.212	0.219	0.221	0.217

注：表5-10为剔除2013—2015年样本后的薪酬管制政策效果结果，整合了央企和地方国企样本中内部公平性、外部公平性以及在职消费的双重差分检验结果。括号中的回归系数为相应的t值，*、**、***分别表示在10%、5%和1%的显著水平。

（二）改变公司价值衡量指标

我们用净资产收益率替换上文中的公司价值指标总资产收益率。在不改变其他指标和样本的基础上，再次分析薪酬管制政策对公平性、在职消费的影响，以及公平性（在职消费）对公司价值的作用。其中表5-11整合了薪酬管制政策与公司价值间关系的回归结果，依照公平性、在职消费不同路径进行逐步回归，回归数据与上文结果一致。

表5-11　　在职消费的价值规制

	央企和非国企			地方国企和非国企		
	(1)	(2)	(3)	(4)	(5)	(6)
Equity_in	-0.012 (-0.43)			0.004 ** (2.02)		

续表

	央企和非国企			地方国企和非国企		
	(1)	(2)	(3)	(4)	(5)	(6)
Treat × Post × Equity_in	0.019 (0.18)			1.336** (2.12)		
Equity_ex		−0.017 (−1.27)			0.010 (0.11)	
Treat × Post × Equity_ex		0.042 (1.08)			−0.803*** (−4.03)	
Perk			0.004 (0.72)			−0.050 (−1.44)
Treat × Post × Perk			−0.009 (−0.64)			−0.095 (−1.35)
Treat × Post	0.023 (1.31)	0.019 (1.07)	0.004 (0.13)	0.117 (1.18)	0.134 (1.37)	0.294 (1.63)
Treat	−0.029* (−1.95)	−0.028* (−1.89)	−0.029* (−1.95)	−0.016 (−0.19)	−0.015 (−0.19)	−0.013 (−0.16)
Post	0.025 (0.98)	0.028 (1.11)	0.025 (1.01)	0.017 (0.11)	0.029 (0.18)	0.038 (0.23)
Size	0.011*** (2.85)	0.011*** (2.83)	0.011*** (2.90)	−0.012 (−0.47)	−0.013 (−0.52)	−0.001 (−0.04)
Lev	0.031 (1.47)	0.030 (1.45)	0.033 (1.57)	0.280** (2.11)	0.300** (2.27)	0.347** (2.55)
Dual	0.009 (1.05)	0.010 (1.13)	0.009 (1.00)	−0.018 (−0.33)	−0.015 (−0.29)	−0.017 (−0.32)
Numdir	0.002 (0.73)	0.002 (0.82)	0.002 (0.65)	0.013 (0.81)	0.012 (0.80)	0.009 (0.55)
Condir	−0.114 (−1.46)	−0.109 (−1.40)	−0.118 (−1.51)	−0.210 (−0.45)	−0.269 (−0.58)	−0.295 (−0.63)
HHI	−0.098 (−1.40)	−0.100 (−1.43)	−0.097 (−1.39)	1.205*** (2.74)	1.193*** (2.72)	1.233*** (2.80)
Growth	0.045*** (11.70)	0.045*** (11.76)	0.045*** (11.70)	0.039 (1.56)	0.038 (1.54)	0.044* (1.75)

续表

	央企和非国企			地方国企和非国企		
	(1)	(2)	(3)	(4)	(5)	(6)
Constant	-0.164* (-1.90)	-0.168* (-1.94)	-0.163* (-1.89)	-0.002 (-0.00)	0.038 (0.07)	-0.108 (-0.19)
Industry/Year	控制	控制	控制	控制	控制	控制
N	6937	6937	6937	8709	8709	8709
R-squared	0.085	0.086	0.085	0.035	0.040	0.036

注：表5-11为用净资产收益率替换原有价值指标后的高管薪酬管制政策效果，整合了中央企业和地方国企样本下内部公平性、外部公平性以及在职消费指标的双重差分检验结果。括号中报告的回归系数为相应的t值，*、**、***分别表示在10%、5%和1%的显著水平。

第六节　研究结论

在缓解社会收入分配差距过大的问题上，通常认为政府干预应在再分配领域发挥更大的作用，但是，国有企业高管身份的“模糊性”和国有企业市场职能的“二重性”，使政府机制在国有企业高管收入初次分配阶段不可缺失，薪酬管制已成为我国政府的制度安排之一。薪酬管制不仅会影响高管薪酬水平，还会波及高管的行为选择。在国有企业改革深入的制度背景下，本章依据2009年薪酬管制政策的推出作为准自然实验，实证检验薪酬管制政策的有效性，具体表现为，薪酬管制政策对高管薪酬公平性和在职消费的影响，进而探索这两条路径下，薪酬管制政策对公司价值的影响。本章结论主要有三点：①2009年实施的薪酬管制政策基本实现了薪酬干预效果，在国有企业中，薪酬管制显著提升了高管薪酬内部公平性，经过观察不同类型公司对管制政策效果的影响，发现薪酬管制政策对公平性提升的有效性仅存在于地方国有企业。②薪酬管制政策实施以后，地方国企高管的在职消费行为显著上升，表明地方国企高管会通过隐性激励弥补货币激励的不足。③在探究薪酬管制政策对公司价值影响的效应上，本章发现薪酬管制政策强化了地方国有企业中高管薪酬内部公平性的价值激励效应，同时薪酬管制政策强化了在职消费行为的价值规制效应。

本章的政策含义主要是两个方面。一方面，国有企业处于半市场化和半行政化之间，兼具营利性和服务性，为促使企业实现经济目标的同时兼顾社会目标，薪酬管制政策下，高管薪酬公平性的提升证实了我国国企目标的多元化，与此同时，为避免高管在薪酬平均化时会通过在职消费、腐败等行为弥补货币薪酬的不足，上市公司应赋予高管更多的剩余索取权，力争高管以股东价值最大化为目标经营上市公司，在一定程度上减弱代理人的自利行为，完善公司治理结构。另一方面，不同的薪酬激励方式会对公司价值产生不同的效应，薪酬管制这种“一刀切”式的管理方式，公平性的价值激励效应会在一定程度上被在职消费的价值规制效应所减弱，因此，我国国有企业应建立合理的薪酬激励机制，并在央企和地方国企间形成差异化。

第六章　高管薪酬政策综合效果的实证研究

第一节　引言

如果把社会财富比作一个大蛋糕，那么如何在把蛋糕“做大”的同时“分好”一直是困扰社会的关键问题，无论是社会学家还是涉及社会收入分配的其他研究学者，均试图探究效率和公平间有效结合的途径。目前，效率和公平关系仍然是经济、社会发展过程中最难把握的问题之一。社会收入作为关系社会和谐、经济稳步发展的关键，有关社会收入分配的效率和公平问题显得更为重要，事实证明，伴随着社会发展和进步，为达到解放生产力、消除收入两极分化等目的，我国社会政府从未忽视社会收入分配中的效率和公平问题。纵观我国社会主义制度的发展，在不同的历史时期，党和政府根据实际情况提出了“效率优先，兼顾公平”“效率与公平并重”及“优势互补、协调发展”等收入分配理论，可见，效率和公平的关系会因社会环境、制度背景的变化而变化。20 世纪 80 年代，为发展生产力、打破计划经济时期的“大锅饭”分配的僵局，党中央初次提出“效率优先，兼顾公平”的指导方针，此后，该方针又在多次党中央会议中被肯定、强化。20 年的效率和公平处理方针经历成效显著至问题初显的过程，适当的收入差距充分调动了社会收入分配的激励作用，有助于经济增长，随着收入差距超出合理范围后，非均衡的社会收入分配反而挫伤了大多数劳动者的经济性，严重影响了整体的社会经济发展。结合实际情况，党中央及相关政府部门重新考虑效率和公平关系，调整社会收入分配方案，制订出在坚持效率优先的同时力争分配公平的方案，政策方针加大对社会公平的关注力度，把保证社会公平正义摆在了更加突出的位置。社会公众也越来越关心自身收入与类似职位人员薪酬比较，社会上不和谐、不公平的声音越来越高，为积极回应社会公平所关切的问题，党的十七大、十八大进一步深化对收入分配政策的认识。强调“要把合理的收入分配制度作为社会公平的重要体现，初次分配和再次分配都要处理好效率和公平的关系，再分配要更加注重公平”，努力创建一个和谐发展、共同进步的社会局面。通过梳理我国社会收入分配的理论可以发现，效率和公平在不同的历史舞台中此消彼长的辩证关系调控国家政策思想，对国家社会收入分配、经济发展、社会稳定具有重要的指导意义。

效率与公平是衡量企业高管薪酬分配合理程度的两大标准。但是，给定社会资源预算约束，两者会存在目标替代关系，有时甚至会发生冲突。在我国转型经济的大环境下，制约高管薪酬的政策不断下发，以提升薪酬业绩敏感的高管薪酬披露政策和以促进薪酬分配公平性的高管薪酬管制政策相继下发，前文在考察某一种政策的有效性时总是假定另一种政策是外生的，可现实生活中，不同的高管薪酬政策间的相互影响是不可避免的。那么，在综合考虑高管薪酬披露政策和管制政策时，上市公司高管薪酬激励中的效率和公平性间存在什么关系？目前，国内探讨效率与公平关系的规范研究文献较多，但从实证研究的角度分析企业薪酬激励效率与公平性的文献却仍有待补充，将企业薪酬激励效率与分配公平结合起来进行系统研究更是欠缺，为本章检验提供了契机。

基于此，以我国上市公司 2005—2015 年 A 股非金融行业的上市公司为研究样本，首先运用理论模型推导我国高管薪酬政策中效率与公平间关系；然后，实证检验不同的样本下，高管薪酬公平性（包含内部公平性和外部公平性）与高管薪酬业绩敏感性间具体关系，为我国高管薪酬政策综合效果检验提供证据；最后，探讨不同类型公司、不同政策环境下，高管薪酬政策效果间关系的变化。研究结果表明，我国上市公司中薪酬公平性与薪酬业绩敏感性间是相互补充关系，且这种关系主要来源于内部公平性。通过将上市公司分为央企、地方国企、非国有企业后，我们观测到了内部公平性与薪酬业绩敏感性间的显著正相关关系仅存在于地方国有企业中；非国有企业中，外部公平性反而降低了薪酬业绩敏感性。进一步研究发现，随着薪酬管制政策的实施，新增了央企的内部公平性对薪酬业绩敏感性的促进作用，但制约了地方国有企业薪酬公平性与薪酬业绩敏感性间关系，维持了非国有企业中外部公平性对薪酬业绩敏感性的降低作用。

可能的贡献主要在于：从现实意义上看，本章研究了高管薪酬激励效率与高管薪酬公平性间关系，为高管薪酬激励效率与公平性间关系提供了实证研究证据，同时，研究发现两者关系在不同产权性质、薪酬政策等方面的差异，为完善我国上市公司高管激励机制提供了方向，丰富了上市公司高管薪酬宏观治理研究。从理论意义上看，已有文献研究了高管薪酬披露政策和高管薪酬管制政策对高管薪酬激励、公司价值的影响，但均没有关注不同薪酬政策效果间的关系，结合不同的高管薪酬政策，分析了高管薪酬披露政策效果和高管薪酬管制政策效果间的关系，深化了已有薪酬激励方面的研究。

本章接下来的部分安排如下：第二部分为文献回顾及评述；第三部分为相关理论基础及研究假设；第四部分介绍检验模型及样本选取；第五部分展现实证检验分析结果；第六部分阐述结论及其启示。

第二节　文献回顾及理论推导

目前，我国探讨效率与公平关系的规范研究文献较多，但从实证研究的角度分析社会收入分配效率与公平性的文献仍需补充，落脚于微观企业的高管薪酬分配效率与薪酬公平性关系研究更有待丰富。我们将以我国上市公司高管薪酬政策的实施为契机，探讨上市公司高管薪酬效率与薪酬公平性间关系，为我国上市公司高管薪酬政策效果间关系提供证据。

一　相关文献回顾

（一）薪酬业绩敏感性与薪酬公平性关系

效率和公平是各个领域研究的重要话题，哲学家常以唯物辩证的观点解释两者间关系，提出效率和公平间存在既对立又统一的关系，社会中不存在绝对的效率和绝对的公平，效率是公平的物质基础，而公平又是效率质量的有效体现。但更多的学者试图通过实际研究探讨效率与公平间的关系，但有关两者关系的话题至今仍争论不休。美国经济学家奥肯（1999）明确提出效率和公平之间存在替代关系，在强调效率的时候必然会以公平为代价，同理，在关注公平时必定会牺牲社会效率。基于著名的“倒U假说”，有的学者则提出不同于奥肯的观点，认为在不同经济发展时期，效率和公平之间关系会发生变化，具体表现为，在经济初期效率和公平协调发展，共同促进社会经济发展，伴随着经济的快速发展，两者间矛盾不断扩大，之后又恢复正常，这种观点似乎更符合实际。贾艳琴和蒋涛（2007）提出效率与公平在很多领域被视为一对矛盾体，但在薪酬管理体系中，效率与公平相互依存，缺一不可。夏雪花（2011）以马克思主义分配理论为基础，采用规范分析与实证研究相结合的方法，对企业薪酬分配效率与公平的结合程度以及经济后果进行分析，认为我国薪酬分配效率与公平的相结合程度比较合理，可以产生较好的微观效果和宏观效果。邓沛琦和黄贻芳（2014）将公平与效率虚拟为两个基本的讨价还价参与人进行博弈定性分析，以资本与劳动为谈判视角，从效率与公平之间的博弈定性分析了两者交互选择所损失的机会成本，并通过建立替换模型，从两者之间直接替换策略入手进行定量分析，探讨了两者之间替换的有效路径，提出了替换选择所损失的社会成本。王雅芬和刘志新（2017）探讨了收入分配问题中公平与效率的辩证统一关系，提出应努力建立公平和效率间的良性互动与动态平衡，公平与效率同等重要，二者是辩证统一的，没有不公平的效率，也没有低效率的公平。张馨予（2017）运用自助抽样和聚类分析方法，对我国多省市卫生资源配置和服务供给的公平和效率平衡情况进行评价，发现我国卫生资源配置和服务供给公平与效率仍需改善。

（二）政策对薪酬业绩敏感性与公平性间关系影响

企业中高管薪酬契约的制定基于市场有效理论，未考虑政府干预对高管薪酬激励的影响，随着政府政策对高管薪酬治理的宏观治理，政府、市场、企业三个层面成为共同影响高管薪酬激励效率的因素。黄再胜和曹雷（2008）提出政府的宏观干预实际上制约了董事会制定高管薪酬的定薪权，同时剥夺了高管进行薪酬谈判的权力，从而使基于代理理论的激励政策主张缺乏必要的制度前提而无法得到有效实施。我们认为，要合理解释转型期低效的薪酬制度安排为什么会持续存在，Main等（1993）、Itoh（2004）给出了看似合理的解释。近年来行为合约理论的兴起与发展为高管薪酬政策的存在提供了必要的分析工具和崭新的理论视角。由于效率和公平间关系自动调整的滞后性，在相对低效的资本市场下，政府作为辅助市场调整的有效方式，必定会对市场中的效率和公平关系产生影响。在我国经济由计划经济向市场经济转轨期，政府干预伴随着政府以社会公众利益为目标的影响，政府的目标函数在于保证社会整体效益的最大化，在参与市场调整时兼顾经济效率和社会公平。在转型期国企高管薪酬制度改革面临着一个不容忽视的社会性约束，即在探索和实施能够有效激励国企高管薪酬方案的同时，也不得不考虑防止国企高管薪酬水平与其他利益群体收入差距拉得过大，以免引起社会公众不满，进而威胁社会稳定（黄再胜和王玉，2008）。具体到企业激励实践，代理人履约时会展现出一种社会偏好，即不仅会考虑自我利益，而且也关注其自身行为对他人福利带来的影响（Rabin，2002；List，2004）。

梳理高管薪酬激励效率与薪酬公平间关系的文献后，我们发现：

首先，关于社会收入效率与公平间关系的文献散乱地分布于多个学科，涉及高管薪酬激励效率与公平间关系的文献却很少，且通过规范分析、模型推导等定性分析，通过实证方法检验高管薪酬激励效率与公平间关系的文献还亟须补充，两者关系的检验方法还有待进一步完善。

其次，随着学者对宏观政策越来越关注，从单一政策考察高管薪酬激励的文献层出不穷，例如探讨高管薪酬披露政策对薪酬激励效率的影响，或检验高管薪酬管制政策对薪酬差距的影响。但结合不同的薪酬政策，考察我国高管薪酬政策综合效果的文献还有待丰富。

最后，结合薪酬政策的目标及规范对象，我们将我国上市公司细分为央企、地方国企和非国有企业，分别从内部公平性、外部公平性两个视角详细考察高管薪酬公平性与薪酬业绩敏感性间的关系，并观测各分样本间两者的关系差异，为我国上市公司高管薪酬政策效果间关系提供实证检验支持。

二 理论推导

（一）模型假设

从宏观角度上看，政府政策作为一种社会契约，在社会分配中的效率和公平关系中具有重要作用。效率和公平间关系实际上是经济增长和收入分配间的权衡问题，现借鉴邓沛琦和黄贻芳（2014）的研究模式，假设效率和公平均是资本和劳动力的函数，即只有资本和劳动力会影响效率和公平，由此构建隐函数如下：

$$V = f_1(K, L)$$
$$U = f_2(K, L) \tag{6-1}$$

假设 V 代表效率的公司价值，U 代表公平的公司价值；U、V 共同组成公司总效用函数；K 代表资本，L 代表劳动力。$\overline{V}$，（U）则表示在一个组织内实行宏观政策的机会成本，相应地，（V，U）表示社会契约下的博弈效用集合。判定一个政策是否可行、有效，需要满足三个既定条件。

首先，政策契约必须满足效用成本标准，实施的政策从拟订到出台必须满足效用大于成本的条件：$\overline{V} \geqslant (\overline{V})$，$U \geqslant (U)$，同时政策实施的有关的个人也需满足效用成本标准。

其次，政策契约必须是可行的：（V，U）$\in S$，即它存在于合作空间。

最后，这个政策契约必须是可供选择中最优的，即为帕累托最优模式，产生（V'，U）$\geqslant$（V，U）形式。

当一个组织中仅考虑效率和公平所带来的效用总和时，可在两种约束条件下考察综合效用的最大化。第一，在满足公平效用 U 不小于公平机会成本 $\overline{U}$ 时，考察效率效用 V 的最大化；第二，在满足效率效用 V 不小于效率机会成本 $\overline{V}$ 时，考察公平效用 U 的最大化。公式如下所示：

$$\max V, \ sj: \ U \geqslant \overline{U}$$
$$\max U, \ sj: \ V \geqslant \overline{V} \tag{6-2}$$

在效率和公平的效应组合中，也存在极端情况，如只考虑效率模式下的效用及只考虑公平模式下的效用，在实际生活中甚至可以发现以上极端情况的实例。在世界上的一些国家仅向公民提供维持生计的物资，政府被资本效率所捕获，这属于只考虑效率的极端情形；另外，在社会主义国家（中华人民共和国成立前的中国），政府代表全民的利益，公平在这种情形下显得尤为重要，这代表了政府只考虑公平的极端情况。一般意义上，都是效率和公平共同存在，政府在考虑效率的同时兼顾社会公平。

（二）效率与公平的关系博弈

为进一步观测效率与公平间关系，我们假设公平是效率的函数，即两者之间存在联系。假设 $U=P(V)$，$[(V, V_{max}]$ 至 $[\overline{U}, U_{max}]$ 和 $[U_{max}, V_{max}]$ 表示大于机会成本的可行空间下，在社会契约曲线上效率和公平效用的总和。同时假定 $P(V)$ 是连续函数，且有效边界如公式（6-3）所示：

$$\frac{dU}{dV}=P'(V) \tag{6-3}$$

公式（6-3）列示了效率与公平间的价值替代，即组织牺牲一单位的效率效用会带来多少的公平效用变化，同时还需参与者愿意以这个价格比进行交易。公平与效率之间的具体价格比依据博弈双方的价格谈判，通过公式（6-4）可以发现两者关系博弈的均衡解。

$$P'(V)=-\frac{(U^*-\overline{U})}{V^*-\overline{V}} \tag{6-4}$$

式（6-4）是对组织中效率和公平关系博弈结果的细化，其中公平和效率之间的价格比 $P'(V)$ 可表示为公平和效率可行空间下的替代效果。某一个政策下公平和效率的机会成本分别表示为 $\overline{U}$、$\overline{V}$。公平和效率的公司价值可行路径分别表示为 U^*、V^*。通过公式（6-4）我们可以发现，在保持其他条件不变的情况下，U^*、V^* 中任一项增大时，均会导致替代效果 $P'(V)$ 的下降，说明在某一体制下单纯地追求公平或效率都不利于两者间的价值转换；而当机会成本 $\overline{U}$ 和 $\overline{V}$ 增大时，替代效果 $P'(V)$ 则会上升，说明机会成本是效率和公平替代效率的重要影响指标，机会成本越大越有利于公平与效率之间的价值交换，此外，机会成本在一定程度上影响了宏观政策的实施价值。

（三）效率与公平关系模型定量分析

为了更直观地观测效率和公平间关系，基于两者间的关系模型我们运用定量分析进一步检验效率和公平间的替代路径。在公式（6－4）的基础上我们加入宏观政策，检验政策实施对效率和公平关系的深入影响，如公式（6－5）所示。

$$\max f(V, U) = (U - \overline{U})^{\beta}(V - \overline{V})^{1-\beta} \tag{6-5}$$

其中，β 表示有关公平政策的实施力度，$1-\beta$ 则代表了有关效率的政策实施可行度，通过对公式（6－5）进行一阶求导后得到公式（6－6）。

$$\frac{(U - \overline{U})^{\beta}}{(V - \overline{V})^{1-\beta}} = -\frac{\beta}{1-\beta}\frac{U'}{V'} \tag{6-6}$$

$\beta/(1-\beta)$ 为公平与效率政策实施力度的对比值，设 $\beta/(1-\beta) = \alpha$。则可将模型简化为：

$$\frac{U}{V} = -\alpha[U'/V'] \tag{6-7}$$

基于包络定理可知：$U/V = \alpha$。

假设公平政策是一个公共体系，所有的参与博弈均在该政策体系下追求效率，共有 N 个效率追求者。效率追求者之间的竞争函数为：

$$P = a - bV_N \tag{6-8}$$

其中，P 为效率追求者获得的收益，a 为社会的效率效用总量，b 为效率价值变动率。V_N 为 N 个效率追求者愿意投入的资源量。若效率效用的变动率（b）越大，则预示着效率追求者可能面临的不确定性越大，那么，效率追求者的净效用如公式（6－9）所示：

$$\pi_V = V_N(P - C) \tag{6-9}$$

从效率政策层面对公式（6－9）进行阐释，C 为效率政策实施所需的成本，π_V 可理解为效率政策变革所带来的社会净效用总和。那么，在效用政策实施的基础上纳入公平政策后的社会效用增加值可表示为：

$$\pi_U = NV_N(C - C_m) - (N-1)V_{N-1}(C - C_m) \tag{6-10}$$

其中，π_U 可以理解为公平体系下，政策所能造成的社会净效用总和，C_m 为公平政策的边际变动成本。

假设 N 个效率追求者之间会进行古诺博弈，效率追求者愿意投入的资源量则由公式（6－8）计算可得：

$$V_N = \frac{a - C}{(N+1)b} \tag{6-11}$$

由公式（6－11）可知，在保持其他指标不变的前提下，社会的效应总量（a）越大，效率追求者会更愿意投入更多资源量（V_N），而当效率追求者愿意投入的资源量增多时，也会抑制社会中效率追求者之间的博弈情况。在效率追求者愿意投入的资源量不变的情况下，若社会效率的总量越大，则会有更加多的效率追求者参加博弈；若效率价值变动率越大，愿意参加博弈的效率追求者越少。可见，劳动力与资本之间是趋利避害的，过分的竞争或者过多的投入可能导致两败俱伤，或得不偿失，必须保持适当的水平才能维持两者之间的均衡。

而效率追求者的收益，可由公式（6－8）、公式（6－11）计算得到：

$$P=\frac{a+NC}{N+1} \tag{6-12}$$

公式（6－12）显示，若在分析某一要素时假定其他条件不变，则社会所包容的效率（a）和投入效率的成本（C）能够促进可获得的收益（P）。这在一定程度上验证了“有付出才有收获”“多劳多得”的投入产出关系。相反，社会中效率追求者（N）越多可获得的收益（P）则会减少。

为进一步探讨公平的公司效用，现将公式（6－8）、公式（6－11）代入公式（6－10）后可得：

$$\pi_U=(C-C_m)\frac{a-C}{bN(N+1)} \tag{6-13}$$

其中，C_m 为公平相关政策实施所造成的变动成本，公式（6－13）显示当公平政策成本较小时，政策实施后的社会效用（π_U）越大，这与我国当前的社会发展理念高度契合，追求稳中求发展。

若需通过探讨公平和效率间关系时，需将公式（6－8）、公式(6－10)、公式（6－11）代入公式（6－7），最终形式如下：

$$C=\frac{N\alpha-\alpha(N+1)C_m}{N+\alpha(N+1)} \tag{6-14}$$

公式（6－14）中的 α 为公平的重视程度，当 $\alpha=0$ 时，即代表社会完全重效率，所造成的社会成本为0，在这种不考虑公平的社会状态下，所有参与者高效参与社会经济发展，但这种无成本社会只是理想状态，潜在的成本尚未暴露。在文明社会中，各个参与者之间存在能力、文化等差异，彼此之间不可能无摩擦地高度契合。

若 $\alpha=1$ 时，我们可以理解为完全重视公平，公式（6－14）可简化为 $[N-(N+1)C_m]/(2N+1)$，可见，当社会完全重视公平时，公平政策的变动成本（C_m）是影响社会效用的关键要素，政府必须采取较大力度的实施方案才能降低社会成本，获得相应的实效。完全重视公平情况假定社会中劳动力即资本，两者的剩余价值完全一样，但这并不符合客观事实。因此，社会应兼顾效率和公平。由上述理论推导可知，效率和公平是社会效用的两大关键要素，在现实生活中，必须兼顾效率和公平，任何极端化的社会情形都不可能长久存在。

第三节　理论分析与研究假设

一　薪酬业绩敏感性与公平性理论分析

代理理论的一个基本假定是，代理人和委托人相互间是不信任的，都是为了使自己的利益最大化而进行博弈。然而，在实际生活中，行为合约理论认为人们不是绝对自利的。在企业实施激励合约过程中，代理人履约时会考虑自身利益及其行为将对他人利益产生什么影响，即表现出一种社会偏好（Rabin，2002；List，2004）。社会偏好主要包括利他倾向、期望互惠及不平等规避等。行为合约理论的主要贡献在于其不仅符合代理理论的合约逻辑，同时将社会偏好引入到委托人和代理人的效用函数中，主要分析代理行为的异质性，更深入地研究各种激励合约的特征（黄再胜，2008）。

总而言之，行为合约理论主要从两个方面展开。其一是基于意图法进一步发展的；其二是基于分配结果法进一步发展的（Itoh，2004）。意图法是基于 Rabin（1993）的心理博弈框架提出的，该方法通过将“公平”偏好引入到心理博弈函数中，发现了新的“公平均衡”。分配结果法是研究代理双方公平偏好对企业激励合约实施效率及其设计的影响。其中，由于 Hunnes（2009）所提模型的简便及操作性强，得以广泛适用。就企业激励的实际运用而言，这种不平等规避或公平偏好将对企业激励合约的制定及其实施效果产生重要影响。其一，可能对不平等规避的代理人产生参与约束效应，这是由于因其履约可能对其产生效用损失，即可能会相对于其他代理人的收入产生差距，因而通过参与条件约束需要委托人对其额外支付；其二，也可能对不平等规避的代理人产生激励效应，由于在条件一定的激励合约下，代理人将越来越努力工作从而避免自己的收入低于其他代理人（Aggarwal and Samwick，1999；Faulkender and Yang，2010）。最终，这种公平偏好将对企业激励合约的施行效果产生何种影响，取决于以上两种效应的相对大小。我国强调公平是社会主义价值观，与效率具有同等重要性，社会主义要实现的效率是以公平为目的的效率，要实现的公平是以效率为基础的公平（方盛举，2003）。我们提出以下假设：

H6－1：我国上市公司高管薪酬政策效果间存在互补关系。

二　政策对薪酬业绩敏感性与公平性间关系影响分析

作为公司治理中一项重要的机制，高管薪酬激励在缓解委托代理问题上发挥着至关重要的作用，已有关于高管薪酬激励有效性的文献也得出了比较丰富的研究成果。然而，相关文献的研究主要基于西方成熟的资本市场，对于高管薪酬有效性的研究一旦脱离特定制度背景，就会变得毫无意义，尤其是对于我国新兴加转轨的资本市场而言。我国法律环境比较薄弱，政府干预有利于高管薪酬契约的实施。政府干预普遍存在于我国经理人市场上，尤其是国有企业中，政府干预行为显著影响公司内部治理机制（如董事会、股权制衡、薪酬激励等）作用的发挥。国务院证券委员会于1993年4月发布的《股票发行与交易管理暂行条例》，到2017年出台的《中央管理企业主要负责人薪酬制度改革方案》无一不影响企业高管薪酬。根据我国高管薪酬政策的目标，我们将相关政策划分为薪酬披露政策和薪酬管制政策，主要目标分别为提高薪酬业绩敏感性和提升社会收入分配公平性，前文分别考察了独立政策的有效性，那么在综合多维政策后，高管薪酬政策效果间是如何影响的？2005—2009年我国仅实行了高管薪酬披露政策，旨在提升高管薪酬业绩敏感性，2009年以后，随着薪酬管制政策的下发，国有企业在考虑高管薪酬激励效率的同时，将致力于缩小收入差距，提高薪酬公平性，我们认为，在不同的政策实施时期，薪酬业绩敏感性与公平性间关系会存在差异。因此，提出以下假设：

H6－2：不同薪酬政策时期，高管薪酬政策效果间关系会发生变化。

第四节　研究数据与模型设计

一　数据和样本

本章样本选择与第五章基本相同，选择中国沪深两市 A 股上市公司 2005—2015 年样本，对样本进行筛选的原则如下：①剔除金融行业的上市公司；②剔除主要财务数据、公司治理数据缺失的公司；③剔除主要指标数据缺失的样本公司；④剔除考察时间内产权性质发生变动的样本公司。为消除极端值的影响，对主要变量在 1% 和 99% 的水平上进行缩尾处理。最终得到 10449 个公司年样本数据，按照最终实际控制人分为国有企业（5381）和非国有企业（5068），其中央企 1798 个样本、地方国企 3583 个样本。本章使用的主要财务数据均来自国泰安（CSMAR）数据库，股权性质数据来自色诺芬数据库（CCER）。使用的统计软件为 Stata14. 0。

二　变量定义

（一）薪酬业绩敏感性

以高管薪酬与公司业绩之间的敏感性作为高管薪酬契约有效性的代理变量，根据 Jensen 和 Murphy（1990）的识别方法，结合我国特点考虑一个最简单的模型：

$$\Delta Comp_{i,t} = \alpha_0 + \alpha_1 \Delta ROA_{i,t} + \alpha_2 Controlvaliables_{i,t} + \mu \qquad (6-15)$$

其中，$\Delta Comp_{i,t}$是上市公司前三名高管薪酬的一阶差分；$\Delta ROA_{i,t}$为公司绩效的一阶差分，$Comp_{i,t}$等于上市公司前三名高管薪酬总额的自然对数，$ROA_{i,t}$等于净利润除以期末平均总资产。其他控制指标的定义参见上文。参数 α_1 反映了高管薪酬随公司净利润变动而变动的程度，即薪酬业绩敏感性。模型中的价值指标均已按照居民价格消费指数（2015＝100）进行了调整。

（二）薪酬公平性

综合已有文献，我们参照吴联生等（2010）、步丹璐等（2010）的计算方法，通过高管特征模型（6－16）残差计算内部薪酬公平性；通过公司特征模型（6－17）残差计算外部薪酬公平性；进而分别赋予内部公平性、外部公平性适当权重，依据模型（6－18）计算综合公平性指标。具体模型计算如下：

$$Ratio\_exe/Ratio\_emp = \beta_0 + \beta_1 Employee_{i,t} + \beta_2 Turnover_{i,t} + \beta_3 Education_{i,t} + \beta_4 Tenure_{i,t} + \varepsilon \quad (6-16)$$

$$Comp_{i,t} = \beta_0 + \beta_1 Size_{i,t} + \beta_2 MB_{i,t} + \beta_3 Risk_{i,t} + \beta_4 Freecash_{i,t} + \beta_5 Growth_{i,t} + \beta_6 Industry + \varepsilon \quad (6-17)$$

$$Equity_{i,t} = w_1 \times Residual_{(1)} + w_2 \times Residual_{(2)} \quad (6-18)$$

我们首先对薪酬模型进行分年度分行业回归，再将所得到的估计系数代入薪酬决策模型，得到的残差 ε 即为公司高管薪酬的薪酬公平性。其中，模型（6－16）的残差即内部薪酬公平性，表示为 $Equity\_in$；模型（6－17）的残差即外部薪酬公平性，表示为 $Equity\_ex$；模型（6－18）中所计算的 $Equity_{i,t}$ 为上市公司综合公平性指标。

其他控制指标定义均参见上文，变量定义参见表 6－1 所示。

表 6－1　　变量定义

变量名称	变量符号	变量定义
薪酬公平性	*Equity*	由模型（6－18）计算而得
内部公平性	*Equity_ in*	为模型（6－16）的残差
外部公平性	*Equity_ ex*	为模型（6－17）的残差
高管薪酬变化	*Comp*	上市公司前三名高管薪酬总额自然对数的一阶差分
普通员工薪酬	*Comp1*	上市公司应付薪酬减去高管薪酬后的自然对数
公司价值变化	*ROA*	净利润除以期末平均总资产的一阶差分
公司规模	*Size*	公司期末总资产的自然对数
资产负债率	*Lev*	期末总负债/期末总资产
两职合一	*Dual*	如果董事长兼任总经理，则取值为 1，否则为 0
独立董事比例	*Condir*	公司独立董事人数/董事会人数
董事会规模	*Numdir*	公司董事会人数

续表

变量名称	变量符号	变量定义
成长性	*Growth*	营业收入增长率
行业集中度	*HHI*	$\sum$（企业市场规模/企业所属行业的总市场规模）
职工人数	*Employee*	上市公司职工人数的自然对数
是否离职	*Turnover*	发生高管离职，取值为1，否则为0
教育水平	*Education*	高管的教育水平，1为中专及中专以下水平，2为大专水平，3为本科水平，4为硕士研究生水平，5为博士研究生水平，6为其他
任职期限	*Tenure*	上市公司高管任职年限的自然对数
账市比	*MB*	账面价值与市场价值的比值
公司风险	*Risk*	上市公司前三年净资产收益率的标准差
自由现金流	*Freecash*	经营现金流量减去折旧摊销、新增投资剩余的自然对数
行业	*Industry*	行业虚拟变量，根据《上市公司行业分类指引》（2012年版），制造业取二位代码

三　模型设计

为更直观地观测高管薪酬业绩敏感性和公平性间的关系，本章将高管薪酬效率指标和公平性指标同时纳入同一方程中，值得一提的是，为观测高管薪酬激励效率和公平性间关系的同时，分析两者对公司价值的影响，我们以公司价值作为被解释变量。这并不影响我们对薪酬业绩敏感性的分析以及对结果的检验。

$$\Delta ROA_{i,t} = \beta_0 + \beta_1 \Delta Comp_{i,t} + \beta_2 Equity_{i,t} + \beta_3 \Delta Comp_{i,t} \times Equity_{i,t} + \beta_4 Size_{i,t} + \beta_5 Lev_{i,t} + \beta_6 Dual_{i,t} + \beta_7 Numdir_{i,t} + \beta_8 Condir_{i,t} + \beta_9 Growth_{i,t} + \beta_9 HHI_{i,t} + \varepsilon \quad (6-19)$$

其中，被解释变量为公司价值的代理变量，分别用总资产收益率 ΔROA 表示，我们主要关注交乘项（$\Delta Comp \times Equity$）的回归系数，观测薪酬公平性对薪酬业绩敏感性的影响。同时控制公司规模（*Size*）、财务杠杆（*Lev*）、两职合一（*Dual*）、董事会规模（*Numdir*）、独立董事占比（*Condir*）、成长性（*Growth*）、行业集中度（*HHI*）。此外，为了控制年度和行业因素的影响，方程回归中加入了年度虚拟变量和行业虚拟变量。

第五节 实证结果与分析

一 描述性统计

支持效率与公平两者同等重要的学者认为，效率和公平两者缺一不可。党的十七大报告中也明确提出无论是初次分配还是再次分配都要兼顾效率与公平。本书的第四章和第五章的研究结果表明薪酬分配效率与公平对微观经济后果均具有显著的作用。为了进一步探究薪酬分配效率与公平相结合程度和两者共同的经济后果，以 2005—2015 年度 A 股非金融公司为初选样本，基于内部薪酬公平性、外部薪酬公平性等指标为标准分组，然后进行描述统计与对比分析，具体分组情况以及统计结果如表 6-2 所示。

表 6-2　　薪酬业绩敏感性与薪酬公平性的分组比较结果

	Panel A：内部公平性（*Equity_in*）											
	Equity_in≤p25			p25 < *Equity_in* < p50			p50 < *Equity_in* < p75			*Equity_in*≥p75		
	第（1）组			第（2）组			第（3）组			第（4）组		
	mean	sd	media	mean	sd	media	mean	sd	media	mean	sd	media
Δ*Comp*	0.13	0.29	0.08	0.13	0.30	0.09	0.13	0.28	0.09	0.19	0.34	0.14
Δ*ROA*	0.00	0.04	0.00	0.00	0.04	0.00	0.01	0.04	0.00	0.00	0.04	0.00
Equity_in	-0.07	0.12	-0.07	-0.01	0.13	0	0.01	0.14	0.02	0.08	0.17	0.08
	Panel B：外部公平性（*Equity_ex*）											
	Equity_ex≤p25			p25 < *Equity_ex* < p50			p50 < *Equity_ex* < p75			*Equity_ex*≥p75		
	第（1）组			第（2）组			第（3）组			第（4）组		
	mean	sd	media	mean	sd	media	mean	sd	media	mean	sd	media
Δ*Comp*	0.08	0.30	0.06	0.13	0.27	0.09	0.14	0.29	0.10	0.22	0.30	0.15
Δ*ROA*	0.01	0.04	0.00	0.01	0.04	0.00	0.00	0.04	-0.00	0.00	0.04	-0.00
Equity_ex	-0.18	0.10	-0.16	-0.04	0.06	-0.05	0.05	0.06	0.04	0.17	0.09	0.15

注：表中分别依据内部公平性（*Equity_in*）、外部公平性（*Equity_ex*）指标进行四分位分组，其中 *Equity*≥p75，表示高管薪酬分配极度公平；p50 < *Equity* < p75 表示高管薪酬分配相对公平；p25 < *Equity* < p50 表示高管薪酬分配相对不公平；*Equity*≤p25 表示高管薪酬分配极度不公平。

表6-2为高管薪酬分配效率与公平性间关系描述，我们分别根据薪酬内部公平性和外部公平性指标进行四分位分组，详细观测不同分位下薪酬业绩敏感性与薪酬公平性间的关系，其中Panel A为以高管薪酬内部公平性指标（*Equity_in*）的分组结果，Panel B为以高管薪酬外部公平性（*Equity_ex*）的分组结果。在内部公平性指标分析中，第（1）组数据显示在内部薪酬公平性相对较低（$Equity\_in \leqslant p25$）的情况下，高管内部薪酬公平性均值为-0.07，相应的高管薪酬水平变化的均值为0.13，公司业绩变化的均值为0.00；随着高管内部薪酬公平性的提升（$p25 < Equity\_in < p50$），高管薪酬一阶差分均值依然维持在0.13，公司业绩一阶差分的均值也没有发生变化；在高管薪酬内部公平性相对较高组（$p50 < Equity\_in < p75$），高管薪酬一阶差分的均值不变但公司业绩一阶差分的均值增加为0.01；在高管薪酬分配极度公平组（$Equity\_in \geqslant p75$），高管薪酬一阶差分的均值最高。说明随着我国高管薪酬内部公平性的加剧，薪酬水平不断攀升，高管薪酬与公司业绩间的关系也初显相关性，为后续研究奠定基础。在高管外部薪酬公平性指标分析中，第（1）组数据显示在高管薪酬公平相对较低（$Equity\_ex \leqslant p25$）的情况下，薪酬外部公平性均值为-0.18，相应的高管薪酬水平变化的均值为0.08，公司业绩变化的均值为0.01；随着高管薪酬外部公平性的提升（$p25 < Equity\_ex < p50$），高管薪酬一阶差分的均值提升为0.13，公司业绩一阶差分均值依然维持在0.01；在高管薪酬外部公平性相对较高组（$p50 < Equity\_ex < p75$），高管薪酬水平持续增加，一阶差分的均值升为0.14，但公司业绩几乎没有变化；在高管薪酬分配极度公平组（$Equity\_ex \geqslant p75$），高管薪酬水平为外部公平性指标分组中的最大值，公司业绩基本不变。可见，无论依据内部薪酬公平性还是外部薪酬公平性，均发现随着高管薪酬公平性的增加，高管薪酬水平不断攀升，公司业绩稍微上升但变化不明显，薪酬公平性对薪酬业绩敏感性的影响需进一步验证。

为防止主要指标间存在多重共线性，表6-3对模型中的各变量进行了相关性检验，为了让相关性分析结果更加稳健，按照惯例我们既计算了Pearson相关性系数，也计算了Spearman相关性系数，Pearson、Spearman相关检验结果分列于表6-3的左下角和右上角。从表6-3中

表 6-3 相关性分析

	ΔROA	$\Delta Comp$	*Equity*	*Size*	*Lev*	*Dual*	*Numdir*	*Condir*	*Growth*
ΔROA	1	0.228***	0.020*	-0.001***	-0.305***	-0.011*	0.084***	-0.054***	0.231**
$\Delta Comp$	0.178***	1	0.346***	0.468***	0.046***	0.038***	0.082***	0.023	-0.003***
Equity	0.000	0.443***	1	0.025***	0.009***	0.064***	0.021***	0.009*	-0.030*
Size	-0.031**	0.502***	0.041***	1	0.419***	-0.036***	0.136***	0.003***	0.051
Lev	-0.303***	0.055***	0.014	0.423***	1	-0.019***	0.022***	0.005**	0.102***
Dual	0.007	0.030*	0.067***	-0.040**	-0.015	1	-0.107***	0.070***	0.007
Numdir	0.063***	0.119***	0.029*	0.179***	0.035**	-0.108***	1	-0.483***	0.024**
Condir	-0.041***	-0.020	0.001	0.020	0.007	0.055***	-0.425***	1	-0.014
Growthh	0.158***	-0.01***	-0.002	0.009	0.068***	0.026*	-0.035**	0.031**	1

注：左下角为 Pearson 分析，右上角为 Spearman 分析；***、**、*表示在 1%、5%、10% 的水平上显著。

可以看出，无论是 Pearson 相关系数还是 Spearman 相关系数均显示高管薪酬一阶差分与公司业绩一阶差分间存在显著的正相关关系；此外，因高管薪酬公平性的计算源于薪酬决策模型，使高管薪酬公平性与薪酬水平间存在较强的相关性，这是合理的；薪酬公平性指标在一定程度上促进了公司价值变化。综合观测，表 6－3 中的系数均小于 0.6，可见，主要指标间并不存在显著的多重共线性影响后续实证分析，各个控制变量之间的相关关系也没有显示出较强的多重共线性，基本排除了模型存在严重的线性相关关系的可能性。

二　实证分析

（一）薪酬业绩敏感与薪酬公平性关系研究

为观测高管薪酬政策效果间相互影响，我们在表 6－4 中列示了薪酬业绩敏感性与公平性关系的回归结果。我们观测了全样本下薪酬业绩敏感性和薪酬公平性间关系，列（1）首先检验了综合公平性与薪酬业绩敏感性间关系，列（2）、列（3）进一步观测了内部公平性、外部公平性对薪酬业绩敏感性的影响。数据显示，列（1）中高管薪酬水平变化（$\Delta Comp$）与公司业绩变化（ΔROA）间回归系数为 0.058，且在 1% 的水平上显著相关；综合公平性（*Equity*）与公司业绩一阶差分也在 1% 的水平上显著正相关，交乘项 $\Delta Comp \times Equity$ 回归系数为 0.010，且在 1% 的水平上显著。以上结果表明，我国上市公司中存在明显的薪酬业绩敏感性，随着薪酬公平性的提升，高管薪酬水平与公司业绩间的关联度增强，即薪酬公平性促进了薪酬业绩敏感性的提升。验证了假设 6－1。依照前文思路，我们进一步观测内部公平性和外部公平性对薪酬业绩敏感性的影响，试图深入剖析我国高管薪酬激励效率和薪酬公平性间关系。列（2）为内部公平性对薪酬业绩敏感性的影响结果，该列结果维持了薪酬业绩敏感性在 1% 的水平上显著的结论，回归系数为 0.014，进一步观测内部公平性与高管薪酬一阶差分的交乘项（$\Delta Comp \times Equity\_in$）系数可知，内部薪酬公平性在 1% 的水平上促进了我国上市公司高管薪酬业绩敏感性。列（3）为外部公平性对薪酬业绩敏感性的影响分析，遗憾的是，我们并未观测到外部公平性对公司价值变化的影响，也未发现外部公平性对薪酬业绩敏感性的促进作用。对比内部公平性、外部公平性指标回归结果后发现，随着我国对高管薪酬公平性的关注，薪酬业绩敏感性也明显提升，但进一步剖析两者间关系后发现，我国上市公司间存在的薪酬公平性与薪酬业绩敏感性间互补关系仅来源于内部公平性，即不同的指标界定会影响我国上市公司高管薪酬政策的综合效果。

表 6-4　　薪酬业绩敏感性与公平性关系分析

	(1)	(2)	(3)
ΔComp	0.058 ***	0.014 ***	0.120 ***
	(34.12)	(15.61)	(62.22)
Equity	0.347 ***		
	(7.32)		
ΔComp × Equity	0.010 ***		
	(2.85)		
Equity_in		0.100 ***	
		(16.87)	
ΔComp × Equity_in		0.007 ***	
		(4.00)	
Equity_ex			0.355
			(1.31)
ΔComp × Equity_ex			-0.006
			(-1.21)
Size	-0.013 ***	0.002 ***	-0.035 ***
	(-16.00)	(2.77)	(-42.55)
Lev	-0.045 ***	-0.073 ***	-0.011 ***
	(-13.55)	(-20.48)	(-4.00)
Dual	0.001	0.000	-0.001
	(1.08)	(0.01)	(-0.51)
Numdir	-0.000	0.000	-0.001 ***
	(-0.17)	(0.32)	(-2.74)
Condir	-0.022 *	-0.024 *	-0.017 *
	(-1.90)	(-1.91)	(-1.88)

续表

	(1)	(2)	(3)
HHI	-0.002	-0.020	0.003
	(-0.17)	(-1.57)	(0.28)
Growth	0.011***	0.009***	0.014***
	(17.34)	(13.27)	(27.67)
Constant	-0.420***	-0.158***	-0.782***
	(-25.02)	(-10.07)	(-49.65)
Industry/Year	控制	控制	控制
N	10449	10449	10449
R-squared	0.370	0.238	0.583

注：括号中报告的回归系数为相应的 t 值，*、**、*** 分别表示 10%、5% 和 1% 的显著水平。

为进一步观测薪酬公平性与薪酬业绩敏感性间关系在不同类型公司间差异，表 6-5 整合了央企、地方国企和非国企样本回归结果。列（1）、列（2）为央企样本的回归结果，高管薪酬水平一阶差分（$\Delta Comp$）的回归系数均在 1% 的水平上显著为正，内部公平性（*Equity_in*）的参考系数不显著，外部公平性（*Equity_ex*）的回归系数虽然显著为正，但我们并未观测到央企公平性与薪酬业绩敏感性间的互补关系。列（3）、列（4）为地方国企样本的回归结果，在验证该子样本中存在显著的薪酬业绩敏感性的基础上，内部公平性（*Equity_in*）的回归系数为 0.456，且在 5% 的水平上显著，交乘项（$\Delta Comp \times Equity\_in$）的回归系数也显著为正，说明地方国企中内部公平性促进了薪酬业绩敏感性；外部公平性（*Equity_ex*）的回归系数为 0.329，且在 1% 的水平上显著，交乘项（$\Delta Comp \times Equity\_ex$）的系数也显著为正，说明在地方国企中薪酬公平性与薪酬业绩敏感性间存在互补关系，进一步支持假设 6-1。列（5）、列（6）为非国企样本的回归结果，高管薪酬水平一阶差分（$\Delta Comp$）的系数均在 1% 的水平上显著正相关，内部公平性（*Equity_in*）的回归系数为正但不显著，也未发现内部公平性对薪酬业绩敏感性的进一步影响；外部公平性（*Equity_ex*）的回归系数在 1% 的水平上显著为负，交乘项（$\Delta Comp \times Equity\_ex$）的系数变为负数且显著，说明在非国有企业中，外部公平性降低了薪酬业绩敏感性。综上可知，我们观测到了薪酬公平性与薪酬业绩敏感性间的互补关系，同时发现了不同类型公司间薪酬政策综合效果的差异。

表 6－5　产权性质对薪酬业绩敏感性与公平性关系的影响分析

	央企		地方国企		非国企	
	(1)	(2)	(3)	(4)	(5)	(6)
ΔComp	0.023***	0.124***	0.013***	0.114***	0.014***	0.125***
	(8.92)	(26.46)	(7.75)	(35.75)	(11.09)	(45.21)
Equity_in	-0.410		0.456**		0.023	
	(-1.59)		(2.44)		(0.24)	
ΔComp × *Equity_in*	0.026		0.032**		0.001	
	(1.46)		(2.40)		(0.16)	
Equity_ex		0.257***		0.329***		-0.402***
		(4.71)		(8.90)		(-14.03)
ΔComp × *Equity_ex*		-0.001		0.005*		-0.008***
		(-0.27)		(1.93)		(-4.12)
Size	0.005***	-0.031***	0.007***	-0.032***	-0.000	-0.039***
	(2.77)	(-15.34)	(5.11)	(-21.73)	(-0.38)	(-33.35)
Lev	-0.079***	-0.014**	-0.066***	-0.002	-0.070***	-0.014***
	(-9.02)	(-1.99)	(-11.36)	(-0.49)	(-13.22)	(-3.50)
Dual	-0.007	-0.009*	-0.004	-0.002	-0.000	0.000
	(-1.14)	(-1.96)	(-1.54)	(-1.32)	(-0.17)	(0.05)
Numdir	-0.001	-0.004***	0.003***	0.001***	-0.000	-0.001**
	(-1.23)	(-4.86)	(3.68)	(2.63)	(-0.50)	(-2.02)
Condir	-0.023	-0.049*	-0.024	-0.013	-0.031	-0.026*
	(-0.66)	(-1.90)	(-1.26)	(-0.94)	(-1.61)	(-1.89)
HHI	-0.070	-0.014	0.034	0.022	-0.051***	-0.021*
	(-1.31)	(-0.36)	(1.41)	(1.28)	(-3.22)	(-1.86)
Growth	0.006***	0.012***	0.006***	0.012***	0.010***	0.015***
	(3.08)	(8.49)	(4.81)	(13.46)	(11.41)	(22.58)

续表

	央企		地方国企		非国企	
	(1)	(2)	(3)	(4)	(5)	(6)
Constant	-0.326***	-0.893***	-0.249***	-0.807***	-0.099***	-0.759***
	(-7.64)	(-22.53)	(-9.30)	(-31.93)	(-4.39)	(-33.39)
Industry/Year	控制	控制	控制	控制	控制	控制
N	1798	1798	3583	3583	5068	5068
R - squared	0.313	0.630	0.295	0.628	0.250	0.595

注：括号中报告的回归系数为相应的 t 值，*、**、*** 分别表示 10%、5% 和 1% 的显著水平。

（二）政策对薪酬业绩敏感性与公平性间关系影响研究

从最初的高管薪酬政策实施至今，已经历了 20 多年的发展历程。依据市场中高管薪酬激励所存在的问题，政府会通过不同的薪酬政策加以规制，而不同的薪酬政策对应着不同的政策目标。通过系统梳理我国上市公司高管薪酬相关政策后，发现有的政策以薪酬激励效率为目标，有的政策则更关注薪酬分配公平性，并根据薪酬政策的主要目标将其划分为薪酬披露政策和薪酬管制政策，政策目标分别聚焦于提升薪酬业绩敏感性和高管收入分配公平性。因此不同的政策实施时期，目标选择存在差异，会在一定程度上影响薪酬业绩敏感性和公平性间关系，我们预测不同的政策环境下，我国高管薪酬政策综合效果会发生变化。接下来，我们根据薪酬政策的颁布年份，将政策环境分为单一薪酬政策（2005—2009）和交叉薪酬政策（2010—2015），深入探讨不同的政策实施环境对薪酬业绩敏感性与公平性关系的影响。

1. 单一政策下薪酬业绩敏感性与薪酬公平性关系研究

相比于薪酬管制政策，我国高管薪酬披露政策颁布较早，修订版的《第 2 号准则》于 2005 年正式实施。因此，我们有必要先观测薪酬披露政策后至薪酬管制政策前，单一的薪酬披露政策实施环境下我国薪酬业绩敏感性与公平性间关系。

表 6－6 列示了单一的薪酬披露政策下，我国上市公司高管薪酬业绩敏感性和公平性关系的回归结果。我们依照前文思路将样本分为央

企、地方国企和非国企，分别观测不同分样本下回归结果间的差异。表 6-6 结果显示，在以提升薪酬业绩敏感性为主要治理目标的薪酬披露政策实施期，我国高管薪酬公平性基本上不会影响薪酬业绩敏感性，仅地方国企的内部公平性和非国有企业的外部公平性会对薪酬业绩敏感性产生影响，且不同情形下薪酬公平性与薪酬业绩敏感性间关系不同。具体表现为，在地方国企分样本下，高管薪酬一阶差分（$\Delta Comp$）与公司业绩一阶差分（ΔROA）间相关系数均在 1% 的水平上显著正相关，说明地方国企中存在显著的薪酬业绩敏感性。接下来，我们观测薪酬公平性对薪酬业绩敏感性的影响，发现内部公平性（$Equity\_in$）的系数为 0.494，且在 5% 的水平上显著，而外部公平性（$Equity\_ex$）的系数显著为负，说明即使在同一类型上市公司中，不同薪酬公平性指标会呈现不一样的公司价值关系。我们进一步观测相应的交乘项系数，仅发现了内部公平性和高管薪酬一阶差分交乘项（$\Delta Comp \times Equity\_in$）的系数在 5% 的水平上显著为正，表明地方国企的内部公平性促进了薪酬业绩敏感性，外部公平性不影响薪酬业绩敏感性。在非国有企业分样本组，我们观测到了外部公平性的回归系数在 1% 的水平上显著为负，而交乘项（$\Delta Comp \times Equity\_ex$）的系数显著为 -0.018，说明在非国有企业中外部公平性降低了薪酬业绩敏感性。这可能是因为，在非国有企业中，高管薪酬差距的存在更会激励高管努力工作，进而提升公司业绩敏感性。

表 6-6　　单一政策下薪酬业绩敏感性与薪酬公平性关系分析

	央企		地方国企		非国企	
	(1)	(2)	(3)	(4)	(5)	(6)
$\Delta Comp$	0.015***	0.116***	0.018***	0.112***	0.016***	0.135***
	(3.36)	(12.30)	(7.19)	(22.33)	(6.16)	(23.30)
$Equity\_in$	-0.073		0.494**		0.011	
	(-0.22)		(2.08)		(0.08)	
$\Delta Comp \times$	0.003		0.035**		-0.001	
$Equity\_in$	(0.14)		(2.02)		(-0.10)	

续表

	央企		地方国企		非国企	
	(1)	(2)	(3)	(4)	(5)	(6)
Equity_ex		-0.226*		-0.610***		-0.548***
		(-1.74)		(-8.45)		(-8.77)
Δ*Comp* × *Equity_ex*		-0.003		0.028		-0.018***
		(-0.30)		(1.26)		(-4.06)
Size	0.008*	-0.033***	0.010***	-0.030***	0.000	-0.047***
	(1.87)	(-7.17)	(4.50)	(-11.60)	(0.08)	(-17.18)
Lev	-0.095***	-0.019	-0.057***	-0.004	-0.072***	-0.001
	(-6.07)	(-1.50)	(-6.00)	(-0.49)	(-6.29)	(-0.16)
Dual	0.016	0.002	0.003	0.000	-0.003	-0.004
	(1.17)	(0.16)	(0.83)	(0.09)	(-0.57)	(-1.21)
Numdir	0.001	-0.002	0.003**	0.001	-0.001	-0.001
	(0.46)	(-1.10)	(2.31)	(1.08)	(-0.81)	(-1.08)
Condir	0.028	-0.048	-0.063*	-0.054**	-0.046	0.004
	(0.31)	(-0.73)	(-1.95)	(-2.35)	(-1.17)	(0.15)
HHI	-0.088	-0.037	-0.022	-0.014	0.014	-0.003
	(-0.72)	(-0.41)	(-0.75)	(-0.68)	(0.55)	(-0.18)
Growth	0.012***	0.018***	0.008***	0.014***	0.012***	0.017***
	(3.16)	(6.47)	(5.07)	(11.38)	(6.27)	(11.86)
Constant	-0.349***	-0.784***	-0.368***	-0.804***	-0.133***	-0.753***
	(-3.46)	(-9.43)	(-7.86)	(-19.93)	(-2.76)	(-16.91)
Industry/Year	控制	控制	控制	控制	控制	控制
N	629	629	1434	1434	760	760
R-squared	0.343	0.655	0.484	0.737	0.281	0.631

注：表6-6的研究时间为2005—2009年。括号中报告的回归系数为相应的t值，*、**、***分别表示10%、5%和1%的显著水平。

2. 交叉政策下薪酬业绩敏感性与薪酬公平性关系研究

人力资源和社会保障部等六部门于2009年联合颁布了《关于进一步规范中央企业负责人薪酬管理的指导意见》，这成为我国高管薪酬管制政策的里程碑。从2009年至今，为高管薪酬披露政策和管制政策的共同实施期，这个期间的上市公司既需要关注薪酬业绩敏感性的提升，又需兼顾高管薪酬分配的公平性。为更直观地检验不同薪酬政策效果间的相互影响，我们选取 2010—2015 年为交叉政策实施期，分析薪酬公平性对薪酬业绩敏感性的影响。

依据前文研究思路，表6－7 列示了薪酬披露政策与薪酬管制政策共同实施期，我国上市公司高管薪酬业绩敏感性和公平性间关系回归结果，且在不同的子样本分析中，我们均发现了薪酬业绩敏感性的存在。数据显示，列（1）、列（2）为央企样本的回归结果，内部公平性（*Equity_in*）的回归系数 1.092，且在 5% 的水平上显著，而交乘项（$\Delta Comp \times Equity\_in$）系数也显著为正，外部公平性（*Equity_ex*）的系数显著为负，但交乘项（$\Delta Comp \times Equity\_ex$）系数不显著。说明多维政策的实施期，增加了央企内部公平性对薪酬业绩敏感性的促进作用。值得注意的是，对比单一政策下薪酬公平性与薪酬业绩敏感性关系回归结果，我们发现多维政策实施期地方国企内部公平性对薪酬业绩敏感性的促进作用消失，但依然维持了非国有企业的外部公平性与薪酬业绩敏感性间的负相关关系。这可能是因为，我国高管薪酬管制政策的实施对象为国有企业，公平性在非国有企业中尚未发挥相应的正向作用。

表 6－7　　交叉政策下薪酬业绩敏感性与薪酬公平性关系

	央企		地方国企		非国企	
	(1)	(2)	(3)	(4)	(5)	(6)
$\Delta Comp$	0.028***	0.128***	0.009***	0.116***	0.014***	0.124***
	(8.74)	(22.78)	(3.98)	(27.63)	(9.38)	(38.80)
Equity_in	1.092**		0.511		0.020	
	(2.39)		(1.39)		(0.12)	
$\Delta Comp \times$	0.071**		－0.035		－0.001	
Equity_in	(2.24)		(－1.38)		(－0.06)	
Equity_ex		－0.150*		－0.251***		－0.361***
		(－1.89)		(－4.56)		(－10.07)
$\Delta Comp \times$		－0.009		－0.001		－0.005**
Equity_ex		(－1.57)		(－0.29)		(－2.16)

续表

	央企		地方国企		非国企	
	(1)	(2)	(3)	(4)	(5)	(6)
Size	0.004 *	-0.030 ***	0.006 ***	-0.032 ***	-0.001	-0.038 ***
	(1.79)	(-13.21)	(3.89)	(-17.72)	(-0.77)	(-28.76)
Lev	-0.074 ***	-0.014	-0.070 ***	-0.002	-0.067 ***	-0.019 ***
	(-6.92)	(-1.62)	(-9.75)	(-0.29)	(-11.13)	(-4.02)
Dual	-0.010	-0.009 *	-0.007 **	-0.004	0.001	0.001
	(-1.53)	(-1.86)	(-2.18)	(-1.48)	(0.31)	(0.88)
Numdir	-0.003 *	-0.005 ***	0.003 ***	0.001 *	0.000	-0.001
	(-1.79)	(-4.78)	(2.76)	(1.92)	(0.18)	(-1.62)
Condir	-0.059	-0.076 **	-0.001	-0.001	-0.024	-0.036 **
	(-1.47)	(-2.58)	(-0.03)	(-0.06)	(-1.10)	(-2.19)
HHI	-0.075	-0.049	0.005	0.006	-0.091 ***	-0.042 **
	(-1.07)	(-0.93)	(0.10)	(0.15)	(-3.66)	(-2.30)
Growth	0.004	0.010 ***	0.004 **	0.010 ***	0.010 ***	0.015 ***
	(1.56)	(5.60)	(2.12)	(7.65)	(9.71)	(19.10)
Constant	-0.336 ***	-0.951 ***	-0.199 ***	-0.864 ***	-0.082 ***	-0.793 ***
	(-6.48)	(-19.18)	(-5.82)	(-25.06)	(-3.14)	(-28.81)
Industry/Year	控制	控制	控制	控制	控制	控制
N	1169	1169	2149	2149	4308	4308
R - squared	0.347	0.643	0.248	0.600	0.256	0.595

注：表6-7的研究时间为2010—2015年。括号中报告的回归系数为相应的t值，*、**、***分别表示在10%、5%和1%的显著水平。

三　稳健性检验

为检验本章实证检验结果的稳健性，我们采取以下两种方式进行再次检验，表6-8、表6-9中仅展示了主要变量的稳健性检验结果。

（一）变换公司业绩的衡量指标

我们以净资产收益率（*ROE*）和主营业务收益率（*Opr*）为公司业绩的替代变量，其中净资产收益率等于净利润除以公司期末平均净资产，主营业务收益率等于主营业务利润除以主营业务收入。Panel A列示了净资产收益率（ROE）为公司业绩的回归结果，Panel B 列示了主营业务收益率（*Opr*）为公司业绩的回归结果，综合观察后发现，回归结果均与总资产收益率（*ROA*）基本一致。

表 6-8　　稳健性检验——变更指标

Panel A：公司业绩 = *ROE*						
	央企		地方国企		非国企	
Δ*Comp*	0.044 ***	0.228 ***	0.280 ***	0.147	0.021 ***	0.264 ***
	(8.10)	(20.80)	(2.86)	(0.56)	(3.21)	(14.15)
Equity_in	-1.346		15.555 **		-0.198	
	(-1.39)		(2.48)		(-0.41)	
Δ*Comp* × *Equity_in*	-0.090		1.065 **		0.012	
	(-1.32)		(2.39)		(0.35)	
Equity_ex		-0.438 ***		-5.842 *		-1.289 ***
		(-3.44)		(-1.91)		(-6.67)
Δ*Comp* × *Equity_ex*		-0.004		0.347		-0.047 ***
		(-0.44)		(1.63)		(-3.52)
Constant	-0.689 ***	-1.710 ***	2.190	-0.277	-0.268 **	-1.696 ***
	(-7.66)	(-18.51)	(1.36)	(-0.13)	(-2.30)	(-11.06)
Controlvaliables	控制	控制	控制	控制	控制	控制
N	1798	1798	3583	3583	5068	5068
R-squared	0.323	0.552	0.120	0.122	0.085	0.164
Panel B：公司业绩 = *Opr*						
Δ*Comp*	0.051 ***	0.230 ***	0.009	0.191 ***	0.038 ***	0.220 ***
	(6.21)	(12.08)	(1.54)	(13.69)	(7.65)	(15.30)
Equity_in	-1.121		0.850		-0.193	
	(-1.36)		(1.33)		(-0.52)	
Δ*Comp* × *Equity_in*	0.072		-0.061		0.011	
	(1.27)		(-1.32)		(0.41)	
Equity_ex		-0.785 ***		-0.649 ***		-0.563 ***
		(-3.56)		(-4.01)		(-3.78)

续表

Panel B：公司业绩 = *Opr*						
	央企		地方国企		非国企	
ΔComp × Equity_ex		0.022		0.013		0.007
		(1.45)		(1.15)		(0.63)
Constant	-0.128	-1.117***	0.047	-0.957***	0.010	-1.074***
	(-0.94)	(-6.98)	(0.52)	(-8.65)	(0.11)	(-9.11)
Controlvaliables	控制	控制	控制	控制	控制	控制
N	1798	1798	3583	3583	5068	5068
R - squared	0.282	0.380	0.292	0.386	0.246	0.304

注：Panel A、Panel B 中分别以 *ROE*、*Opr* 替代原公司业绩指标 *ROA*。括号中报告的回归系数为相应的 t 值，*、**、*** 分别表示在 10%、5% 和 1% 的显著水平。

（二）安慰剂检验

借鉴现有文献张楠和卢洪涛（2017），我们通过人为改变信息披露政策和薪酬管制政策实施的时间与作用对象，构造一种反事实，如果观测是稳健的，那么基于这种反事实则观察不到上文的结果。人为改变高管薪酬政策时间有两种类型：一是人为提前实施年份，二是人为推迟实施年份。由于高管薪酬政策均具有持续效应，推迟实施年份仍能捕捉到相应政策的作用，不是构造反事实的方法。基于此，我们将有关高管薪酬政策的实施时间均提前一年，因此，单一政策下高管薪酬公平性与薪酬业绩敏感性关系的考察时间为 2005—2008 年，交叉政策下高管薪酬公平性与薪酬业绩敏感性关系的考察时间为 2009—2015 年。回归结果与上文研究结论不一致。

表 6-9　　安慰剂检验

Panel A：单一政策下薪酬公平性与薪酬业绩敏感性关系						
	央企		地方国企		非国企	
ΔComp	0.010*	0.103***	0.019***	0.110***	0.016***	0.129***
	(1.97)	(9.50)	(7.02)	(19.15)	(5.37)	(19.78)
Equity_in	0.101		0.532**		0.030	
	(0.29)		(2.12)		(0.20)	

续表

Panel A：单一政策下薪酬公平性与薪酬业绩敏感性关系						
	央企		地方国企		非国企	
ΔComp × Equity_in	-0.009		-0.038**		-0.003	
	(-0.36)		(-2.05)		(-0.30)	
Equity_ex		-0.153		-0.684***		-0.566***
		(-0.94)		(-8.40)		(-7.85)
ΔComp × Equity_ex		-0.007		0.034***		0.020***
		(-0.57)		(5.73)		(3.99)
Constant	-0.406***	-0.764***	-0.393***	-0.796***	-0.137**	-0.691***
	(-3.17)	(-7.45)	(-7.18)	(-17.28)	(-2.38)	(-13.57)
Controlvaliables	控制	控制	控制	控制	控制	控制
N	463	463	1101	1101	546	546
R - squared	0.409	0.677	0.556	0.771	0.300	0.645
Panel B：交叉政策下薪酬公平性与薪酬业绩敏感性关系						
ΔComp	0.027***	0.129***	0.009***	0.117***	0.013***	0.126***
	(9.15)	(23.94)	(4.16)	(30.12)	(9.65)	(40.50)
Equity_in	-1.131***		0.500		0.096	
	(-2.81)		(1.47)		(0.73)	
ΔComp × Equity_in	0.074***		-0.034		-0.006	
	(2.66)		(-1.44)		(-0.59)	
Equity_ex		-0.212***		-0.239***		-0.384***
		(-3.16)		(-4.83)		(-11.52)
ΔComp × Equity_ex		-0.005		-0.002		0.007***
		(-1.01)		(-0.61)		(2.91)
Constant	-0.319***	-0.939***	-0.197***	-0.865***	-0.078***	-0.799***
	(-6.49)	(-19.82)	(-6.14)	(-27.26)	(-3.14)	(-30.24)
Controlvaliables	控制	控制	控制	控制	控制	控制
N	1335	1335	2482	2482	4522	4522
R - squared	0.333	0.633	0.245	0.607	0.256	0.594

注：表6-9将相关薪酬政策颁布时间人为提前一年，分别观测单一政策和交叉政策下薪酬公平性与薪酬业绩敏感性间的关系。括号中报告的回归系数为相应的t值，*、**、***分别表示在10%、5%和1%的显著水平。

第六节　研究结论

前面章节中，我们结合高管薪酬披露政策和高管薪酬管制政策，分别从薪酬业绩敏感性和薪酬公平性两个目标检验我国上市公司高管薪酬政策的有效性，在此基础上，本章进一步对不同薪酬政策效果间关系进行分析与检验。研究发现：①我国上市公司高管薪酬政策效果间相互影响，且会因不同的公司类型、不同的薪酬政策等原因产生变化。具体而言，我们发现了我国上市公司中薪酬公平性与薪酬业绩敏感性间相互补充关系，且这种关系主要来源于内部公平性。②通过将上市公司细分为央企、地方国企、非国有企业，我们观测到了薪酬公平性与薪酬业绩敏感性关系的变化，内部公平性与薪酬业绩敏感性间的显著正相关关系仅存在于地方国有企业中，非国有企业中，外部公平性反而降低了薪酬业绩敏感性。③不同的政策实施期间，高管薪酬政策效果间关系也会发生变化。在单一的薪酬披露政策下，地方国企的内部公平性提升了地方国企的薪酬业绩敏感性，非国有企业的外部公平性降低了薪酬业绩敏感性。随着薪酬管制政策的实施，新增了央企的内部公平性对薪酬业绩敏感性的促进作用，但制约了地方国有企业薪酬公平性与薪酬业绩敏感性间的关系，维持了非国有企业中外部公平性对薪酬业绩敏感性的降低作用。根据研究结果，我们认为，在我国社会主义制度下，高管薪酬公平性的提升有利于公司高管薪酬激励效率的提升，相应的高管薪酬政策不仅发挥了独自的效果，且不同的薪酬政策效果间相辅相成，但会因产权性质、政策等原因发生变化。

通过检验我国上市公司高管薪酬政策效果间关系，我们得到相关政策启示。①协调不同高管薪酬政策效果，力争实现效果间相互促进的目的。在我国薪酬政策发展历程中，不同的薪酬政策所关注的目标有所差异，不同的目标间可能存在相辅相成的互补关系，也可能导致效果反噬的后果。因此，相关政府部门在拟订高管薪酬政策内容时应参考关联性强的政策，避免政策效果间的反噬情况。②关注上市公司特征、宏观环境等对高管薪酬政策效果的影响，针对不同的上市公司应预见到政策效果的差异性，有针对性的差异化管理可能会达到异曲同工的作用。

第七章　主要结论与展望

第一节　主要研究结论与启示

尽管管理者薪酬激励问题从20世纪80年代就引起了学术界和实务界的关注，并日益成为公司治理研究的重点问题，但研究文献大多集中于微观的公司治理，对于宏观层面的高管薪酬政策实施效果的研究文献不多且尚未得出一致的结论。此外，我国学者有关薪酬政策的研究大多仅仅参照西方学者的规范研究法，对上市公司高管薪酬政策进行简单的梳理，并结合国外薪酬政策演变对我国政策发展提供借鉴意义（戴少刚，2007；葛家澍、田志刚，2012；施廷博，2012；庞长亮，2014）。极少数学者从宏观的薪酬政策层面运用实证方法探讨其对高管薪酬异象的治理作用，学者根据目标对薪酬政策效果进行分类研究需要补充。基于此，我们认为研究我国高管薪酬政策的有效性是很有必要的，并依据不同薪酬政策系统、全面地分析我国高管薪酬政策的经济后果。

一　主要研究结论

鉴于此，本书首先按照薪酬政策动机、目标及效果线路，回顾和评述了国内外有关高管薪酬政策的文献，基于薪酬政策有效性的有关理论，为本书的研究奠定了理论基础；其次，结合我国的制度背景，致力于检验我国上市公司高管薪酬政策的有效性，分别对薪酬披露政策和薪酬管制政策的经济后果进行分析，并综合考察不同高管薪酬政策效果间关系；最后提出本书的政策建议。以我国2000—2015年A股非金融上市公司为初选样本，运用普通最小二乘法检验我国上市公司高管薪酬政策的效果及内在机理，试图探究宏观政府干预对微观企业薪酬激励的影响，最终形成以下结论。

首先，以薪酬业绩敏感性为标的，通过中介分析法（Mediating Effect Test）检验我国上市公司高管薪酬披露政策的有效性。结果表明：①高管薪酬披露强度与薪酬业绩敏感性间关系存在非对称性。当公司高管通过薪酬比较获知被支付不足后，可能会产生消极怠工等情绪，从而降低上市公司的薪酬业绩敏感性，但当高管发觉自身价值、地位得到公司充分支付后，由此产生的积极努力会提升上市公司的薪酬业绩敏感性。②通过探究高管薪酬披露对薪酬业绩敏感性的影响路径后发现，高管薪酬信息披露会通过薪酬攀比降低薪酬业绩敏感性，也会通过投资效率提升相应公司的薪酬业绩敏感性。上市公司不同的薪酬激励程度会对高管薪酬信息披露效果的传导路径产生差异，无论是薪酬激励不足公司还是薪酬激励过度公司，均发现了薪酬攀比在高管薪酬信息披露与薪酬业绩敏感性关系中的中介效应，而投资效率在高管薪酬披露与薪酬业绩敏感性关系中的部分中介效应仅体现于薪酬激励过度的公司中。③考虑到产权性质对高管薪酬披露效果传导路径的调节作用后，我们发现了不同类型公司中的路径传导效果差异。薪酬攀比同时在薪酬激励不足的国有企业和薪酬激励过度的非国有企业中发挥完全中介效应，但投资效率对高管薪酬披露效果的传导效果仅体现于薪酬激励过度的非国有企业中。

其次，以高管薪酬公平性为标的，通过倾向评分匹配的双重差分法（PSM－DID）研究我国上市公司高管薪酬管制政策的有效性。研究发现：①2009 年实施的薪酬管制政策基本实现了薪酬干预效果。在国有企业中，薪酬管制显著提升了高管薪酬内部公平性，但并未发现薪酬管制政策对外部公平性的提升作用，经过观察不同类型公司对管制政策效果的影响，发现薪酬管制政策对公平性提升的有效性仅存在于地方国有企业中。这可能是由于薪酬管制政策的管制对象仅为国有企业，而央企在薪酬管制之前已注重薪酬公平性，随着薪酬管制的实施，仅地方国有企业的薪酬公平性发生变化。内部公平性源于同一上市公司间高管与普通员工间薪酬比较，外部公平性是对不同公司间高管薪酬衡量，因不同公司对薪酬管制政策的落实力度不同，或由高管薪酬披露政策带来的公司间薪酬攀比，并未发现外部公平性的变化。②薪酬管制政策实施以后，地方国企高管的在职消费行为显著上升，产生溢出效应。具体表现为，薪酬管制政策的实施促进了地方国企高管的在职消费情况，但央企在职消费上升不明显。说明隐性激励是对薪酬货币的一种弥补，当高管薪酬趋于公平化，公司高管会通过其他的激励方式寻求补偿。③在探究薪酬管制政策对公司价值影响的效应上，发现薪酬管制强化了地方国有企业中高管薪酬内部公平性的价值激励效应，同时薪酬管制政策强化了在职消费行为的价值规制效应。薪酬公平性和在职消费的价值激励效应中和带来了薪酬管制政策效率的有限性。

最后，对我国上市公司中高管薪酬激励效率与公平间关系进行了探讨，分析不同薪酬政策的综合效果，并考察不同公司类型、政策环境对政策效果间关系的影响。结果显示：①在我国社会主义体制下，我国上市公司中薪酬公平性与薪酬业绩敏感性间存在相互补充关系，且这种关系主要来源于内部公平性。②通过将上市公司细分为央企、地方国企、非国有企业，我们观测到了薪酬公平性与薪酬业绩敏感性关系的变化，内部公平性与薪酬业绩敏感性间的显著正相关关系仅存在于地方国有企业，非国有企业中，外部公平性反而降低了薪酬业绩敏感性。③不同的政策实施期间，高管薪酬政策效果间关系也会发生变化。随着薪酬管制政策的实施，新增了央企的内部公平性对薪酬业绩敏感性的存进作用，但制约了地方国有企业薪酬公平性与薪酬业绩敏感性间的关系，维持了非国有企业中外部公平性对薪酬业绩敏感性的降低作用。

二 政策启示

随着薪酬政策改革的不断深化，我国政府根据不同时期的公司治理问题、社会矛盾下发相应的薪酬法制法规。高管薪酬政策、企业执行、高管行为三者均会对高管薪酬政策效果产生影响，高管薪酬政策效果的体现必须依附于相应的薪酬政策，因此，高管薪酬的规范，宏观政策规制是很有必要的，但显然不是万能的，其作用的范围及其方式都是特定化的。当高管薪酬政策需落实到微观的企业，那么，上市公司特定的内部薪酬激励机制会同外部公司治理机制共同影响薪酬激励效率。而高管作为上市公司的代理人，薪酬政策规制的对象，其行为会进一步影响高管薪酬政策的经济后果。结合本书的研究视角，我们将分别从高管薪酬政策、公司薪酬激励、高管行为提出相应政策。

（一）高管薪酬政策相关对策

鼓励建立与高管人力资本特征相联系的高管薪酬政策。要想制定合理的高管薪酬政策，不仅要考虑政府需要达到的政策目标，更需要考虑上市公司特征、高管人力资本特征对高管薪酬政策实施的影响。因而，在设计高管薪酬政策时，为体现薪酬与业绩间的关联性及薪酬公平性，政府需考虑公司高管个人能动性。一般情况下，高管权力越大，其根据外界市场环境或内部公司治理环境进行自身调整的能力就越大，当外界环境制约了高管薪酬的获取水平、结构或方式后，高管会通过隐性激励，如在职消费、晋升等方式弥补薪酬激励的缺陷，从而造成其他的公司治理问题。因此政府在制定高管薪酬政策时，为更好地发挥政策效果，根据公司高管权力特征，采取对应的薪酬规制内容。

结合我国制度背景及市场环境，对高管薪酬政策进行差异化管理。根据我国上市公司类型、行业特征等，政府曾下发有针对性的高管薪酬政策，说明政府规制公司高管薪酬问题时，已考虑公司产权性质、行业分类等因素对薪酬政策效果的影响。但是，高管薪酬存在同群效应、参照点效应等现象，会导致企业规模、产权性质、企业经营地址等因素在对研究内容的影响差异，进而造成高管薪酬政策效果在不同企业间的变化。因此，有必要依据我国特殊的制度背景、复杂的高管薪酬市场环境，设立专门政府部门治理高管薪酬问题，并对高管薪酬政策的实施对象、规制内容进行差异化管理。

考虑不同薪酬政策效果间影响，制定效果互补的高管薪酬政策。自第一部高管薪酬政策下发后，我国陆续颁布了多条有关高管薪酬规制的法规，不同的法规总会体现着不同的规制内容，但又共同影响我国上市公司高管薪酬，进而共同影响微观企业的价值创造。因此，我们在制定高管薪酬政策时，务必要考虑其与以往高管薪酬政策的关系，力争制定目标及效果相辅相成的高管薪酬政策体系，提升高管薪酬政策实施效率，促进企业和谐发展。

（二）上市公司薪酬激励机制相关对策

高管薪酬激励机制目标在于统一高管和股东间利益，降低公司中委托人和代理人间的委托代理成本，提高高管薪酬激励效率，文章中涉及的薪酬业绩敏感性研究数据表明，随着高管薪酬信息透明度的增加，我国上市公司高管薪酬业绩敏感性有所提升，但依然处于较低水平。为促进我国高管薪酬业绩敏感性，外部薪酬激励政策中应以工资加绩效的形式予以规制，内部薪酬激励机制中也应强调股权激励的重要性，设计合理的薪酬结构，激励高管为了实现股东财富和企业价值最大化而努力工作。

以往学者常基于社会行为理论和锦标赛理论探讨高管薪酬差距、薪酬公平性问题等，本书结合薪酬管制政策，检验“限薪令”对我国高管薪酬公平性（内部公平性、外部公平性）和在职消费的影响，以及高管薪酬公平性与公司业绩间关系分析。本书的结果显示，在高管薪酬管制政策规制的地方国有上市公司中高管薪酬内部公平性提升，并且内部公平性对公司业绩具有正向促进作用，但并没有证据显示高管薪酬外部公平性的提升及其相应的价值激励效应，这说明：相对于不同公司间高管薪酬公平性，同一公司内高管与普通员工薪酬的公平性逐步提升，并显著提升了公司业绩，说明“不患寡而患不均”的中国情结依然影响着公司经营，但不同上市公司间重视公平性的程度存在差异。相比于锦标赛理论，社会行为比较理论在社会主义体制的我国更适用，我国上市公司并不适合拉大高管与普通员工之间的薪酬差距，但结合不同的公司情景，公司内部不同群体之间的薪酬公平性设计也要区别对待。

（三）管理层行为相关对策

加强公司内部治理水平，具体来讲应从约束高管行为、加强人文关怀和发挥对高管的监督作用等方面做起。在我国上市公司治理水平相对低下的环境下，高管作为公司经营的决策者，其经营行为、努力程度会因委托人和代理人间的信息不对称问题而难以被观测，薪酬水平较高的管理者可能会积极工作、以公司利益为出发目标，提升公司价值；但薪酬水平较低者则有可能消极怠工、构建“帝国”等损害公司利益。因此，上市公司股东、监事等应关注高管行为、控制高管权力，力争降低两者间的代理成本。一方面，作为薪酬委员会主要成员的董事，应加强对高管经营行为的监督，促进经营层面的安全有效运作；另一方面，对于总经理同时兼任董事长或董事成员的情况，要予以关注和重点监督，设计合理的组织决策机制，防止高管权力过于膨胀，加强对高管权力的约束。

第二节　研究的局限性与未来研究方向

一　研究的不足

在本书的写作过程中，随着对高管薪酬政策问题研究的深入，使我们逐渐意识到对于此问题的研究还存在众多问题亟待进一步思考。

第一，高管薪酬度量的局限性。为便于计量和数据收集，本书将上市公司高管货币薪酬定义为高管薪酬，但在实际生活中，除货币薪酬外，股票薪酬激励、隐性薪酬激励等都属于高管薪酬范畴。鉴于我国股权期权制度的不完善，文章暂未考虑长期激励机制下的薪酬内容，不可否认，无论是股权激励还是在职消费等隐性激励都会影响高管薪酬激励效果。在未来的研究中，应考虑股权激励及隐性激励对薪酬政策效果的影响，并探讨不同薪酬激励方式间的效果差异。

第二，薪酬公平性变量的局限性。尽管本书在综合以往学者研究的基础上，从内部公平性和外部公平性两个方面观测我国高管薪酬公平性，但整体上还仅停留于高管薪酬分配公平性的层面。公平性依附于人们比较后的主观感受，还可以从分配程序、互动等方面检验高管薪酬公平性。基于外部社会比较理论，以高管薪酬最终分配结果为标准进行高管薪酬比较，在度量上具有客观性、便利性，但并不能完全涵盖人们对薪酬分配的全部公平感，为全面反映高管薪酬公平性，未来还需纳入程序公平和互动公平等相关研究。

第三，研究结论的普适性。本书研究的是高管薪酬政策效果，但对于很多高管薪酬政策的规制对象并非全部为上市公司，而仅适用于国有上市公司甚至精确到央企上市公司。此外，在研究个别政策的实施效果时，并不能完全排除其他政策对研究效果的影响。

二 未来研究方向

今后有待进一步完善与开展的研究内容主要包括：立足我国特定的制度背景，探讨政府对高管薪酬机制的影响，同时结合宏观层面因素和微观层面因素，共同探讨我国高管薪酬政策实施的收益和成本；然后有针对性地考察相应的薪酬政策在后续实施过程中的效应。同时，进一步检验宏观政策对微观企业内部薪酬分配效率与公平性影响的路径分析。

特别值得一提的是，我们在考察某一薪酬政策的有效性时，总是假定研究环境是干净的，不存在内生的政策影响因素。实际上，我国上市公司会同时执行多项薪酬政策，影响我们对具体薪酬政策有效性的考察。因此，如何在实证效果分析中排除其他相关政策的影响，或采用适合的动态随机均衡模型分析政策间关系，是未来进一步研究的方向。

另外，本书实证分析部分主要采用中介效应方法、双重差分检验，在将来的研究过程中，我们可以考虑借鉴脉冲检验或理论模型推导等分析方法进行深入剖析。

参考文献

[1] 阿瑟·奥肯：《平等与效率——重大的抉择》，华夏出版社 1999 年版。

[2] 伯切克·弗里德：《无功受禄——审视美国高管薪酬制度》，法律出版社 2009 年版。

[3] 步丹璐、蔡春、叶建明：《高管薪酬公平性问题研究——基于综合理论分析的量化方法思考》，《会计研究》2010 年第 5 期。

[4] 步丹璐、王晓艳：《政府补助、软约束与薪酬差距》，《南开管理评论》2014 年第 2 期

[5] 步丹璐、张晨宇、林腾：《晋升预期降低了国有企业薪酬差距吗?》，《会计研究》2017 年第 1 期。

[6] 柴才、黄世忠、叶钦华：《竞争战略、高管薪酬激励与公司业绩——基于三种薪酬激励视角下的经验研究》，《会计研究》2017 年第 6 期。

[7] 陈冬华、陈信元、万华林：《国有企业中的薪酬管制与在职消费》，《经济研究》2005 年第 2 期。

[8] 陈冬华、范从来、沈永建：《高管与员工：激励有效性之比较与互动》，《管理世界》2015 年第 5 期。

[9] 陈冬华、梁上坤、蒋德权：《不同市场化进程下高管激励契约的成本与选择：货币薪酬与在职消费》，《会计研究》2010 年第 11 期。

[10] 陈家田：《上市家族企业 CEO 薪酬激励实证研究——基于双重委托代理视角》，《管理科学》2014 年第 11 期。

[11] 陈菊花、隋姗姗、王建将：《薪酬管制降低了经理人的激励效率

吗？——基于迎合效应的薪酬结构模型分析》，《南方经济》2011年第10期。

[12] 陈林、伍海军：《国内双重差分法的研究现状与潜在问题》，《数量经济技术经济研究》2015年第32期。

[13] 谌新民、刘善民：《上市公司经营者报酬结构性差异的实证研究》，《经济研究》2003年第8期。

[14] 陈信元、陈冬华、万华林、梁上坤：《地区差异、薪酬管制与高管腐败》，《管理世界》2009年第11期。

[15] 陈文哲、郝项超、石宁：《境外战略投资者对银行高管薪酬激励有效性的影响——基于我国商业银行数据的分析》，《金融研究》2014年第12期。

[16] 陈叶烽、周业安、宋紫峰：《人们关注的是分配动机还是分配结果？——最后通牒实验视角下两种公平观的考察》，《经济研究》2011年第6期。

[17] 陈震、凌云：《企业风险、产权性质与高管薪酬业绩敏感性》，《经济管理》2013年第6期。

[18] 陈震、张鸣：《业绩指标、绩效风险与高管人员报酬的敏感性》，《会计研究》2008年第3期。

[19] 代昀昊、孔东民：《高管海外经历是否能提升企业投资效率》，《世界经济》，2017年第1期。

[20] 戴少刚：《上市公司高管报酬之法律规制：美国经验及其比较借鉴》，博士学位论文，清华大学，2007年。

[21] 邓沛琦、黄贻芳：《我国社会政策中公平与效率替换路径研究——基于资本与劳动视角的分析》，《当代经济》2014年第23期。

[22] 董志强：《我们为何偏好公平：一个演化视角的解释》，《经济研究》2011年第8期。

[23] 杜兴强、王丽华：《高层管理当局薪酬与上市公司业绩的相关性实证研究》，《会计研究》2007年第1期。

[24] 方军雄：《我国上市公司高管的薪酬存在粘性吗?》，《经济研究》2009年第3期。

[25] 方盛举:《关于公平与效率的问题》,《创造》2003 年第 6 期。
[26] 高良谋、卢建词:《内部薪酬差距的非对称激励效应研究——基于制造业企业数据的门限面板模型》,《中国工业经济》2015 年第 8 期。
[27] 葛家澍、田志刚:《上市公司高管薪酬强制性披露研究》,《厦门大学学报》2012 年第 3 期。
[28] 葛伟、高明华:《职位补偿、攀比效应与高管薪酬差距——以中国上市公司为例》,《经济经纬》2013 年第 1 期。
[29] 关宏宇、朱宪辰、周彩霞:《规则公平偏好对个体公共物品自愿供给的影响:一项实验研究》,《财贸经济》2015 年第 5 期。
[30] 何靖:《延付高管薪酬对银行风险承担的政策效应》,《中国工业经济》2016 年第 11 期。
[31] 胡建雄、谈咏梅:《企业自由现金流、债务异质性与过度投资——来自中国上市公司的经验证据》,《山西财经大学学报》2015 年第 37 期。
[32] 胡亚权、周宏:《高管薪酬,公司成长性水平与相对业绩评价——来自中国上市公司的经验证据》,《会计研究》2012 年第 5 期。
[33] 黄卉敏:《高管薪酬差距、薪酬管制与企业业绩相关性——来自沪深 A 股国有上市公司的经验数据》,《财会学习》2016 年第 9 期。
[34] 黄再胜:《试析行为合约激励理论研究的起源、发展与实践意蕴》,《外国经济与管理》2008 年第 3 期。
[35] 黄再胜、曹雷:《论国企经营者激励的制度性困境与出路》,《学术月刊》2008 年第 8 期。
[36] 黄再胜、王玉:《公平偏好、薪酬管制与国企高管激励——一种基于行为合约理论的分析》,《财经研究》2009 年第 1 期。
[37] 贾凡胜:《外部监督、制度环境与高管运气薪酬》,《南开经济研究》2018 年第 1 期。
[38] 贾艳琴、蒋涛:《论员工薪酬管理公平与效率的并存性》,《商业文化》(学术版)2007 年第 6 期。

[39] 简建辉、余忠福、何平林：《经理人激励与公司过度投资——来自中国 A 股的经验证据》，《经济管理》2011 年第 33 期。

[40] 姜付秀、伊志宏、苏飞、黄磊：《管理者背景特征与企业过度投资行为》，《管理世界》2009 年第 1 期。

[41] 姜付秀、朱冰、王运通：《国有企业的经理激励契约更不看重绩效吗?》，《管理世界》2014 年第 9 期。

[42] 姜国华、饶品贵：《宏观经济政策与微观企业行为——拓展会计与财务研究新领域》，《会计研究》2011 年第 3 期。

[43] 江伟、彭晨、胡玉明：《高管薪酬信息披露能提高薪酬契约的有效性吗?》，《经济管理》2016 年第 2 期。

[44] 孔东民、徐茗丽、孔高文：《企业内部薪酬差距与创 新》，《经济研究》2017 年第 10 期。

[45] 睢国余、蓝一：《中国经济周期性波动微观基础的转变》，《中国社会科学》2005 年第 1 期。

[46] 雷光勇、李帆、金鑫：《股权分置改革、经理薪酬与会计业绩敏感度》，《中国会计评论》2010 年第 8 期。

[47] 雷宇、郭剑花：《规则公平与员工效率——基于高管和员工薪酬粘性差距的研究》，《管理世界》2017 年第 1 期。

[48] 李宝宝、黄寿昌：《国有企业管理层在职消费的决定因素及经济后果》，《统计研究》2012 年第 6 期。

[49] 李建新：《中国民生发展报告（2015）》，北京大学出版社 2015 年版。

[50] 李建伟：《高管薪酬规范与法律的有限干预》，《政法论坛》2008 年第 3 期。

[51] 黎凯、叶建芳：《财政分权下政府干预对债务融资的影响——基于转轨经济制度背景的实证分析》，《管理世界》2007 年第 8 期。

[52] 李骏、吴晓刚：《收入不平等与公平分配：对转型时期中国城镇居民公平观的一项实证分析》，《中国社会科学》2012 年第 3 期。

[53] 李四海、江新峰、宋献中：《高管年龄与薪酬激励：理论分析与经验证据》，《中国工业经济》2015 年第 5 期。

[54] 黎文靖、岑永嗣、胡玉明：《外部薪酬差距激励了高管吗——基

于中国上市公司经理人市场与产权性质的经验研究》,《南开管理评论》2014 年第 4 期。

[55] 黎文靖、胡玉明:《国企内部薪酬差距激励了谁?》,《经济研究》2012 年第 12 期。

[56] 李实、刘小玄:《攀比行为和攀比效应》,《经济研究》1986 年第 8 期。

[57] 李维安、张国萍:《经理层治理评价指数与相关绩效的实证研究》,《经济研究》2005 年第 11 期。

[58] 李焰、秦义虎、黄继承:《在职消费、员工工资与企业绩效》,《财贸经济》2010 年第 7 期。

[59] 李增泉:《激励机制与企业绩效——一项基于上市公司的实证研究》,《会计研究》2000 年第 1 期。

[60] 林毅夫、李志赟:《政策性负担、道德风险与预算软约束》,《经济研究》2004 年第 2 期。

[61] 林浚清、黄祖辉、孙永祥:《高管团队内薪酬差距、公司绩效和治理结构》,《经济研究》2003 年第 4 期。

[62] 刘斌、刘星、李世新、何顺文:《CEO 薪酬与企业绩效互动效应的实证检验》,《会计研究》2003 年第 3 期。

[63] 刘春、孙亮:《薪酬差距与企业绩效:来自国企上市公司的经验证据》,《南开管理评论》2010 年第 2 期。

[64] 刘凤委、孙铮、李增泉:《政府干预、行业竞争与薪酬契约——来自国有上市公司的经验证据》,《管理世界》2007 年第 9 期。

[65] 柳光强、孔高文:《高管海外经历是否提升了薪酬差距》,《管理世界》2018 年第 34 期。

[66] 刘红霞、李辰颖:《经理层声誉与薪酬关系研究》,《经济与管理研究》2011 年第 5 期。

[67] 刘剑民、张莉莉、杨晓璇:《政府补助、管理层权力与国有企业高管超额薪酬》,《会计研究》2019 年第 8 期。

[68] 刘星、刘理、窦炜:《融资约束、代理冲突与中国上市公司非效率投资行为研究》,《管理工程学报》2014 年第 28 期。

[69] 刘绍娓、万大艳:《高管薪酬与公司绩效:国有与非国有上市公司

的实证比较研究》,《中国软科学》2013 年 第 2 期。
[70] 刘银国、张琛:《自由现金流与在职消费——基于所有制和公司治理的实证研究》,《管理评论》2012 年第 24 期。
[71] 刘银国、张劲松、朱龙:《国有企业高管薪酬管制有效性研究》,《经济管理》2009 年第 10 期。
[72] 鲁海帆:《高管团队内部货币薪酬差距与公司业绩关系研究——来自中国 A 股市场的经验证据》,《南方经济》2007 年第 4 期。
[73] 卢锐:《企业创新投资与高管薪酬——业绩敏感性》,《会计研究》2014 年第 10 期。
[74] 陆正飞、王雄元、张鹏:《国有企业支付了更高的职工工资吗?》,《经济研究》2012 年第 47 期。
[75] 罗宏、黄敏、周大伟、刘宝华:《政府补助、超额 薪酬与薪酬辩护》,《会计研究》2014 年第 1 期。
[76] 罗宏、黄文华:《国企分红、在职消费与公司业绩》,《管理世界》2008 年第 9 期。
[77] 罗宏、曾永良、宛玲羽:《薪酬攀比、盈余管理与高管薪酬操纵》,《南开管理评论》2016 年第 19 期。
[78] 吕长江、赵宇恒:《国有企业管理者激励效应研究——基于管理者权力的解释》,《管理世界》2008 年第 11 期。
[79] 马强:《垄断国企高管薪酬业绩敏感性研究》,博士学位论文,南京理工大学,2014 年。
[80] 梅洁:《国有控股公司管理层报酬的政策干预效果评估——基于"限薪令"和"八项规定"政策干预的拟自然实验》,《证券市场导报》2015 第 12 期。
[81] 潘中华:《中国上市公司高管团队薪酬级差成因的理论与实证研究》,博士学位论文,北京大学,2015 年。
[82] 庞长亮:《中国国有控股上市公司高管薪酬制度改革问题研究》,博士学位论文,吉林大学,2014 年。
[83] 曲亮、任国良:《高管薪酬激励、股权激励与企业价值相关性的实证检验》,《当代经济科学》2010 年第 5 期。
[84] 权小锋、吴世农、文芳:《管理层权力、私有收益与薪酬操纵》,

《经济研究》2010 年第 11 期。
[85] 沈红波、华凌昊、许基集：《国有企业实施员工持股计划的经营绩效：激励相容还是激励不足》，《管理世界》2018 年第 11 期。
[86] 沈艺峰、李培功：《政府限薪令与国有企业高管薪酬、业绩和运气关系的研究》，《中国工业经济》2010 年第 11 期。
[87] 施廷博：《上市公司高管薪酬监管法律制度研究——美国法的考察和我国的借鉴》，博士学位论文，华东政法大学，2012 年。
[88] 苏方国：《人力资本、组织因素与高管薪酬：跨层次模型》，《南开管理评论》2011 年第 14 期。
[89] 孙世敏、柳绿、陈怡秀：《在职消费经济效应形成机理及公司治理对其影响》，《中国工业经济》2016 年第 1 期。
[90] 唐松、孙铮：《政治关联、高管薪酬与企业未来经营绩效》，《管理世界》2014 年第 5 期。
[91] 佟爱琴、陈蔚：《产权性质、管理层权力与薪酬差距激励效应》，《管理科学》2017 年第 3 期。
[92] 陶萍、张睿、朱佳：《高管薪酬、企业绩效激励效应与政府限薪令的影响——133 家 A 股国有控股公司的实证研究》，《现代财经》（天津财经大学学报）2016 年第 6 期。
[93] 田妮、张宗益：《“限薪令”会产生作用吗？——一个基于不完全契约视角的理论分析》，《管理评论》2015 年第 27 期。
[94] 王华、黄之骏：《经营者股权激励、董事会组成与企业价值》，《管理世界》2006 年第 9 期。
[95] 王俊秋、张奇峰：《信息透明度与经理薪酬契约有效性：来自中国证券市场的经验证据》，《南开管理评论》2009 年第 5 期。
[96] 王克敏、王志超：《高管控制权、报酬与盈余管理——基于中国上市公司的实证研究》，《管理世界》2007 年第 7 期。
[97] 王莉、孙文刚：《高管薪酬公平性问题研究》，《山东社会科学》2012 年第 6 期。
[98] 王立国、鞠蕾：《地方政府干预、企业过度投资于产能过剩：26 个行业样本》，《改革》2012 年第 12 期。
[99] 王生年、尤明渊：《管理层薪酬激励能提高信息披露质量吗?》，

《审计与经济研究》2015 年第 30 期。
[100] 王晓文、魏建：《中国国企高管薪酬管制的原因及其对绩效的影响——基于委托人“不平等厌恶”模型》，《北京工商大学学报》（社会科学版）2014 年第 29 期。
[101] 王雅芬、刘志新：《公平与效率的关系对公民收入差距的影响》，《辽宁行政学院学报》2017 年第 1 期。
[102] 王曾、符国群、黄丹阳、汪剑锋：《企业 CEO“政治晋升”与“在职消费”关系研究》，《管理世界》2014 年第 5 期。
[103] 魏刚：《高级管理层激励与上市公司经营绩效》，《经济研究》2000 年第 3 期。
[104] 魏光兴、蒲勇健：《基于公平心理的报酬契约设计及代理成本分析》，《管理工程学报》2008 年第 2 期。
[105] 温忠麟、叶宝娟：《中介效应分析：方法和模型发展》，《心理科学进展》2014 年第 22 期。
[106] 吴杰：《一纸“限薪令”能管多少事》，《市场报》2005 年 3 月 11 日第 4 版。
[107] 吴联生、林景艺、王亚平：《薪酬外部公平性、股权性质与公司业绩》，《管理世界》2010 年第 3 期。
[108] 吴育辉、吴世农：《高管薪酬：激励还是自利？——来自中国上市公司的证据》，《会计研究》2010 年第 11 期。
[109] 夏宁、董艳：《高管薪酬、员工薪酬与公司的成长性》，《会计研究》2014 年第 9 期。
[110] 夏雪花：《企业薪酬分配效率、公平及经济后果研究》，博士学位论文，西南财经大学，2011 年。
[111] 向杨：《政府干预下企业过度投资形成机理研究》，博士学位论文，西南财经大学，2012 年。
[112] 谢德仁、林乐、陈运森：《薪酬委员会独立性与更高的经理人报酬业绩敏感度——基于薪酬辩护假说的分析和检验》，《管理世界（月刊）》2012 年第 1 期。
[113] 辛清泉、谭伟强：《市场化改革、企业业绩与国有企业经理薪酬》，《经济研究》2009 年第 11 期。

[114] 辛宇、吕长江：《激励、福利还是奖励：薪酬管制背景下国有企业股权激励的定位困境——基于泸州老窖的案例分析》，《会计研究》2012 年第 6 期。

[115] 徐宁、姜楠楠：《高管薪酬管制、产权性质与双重代理成本》，《重庆大学学报》（社会科学版）2016 年第 22 期。

[116] 徐细雄、刘星：《放权改革、薪酬管制与企业高管腐败》，《管理世界》2013 年第 3 期。

[117] 徐向艺、王俊韡、巩震：《高管人员报酬激励与公司治理绩效研究——一项基于深、沪 A 股上市公司的实证分析》，《中国工业经济》2007 年第 2 期。

[118] 徐玉德、张昉：《国企高管薪酬管制效率分析——一个基于信息租金的分析框架》、《会计研究》2018 年第 5 期。

[119] 颜剑英：《经理行为的激励方式与国有企业激励机制的改革》，《江苏大学学报》（社会科学版）2002 年第 4 期。

[120] 闫威、韩美清、陈燕：《薪酬差距与员工努力：基于横向公平的研究》，《海南大学学报》（人文社会科学版）2006 年第 3 期。

[121] 鄢伟波、邓晓兰：《国有企业高管薪酬管制效应研究——对高管四类反应的实证检验》，《经济管理》2018 年第 7 期。

[122] 杨德明、赵璨：《媒体监督、媒体治理与高管薪酬》，《经济研究》2012 年第 47 期。

[123] 杨继东：《高管薪酬影响因素研究：理论与证据》，中国人民大学出版社 2013 年版。

[124] 杨青、陈峰、陈洁：《我国上市公司 CEO 薪酬存在“幸运支付”吗——“揩油论”抑或“契约论”》，《金融研究》2014 年第 4 期。

[125] 杨志强、石本仁：《高管公平性偏好、私人控制权收益与公司价值——来自 A 股上市公司行业基准的经验证据》，《财经研究》2014 年第 3 期。

[126] 余国杰、宫元：《经理人市场对高管薪酬的影响——来自高管跳槽现象的证据》，《科学决策》2016 年第 2 期。

[127] 余晖：《政府管制与行政改革》，《中国工业经济》1997 年第

5 期。

[128] 余明桂、回雅甫、潘红波：《政治联系、寻租与地 方政府财政补贴有效性》，《经济研究》2010 年第 3 期。

[129] 张晨宇：《机会对薪酬差异的影响研究——基于隐性契约理论的解释》，硕士学位论文，西南财经大学，2014 年。

[130] 张静：《中国上市公司高管薪酬的信息披露研究》，博士学位论文，华东师范大学，2010 年。

[131] 张楠、卢洪友：《薪酬管制会减少国有企业高管收入吗——来自政府“限薪令”的准自然实验》，《经济学动态》2017 年第 3 期。

[132] 张维迎：《产权、激励与公司治理》，经济科学出版社 2005 年版。

[133] 张馨予：《基于公平与效率的我国卫生资源配置和服务供给研究》，博士学位论文，天津医科大学，2017 年。

[134] 张永冀、吕彤彤、苏治：《员工持股计划与薪酬粘性差距》，《会计研究》2019 年第 8 期。

[135] 张正堂：《如何让研发人员“乐在其中”——营造促进创新的玩兴氛围》，《中国人力资源开发》2009 年第 7 期。

[136] 赵卫斌、陈志斌：《政府控制与企业高管人员薪酬绩效敏感度》，《管理学报》2012 年第 9 期。

[137] 赵文红、李垣：《中国国企经营者“在职消费”行为探讨》，《经济体制改革》1998 年第 5 期。

[138] 赵颖：《中国上市公司高管薪酬的同群效应分析》，《中国工业经济》2016 年第 2 期。

[139] 郑路航：《媒体监督与公司治理——来自中国上市公司的经验证据》，《财会通讯》2012 年第 12 期。

[140] 郑志刚、李东旭、许荣、林仁韬、赵锡军：《国企高管的政治晋升与形象工程——基于 N 省公司的案例研究》，《管理世界》2012 年第 10 期。

[141] 周浩、龙立荣：《分配制度公平对员工分配公平感的影响：中国组织情境下的实证研究》，《心理与行为研究》2014 年第 5 期。

[142] 周铭山、张倩倩:《“面子工程”还是“真才实干”?——基于政治晋升激励下的国有企业创新研究》,《管理世界》2016 年第 12 期。

[143] 周玮、徐玉德、李慧云:《政企关系网络、在职消费与市场化制度建设》,《统计研究》2011 年第 28 期。

[144] 周泽将、马静、胡刘芬:《高管薪酬激励体系设计中的风险补偿效应研究》,《中国工业经济》2018 年第 12 期。

[145] 朱春艳、罗炜:《上市公司自愿信息披露与高管薪酬绩效敏感度》,《会计研究》2019 年第 5 期。

[146] 朱德胜、张伟:《高管薪酬激励对股权代理成本影响的实证研究》,《经济与管理评论》2017 年第 3 期。

[147] Acharya Viral V. and Volpin, Paolo F., "Corporate Governance Externalities", *Review of Finance*, Vol. 14, No. 2, 2010.

[148] Adams J. Stacy, "Towards an Understanding of Inequity", *The Journal of Abnormal and Social Psychology*, Vol. 67, No. 5, 1963.

[149] Adolf A. Berle, and Gardiner C. Means, *The Modern Corporation and Private Property*, New York: Macmillan, 1932.

[150] Alchian Armen A. and Demsetz Harold, "Production, Information Costs and Economic Organization", *American Economic Review*, Vol. 12, 1972.

[151] Andrew J. Leone, Joanna Shuang Wu and Jerold L. Zimmerman, "Asymmetric Sensitivity of CEO Cash Compensation to Stock Returns", *Journal of Accounting & Economics*, Vol. 1, No. 2, 2006.

[152] Angela B. Andrews, Scott C. Linn and Han Yi, "Corporate Governance and Executive Perquisites: Evidence from the New SEC Disclosure Rules", *Available at SSRN* 1268087, 2008.

[153] Angelis, David De and Y. Grinstein, "Relative Performance Evaluation in CEO Compensation: Evidence from the 2006 Disclosure Rules", *SSRN Electronic Journal*, 2011.

[154] Anthony J. Crawford, John R. Ezzell and James A. Miles, "Bank CEO Pay - Performance Relations and the Effects of Deregulation",

Journal of Business, Vol. 68, No. 2, 1995.

[155] Bebchuck Lucian A. and Spamann Holger, "Regulating Bankers' Pay", *Georgetown Law Journal*, Vol. 98, No. 2, 2010.

[156] Belghitar Yacine and Clark Ephraim, "Managerial Risk Incentives and Investment Related Agency Costs", *International Review of Financial Analysis*, Vol. 38, No. 3, 2015.

[157] Bengt Holmstrom, "Moral Hazard and Observability", *The Bell Journal of Economics*, Vol. 10, No. 1, 1979.

[158] Bengt Holmstrom, "Pay without Performance and the Managerial Power Hypothesis: A Comment", *Available at SSRN* 899096, 2006.

[159] Bertrand, M. and S. Mullainathan, "Enjoying the Quiet Life? Corporate Governance and Managerial Preferences", *Journal of Political Economy*, Vol. 111, No. 5, 2003.

[160] Bies, R. J. and J. F. Moag., "Interactional Justice: Communication Criterial of Fairness", *Research on Negotiations*, Vol. 1, 1986.

[161] Bin Ke, Kathy R. Petron and Assem Safieddine, "Ownership Concentration and Sensitivity of Executive Pay to Accounting Performance Measures: Evidence from Publicly and Privately – Held Insurance Companies", *Journal of Accounting & Economics*, Vol. 28, No. 2, 1999.

[162] Bizjak John M., Lemmon Michael L and Nguyen Thanh Lai, "Are All CEOs Above Average? An Empirical Analysis of Compensation Peer Groups and Pay Design", *Journal of Financial Economics*, Vol. 100, No. 3, 2011.

[163] Bolton, Gary E., J. Brandts and A. Ockenfels, "Fair Procedures: Evidence from Games Involving Lotteries", *Social Science Electronic Publishing*, Vol. 115, No. 556, 2005.

[164] Brain G. M. Main, Charles A. O' Reilly and James Wade, "Top Executive Pay: Tournament or Teamwork?", *Journal of Labor Economics*, Vl. 11, No. 4, 1993.

[165] Brendon Julio, Youngsuk Yook, "Political Uncertainty and Corporate

Investment Cycles", *Journal of Finance*, Vol. 67, No. 1, 2012.

[166] Brian G. M. Main, Charles A. O' Reilly and James Wade, "Top Executive Pay: Tournament or Teamwork?", *Journal of Labor Economics*, Vol. 11, No. 4, 1993.

[167] Buse Kathleen, Bernstein Ruth Sessler, and Bilimoria Diana, "The Influence of Board Diversity, Board Diversity Policies and Practices, and Board Inclusion Behaviors on Nonprofit Governance Practices", *Journal of Business Ethics*, Vol. 133, No. 1, 2016.

[168] Carola Frydman and Raven Molloy, "Pay Cuts for the Boss: Executive Compensation in the 1940s", *Journal of Economic History*, Vol. 72, No. 1, 2012.

[169] Chang Yuk Ying, Dasgupta Sudipto and Hilary Gilles, "CEO Ability, Pay, and Firm Performance", *Management Science*, Vol. 56, No. 10, 2010.

[170] Charles A. O' Reilly and Brian G. M. Main, "Economic and Psychological Perspectives on CEO Compensation: A Review and Synthesis", *Industrial & Corporate Change*, Vol. 19, No. 3, 2010.

[171] Charles A. O' Reilly, Brian G. M. Main and Graef S. Crystal, "CEO Compensation as Tournament and Social Comparison: A Tale of Two Theories", *Administrative Science Quarterly*, Vol. 33, No. 2, 1988.

[172] Chen Hui, Jeter Debra, and Yang Ya – Wen, "Pay – performance sensitivity before and after SOX", *Journal of accounting and public policy*, Vol. 34, No. 1, 2015.

[173] Core John E., Holthausen, Robert W., Larcker, David F., "Corporate Governance, Chief Executive Officer Compensation, and Firm Performance", *Journal of Financial Economics*, Vol. 51, No. 3, 1999.

[174] Cowherd Douglas M. and Levine David I., "Product Quality and Pay Equity Between Lower – Level Employees and Top Management: An Investigation of Distributive Justice Theory", *Administrative Science*

Quarterly, Vol. 37, No. 2, 2010.

[175] Cronqvist Henrik, Heyman Fredrik, Nilsson Mattias, "Do Entrenched Managers Pay Their Workers More?", *Journal of Finance*, Vol. 64, No. 1, 2009.

[176] David Yermack, "Flights of Fancy: Corporate Jets, CEO Perquisites, and Inferior Shareholder Returns", *Journal of Financial Economics*, Vol. 1, No. 7, 2006.

[177] De Angelis David and Greinstein Yaniv, "Relative Performance Evaluation in CEO Compensation: Evidence from the 2006 Disclosure Rules", *Available at SSRN* 2041679, 2011.

[178] De Franco, Gus Hope, Ole – Kristian Larocque and Stephannie A., "The Effect of Disclosure on the Pay – Performance Relation", *Journal of Accounting & Public Policy*, Vol. 32, No. 5, 2013.

[179] Demski J. S. and Feltham G. A., "Economic Incentives in Budgetary Control Systems", *Accounting Review*, Vol. 53, No. 2, 1978.

[180] Deqiu Chen, Sifei Li, Jason Zezhong Xiao, Hong Zou, "The Effect of Government Quality on Corporate Cash Holdings", *Journal of Corporate Finance*, Vol. 27, 2014.

[181] Dierynck Bart, Landsman Wayne R., Renders Annelies, "Do Managerial Incentives Drive Cost Behavior? Evidence about the Role of the Zero Earnings Benchmark for Labor Cost Behavior in Private Belgian Firms", *The Accounting Review*, Vol. 87, No. 4, 2012.

[182] DiNardo John and Lee David S., "Program Evaluation and Research Designs", *Handbook of Labor Economics*, Vol. 4, 2010.

[183] Edward P. Lazear and Sherwin Rosen, "Rank – Order Tournaments as Optimum Labor Contracts", *The Journal of Political Economy*, Vol. 89, No. 5, 1981.

[184] E. Han Kim and Paige Ouimet, "Broad – Based Employee Stock Ownership: Motives and Outcomes", *The Journal of Finance*, Vol. 69, No. 3, 2014.

[185] Eisenhardt Kathleen M. and Bourgeois L. J., "Politics of Strategic

Decision Making in High – Velocity Environments: Toward A Midrange Theory", *Academy of Management Journal*, Vol. 31, No. 4, 1988.

[186] Emmett H. Griner and Lawrence A. Gordon, "Internal Cash Flow, Insider Ownership, and Capital Expenditures: A Test of the Pecking Order and Managerial Hypotheses", *Journal of Business Finance & Accounting*, Vol. 22, No. 2, 1995.

[187] Ernst Fehr and Schmidt K. M., "A Theory of Fairness, Competition, and Cooperation", *Quarterly Journal of Economics*, Vol. 114, No. 2, 1999.

[188] Faccio Mara, Marchica and Maria – Teresa Mura, "CEO Gender, Corporate Risk – Taking, and the Efficiency of Capital Allocation", *Journal of Corporate Finance*, Vol. 39, 2016.

[189] Fan Joseph P. H., Wong T. J. and Zhang Tianyu, "Institutions and Organizational Structure: The Case of State – Owned Corporate Pyramids", *Journal of Law, Economics & Organization*, Vol. 29, No. 6, 2013.

[190] Fan Joseph P. H., Wong T. J. and Zhang Tianyu, "Politically Connected CEOs Corporate Governance and Post – IPO Performance of China' s Partially Privatized Firms", *Journal of Financial Economics*, Vol. 84, No. 4, 2007.

[191] Faulkender Michael W. and Yang Jun, "Inside the Black Box: The Role and Composition of Compensation Peer Groups", *Journal of Financial Economics*, Vol. 96, No. 2, 2010.

[192] Faulkender Michael W. and Yang, Jun, "Is Disclosure an Effective Cleansing Mechanism? The Dynamics of Compensation Peer Benchmarking", *Review of Financial Studies*, Vol. 26, No. 3, 2013.

[193] Fehr E. and Falk A., "Psychological Foundations of Incentives", *European Economic Review*, Vol. 46, No. 4, 2002.

[194] Festinger L., "A Theory of Social Comparison Processes", *Human Relations*, Vol. 7, No. 7, 1954.

[195] Frydman C. and D. Jenter, "CEO Compensation", *Annual Review of Financial Economics*, Vol. 2, No. 8, 2010.

[196] Frydman Carola Saks and Raven E, "Executive Compensation: A New View from a Long – term Perspective, 1936 – 2005", *The Review of Financial Studies*, Vol. 23, No. 5, 2012.

[197] Frye Timothy and Shleifer Andrei, "The Invisible Hand and the Grabbing Hand", *Nber Working Papers*, Vol. 87, No. 2, 1997.

[198] George A. Akerlof and Janet L. Yellen, "The Fair Wage – Effort Hypothesis and Unemployment", *The Quarterly Journal of Economics*, Vol. 105, No. 2, 1990.

[199] Gerald Leventhal, Jurgis Karuza and William R. Fry, "Beyond Fairness: A Theory of Allocation Perferences", *Justice and Social Interaction*, Vol. 3, No. 8, 1980.

[200] Graef S. Crystal, *In Search of Excess: The Overcompensation of American Executives*, New York: Norton, 1991.

[201] Greenberg J. A., "A Taxonomy of Organizational Justice Theories", *Academy of Management Review*, Vol. 12, No. 1, 1987.

[202] Grossman Sanford J. and Hart Oliver D., "An Analysis of the Principal – Agent Problem", *Econometrica*, Vol. 51, No. 1, 1983.

[203] Gumbel P., "When Reform Doesn't Pay the Bills", *Time International*, Vol. 18, No. 168, 2006.

[204] Henderson Andrew D. and Fredrickson James W., "Information – Processing Demands as a Determinant of CEO Compensation", *Academy of Management Journal*, Vol. 39, No. 3, 1996.

[205] Henry L. Tosi, Steve Werner Jessrey P., "How Much Does Performance Matter? A Meta Analysis of CEO Pay Studies", *Journal of Management*, Vol. 26, No. 2, 2000.

[206] Hermalin Benjamin E. and Weisbach Michael S., "Information Disclosure and Corporate Governance", *Journal of Finance*, Vol. 67, No. 1, 2012.

[207] Heyman Fredrik, "Pay Inequility and Firm Performance: Evidence

from Matched Employer – Employee Data", *Applied Economics*, Vol. 37, No. 11, 2005.

[208] Hideshi Itoh, "Moral Hazard and Other – Regarding Preferences", *Japanese Economic Review*, Vol. 55, No. 6, 2004.

[209] Holmstrom B., "Agency Costs and Innovation", *Journal of Economic Behavior & Organization*, Vol. 12, No. 3, 1989.

[210] Hoskisson Robert E., Hitt Michael A. and Hitt Charles W. L., "Managerial Risk Taking in Diversified Firms: An Evolutionary Perspective", *Organization Science*, Vol. 2, No. 3, 1991.

[211] Huasheng Gao, Juan Luo, and Tilan Tang, "Effects of Managerial Labor Market on Executive Compensation: Evidence from Job – hopping", *Journal of Accounting and Economics*, Vol. 59, No. 2, 2015.

[212] Hunnes Arngrim, "Internal Wage Dispersion and Firm Performance: White Collar Evidence", *International Journal of Manpower*, Vol. 30, No. 8, 2009.

[213] Ingolf Dittmann, Ernst Maug, Oliver Spalt, "Sticks or Carrots? Optimal CEO Compensation when Managers Are Loss Averse", *Journal of Finance*, Vol. 65, No. 6, 2010.

[214] James A. Mirrlees, "The Optimal Structure of Incentives and Authority within An Organization", *The Bell Journal of Economics*, Vol. 7, No. 1, 1976.

[215] James S. Ang, Rebel A. Cole and James Wuh Lin, "Agency Costs and Ownership Structure", *Journal of Finance*, Vol. 55, No. 1, 2000.

[216] Jane Craighead, Michel Magnan and Linda Thorne, "The Impact of Mandated Disclosure on Performance – Based CEO Compensation", *Contemporary Accounting Research*, Vol. 21, No. 2, 2004.

[217] Jason W. Ridge, Federico Aime, Margaret A. White, "When Much More of a Difference Makes a Difference: Social Comparison and Tournaments in the CEO' s Top Team", *Strategic Management Jour-*

nal, Vol. 36, 2015.

[218] J. Demski and G. Feltham, "Economic Incentives in Budgetary Control Systems", *Accounting Review*, Vol. 53, No. 2, 1978.

[219] Jean J. Chen, Xuguang Liu and Weian Li, "The Effect of Insider Control and Global Benchmarks on Chinese Executive Compensation", *Corporate Governance An International Review*, Vol. 18, No. 2, 2010.

[220] Jensen Michael C. and Meckling William H., "Theory of the Firm: Managerial Behavior, Agency Costs and Ownership Structure", *Journal of Financial Economics*, Vol. 3, No. 4, 1976.

[221] Jensen Michael C. and Murphy Kevin J., "Performance Pay and Top - Management Incentives", *Journal of Political Economy*, Vol. 98, No. 2, 1990.

[222] Jensen Michael C., Murphy Kevin J. and Wruck Eric G., "Remuneration: Where We've Been, How We Got to Here, What are the Problems, and How to Fix Them", *Social Science Electronic Publishing*, Vol. 2, No. 5459, 2004.

[223] Jenter Dirk and Kanaan Fadi, "CEO Turnover and Relative Performance Evaluation", *Journal of Finance*, Vol. 70, No. 5, 2015.

[224] Jiang W., Liao X. and Lin B., "The Effect of Compensation Disclosure on Compensation Benchmarking: Evidence From China", *Journal of Accounting Auditing & Finance*, Vol. 23, No. 5, 2016.

[225] Joan O' Connell, *The Economics of Discretionary Behavior: Managerial Objectives in a Theory of the Firm*, Englewood Cliffs, N. J.: Prentice - Hall, 1964.

[226] John A. List, "Neoclassical Theory versus Prospect Theory: Evidence from the Marketplace", *Econometrica*, Vol. 72, No. 2, 2004.

[227] John E. Core and Wayne R. Guay, "The Use of Equity Grants to Manage Optimal Equity Incentive Levels", *Journal of Accounting and Economics*, Vol. 28, No. 2, 1999.

[228] John M. Bizjak, Michael L. Lemmon and Lalitha Naveen, "Does the

Use of Peer Groups Contribute to Higher Pay and Less Efficient Compensation?", *Journal of Financial Economics*, Vol. 90, No. 2, 2008.

[229] Kang Q., Liu Q. and Rong Q. I., "Predicting Stock Market Returns with Aggregate Discretionary Accruals", *Journal of Accounting Research*, Vol. 48, No. 4, 2010.

[230] Kin Lo, "Economic Consequences of Regulated Changes in Disclosure: The Case of Executive Compensation", *Journal of Accounting & Economics*, Vol. 35, No. 3, 2003.

[231] Kip W. Viscusi, Joseph Harrington and John M. Vernon, "Economics of Regulation and Antitrust, 4th Edition", *Mit Press Books*, Vol. 1, No. 1, 2005.

[232] Krishnan Hema A. and Park Daewoo, "The Effects of Top Management Team Change on Performance in Downsized US companies", *MIR: Management International Review*, Vol. 38, No. 4, 1998.

[233] Law Kenneth S. and Wong Chi - Sum, "Relative Importance of Referents on Pay Satisfaction: A Review and Test of A New Policy - Capturing Approach", *Journal of Occupational & Organizational Psychology*, Vol. 71, No. 1, 2011.

[234] Levine David, "Cohesiveness, Productivity and Wage Dispersion", *Journal of Economic Behavior and Organization*, Vol. 15, No. 2, 1991.

[235] Leuz Christian and Wysocki peter D., *Economic Consequences of Financial Reporting and Disclosure Regulation: A Review and Suggestions for Future Research*, Working Paper, 2008.

[236] Lu, Zhiqiang, Abeysekera Sarath, and Li Hongyue, "Executive Compensation Stickiness and Peer Group Benchmarks: Evidence from Chinese Firms", *The International Journal of Business and Finance Research*, Vol. 9, No. 5, 2015.

[237] Lucian Arye Bebchuk, Martijn Cremers and Urs Peyer, "The CEO Pay Slice", *Journal of Financial Economics*, Vol. 102, No. 1, 2011.

[238] Lucian Arye Bebchuk and Jesse M. Fried, *Pay without Performance:*

The Unfulfilled Promise of Executive Compensation, Boalt Hall: Boalt Working Papers in Public Law, 2004.

[239] Lucian Arye Bebchuk, Jesse M. Fried, David I. Walker, "Managerial Power and Rent Extraction in the Design of Executive Compensation", *The University of Chicago Law Review*, Vol. 69, 2002.

[240] Mara Faccio, Ronald W. Masulis and John J. MeConnell, "Politically Connections and Corporate Bailouts", *Journal of Finance*, Vol. 61, No. 3, 2006.

[241] Marianne Baxter and Robert G. King, "Fiscal Policy In General Equilibrium", *American Economic Review*, Vol. 83, No. 3, 1993.

[242] Mark Kroll, Susan A. Simmons S. A. and Peter Wright, "Determinants of Chief Executive Officer Compensation Following Major Acquisitions", *Journal of Business Research*, Vol. 20, No. 4, 1990.

[243] Martin J Conyon and Lerong He, "Executive Compensation and Corporate Governance in China", *Journal of Corporate Finance*, Vol. 17, No. 4, 2011.

[244] Martin J Conyon and Kevin J. Murphy, "The Prince and the Pauper? CEO Pay in the United States and United Kingdom", *The Economic Journal*, Vol. 110, No. 467, 2002.

[245] Martin Joanne, *Relative Deprivation: A Theory of Distributive Injustice for an Era of Shrinking Resources*, Palo Alto: Graduate School of Business, Stanford University, 1979.

[246] Matt Bloom and George T. Milkovich, "Relationships among Risk, Incentive Pay, and Organizational Performance", *Academy of Management Journal*, Vol. 41, No. 3, 1988.

[247] Matthew Rabin, "Incorporating Fairness into Game Theory and Economics", *American Economic Review*, Vol. 83, No. 5, 1993.

[248] Michael Firth, Peter M. Y. Fung and Oliver M. Rui, "Corporate Performance and CEO Compensation in China", *Journal of Corporate Finance*, Vol. 12, No. 4, 2007.

[249] Michael Firth, Peter M. Y. Fung and Oliver M. Rui, "Ownership,

Two – Tier Board Structure, and the Informativeness of Earnings: Evidence from China ", *Journal of Accounting & Public Policy*, Vol. 26, No. 4, 2007.

[250] Michael Steven Weisbach, Heitor Almeida and Murillo Campello, "The Cash Flow Sensitivity of Cash", *Journal of Finance*, Vol. 59, No. 4, 2004.

[251] Michael S. Weisbach, "Optimal Executive Compensation versus Managerial Power: A Review of Lucian Bebchuk and Jesse Fried's 'Pay without Performance: The Unfulfilled Promise of Executive Compensation'", *Journal of Economic Literature*, Vol. 2, No. 1, 2007.

[252] Milton Harris and Artur Raviv, "Optimal Incentive Contracts with Imperfect Information", *Journal of Economic Theory*, Vol. 20, No. 2, 1979.

[253] Murphy Kevin J., "Executive Compensation, In: Ashenfelter O., Card D. (Eds)", *Handbook of Labor Economics*, *North Holland*, *Amsterdam*, *North Holland*, *Amsterdam*, Vol. 3, No. 2, 1999.

[254] Murphy Kevin J., "Executive Compensation: Where We Are, and How We Got There", *Social Science Electronic Publishing*, Vol. 2, No. 6, 2012.

[255] Murphy Kevin J., "Incentives, Learning and Compensation: A Theoretical and Eempirical Investigation of Managerial Labor Contracts", *The Rand Journal of Economics*, Vol. 17, No. 1, 1986.

[256] Nancy L. Rose and Catherine Wolfram, "Regulating Executive Pay: Using The Tax Code To Influence Chief Executive Officer Compensation", *Journal of Labor Economics*, Vol. 20, No. 2, 2002.

[257] Narjess Boubakri, Jean – Claude Cosset and Walid Saffar, "The Role of State and Foreign Owners in Corporate Risk – Taking: Evidence from Privatization", *Journal of Finance and Economics*, Vol. 108, No. 3, 2013.

[258] Nikos Vafeas and Zaharoulla Afxentiou, "The Association Between the SEC's 1992 Compensation Disclosure Rule and Executive Compen-

sation Policy Changes", *Journal of Accounting & Public Policy*, Vol. 17, No. 1, 1998.

[259] O' Boyle Ernest. H, Patel Pankaj C, and Gonzalez – Mulé Erik, "Employee Ownership and Firm Performance: A Meta – Analysis", *Human Resource Management Journal*, Vol. 26, No. 4, 2016.

[260] Oehmichen Jana, Wolff Michael, Zschoche Ulrike, "Employee Participation in Employee Stock Ownership Plans: Cross – Level Interaction Effects of Institutions and Workgroup Behavior", *Human Resource Management*, Vol. 57, No. 5, 2018.

[261] Park Yun W., Nelson Toni and Huson Mark R., "Executive Pay and the Disclosure Environment: Canadian Evidence", *Journal Financial Research*, Vol. 24, No. 3, 2001.

[262] Paul D. Sweeney and Dean B. McFarlin, "Workers' Evaluations of the 'Ends' and the 'Means': An Examination of Four Models of Distributive and Procedural Justice", *Organizational Behavior and Human Decision Processes*, Vol. 55, No. 1, 1993.

[263] Perry Tod and Zenner Marc, "Pay for Performance? Government Regulation and the Structure of Compensation Contracts", *Journal of Financial Economics*, Vol. 62, No. 3, 2001.

[264] Ping Zhang, "A Theoretical Framework and Experimental Program for Understanding Rule Preference, Fairness Cognition and Trust", *International Business and Management*, Vol. 11, No. 2, 2015.

[265] Rabin Matthew, "A Perspective on Psychology and Economics", *European Economic Review*, Vol. 46, No. 3, 2002.

[266] Rajan, Raghuram G. and Wulf, Julie, "Are Perks Purely Managerial Excess?", *Journal of Financial Economics*, Vol. 79, NO. 1, 2006.

[267] Rajesh K. Aggarwal and Andrew A. Samwick, "Executive Compensation, Strategic Competition, and Relative Performance Evaluation: Theory and Evidence", *Journal of Finance*, Vol. 6, 1999.

[268] R. Glenn Hubbard and Darius Palia, "Benefits of Control, Managerial Ownership, and the Stock Returns of Acquiring Firms", *Rand*

Journal of Economics, Vol. 4, No. 3, 1995.

[269] Richard G. Sloan, "Accounting Earnings and Top Executive Compensation", *Journal of Accounting and Economics*, Vol. 16, No. 1, 1993.

[270] Ronin Marris, *The Economic Theory of Managerial Capitalism*, London: Macmillan, 1964.

[271] Sccott B. Jackson, Thomas J. Lopez and Austin L. Reitenga, "Accounting Fundamentals and CEO Bonus Compensation", *Journal of Accounting & Public Policy*, Vol. 5, No. 4, 2008.

[272] Scott Richardson, "Over – investment of Free Cash Flow", *Social Science Electronic Publishing*, Vol. 11, No. 3, 2006.

[273] Shahidur R. Khandker, Gayatri B. Koolwal and Hussain A. Samad, *Handbook on Impact Evaluation: Quantitative Methods and Practices*, World Bank Publications, 2010.

[274] Sherwin Rosen, "Authority, Control and The Distribution of Earnings", *Bell Journal of Economics*, Vol. 10, No. 13, 1982.

[275] Shijun Cheng and Raffi J. Indjejikian, "The Market for Corporate Control and CEO Compensation: Complements or Substitutes?", *Contemporary Accounting Research*, Vol. 26, No. 3, 2009.

[276] Shleifer Andrei and Robert W., Vishny, "Politicians and Firms", *Quarterly Journal of Economics*, Vol. 109, No. 4, 1994.

[277] Sigler Kevin J. and Haley Joseph P., "CEO Pay and Company Performance", *Managerial Finance*, Vol. 2, No. 7, 1995.

[278] Stanley L. Brodsky and John Thibaut, Laurens Walker, *Procedural Justice A Psychological Analysis*, The Journal of Criminal Law and Criminology, 1976.

[279] Stephen A Ross, "The Arbitrage Theory of Capital Asset Pricing", *Journal of Economic Theory*, Vol. 13, No. 3, 1973.

[280] Teodora Paligorova, *The Effect of the Sarbanes – Oxley Act on CEO Pay for Luck*, Bank of Canada Working Pape, 2008.

[281] Thanassoulis John, "Bank Pay Caps, Bank Risk and Macroprudential

Regulation", *Journal of Banking & Finance*, Vol. 48, No. 11, 2014.

[282] Theodore Groves, Yongmiao Hong, John McMillan and Barry Naughton, "China' s Evolving Managerial Labor Market", *Journal of Political Economy*, Vol. 103, No. 4, 1995.

[283] Wei Luo, Yi Zhang and Ning Zhu, "Bank Ownership and Executive Perquisites: New Evidence from an Emerging Market", *Journal of Corporate Finance*, Vol. 17, No. 2, 2011.

[284] William J. Baumol and Franklin M. Fisher, *Business Behavior*, *Value and Growth*, Harcourt: Brace & World New York, 1967.

[285] Yakov Ahimud and Baruch Lev, "Risk Reduction as a Managerial Motive for Conglomerate Mergers", *Bell Journal of Economics*, Vol. 12, No. 2, 1981.

[286] YaRu Chen, Joel Brockner and Jerald Greenberg, "When is it 'A Pleasure to Do Business with you', The Effects of Relative Status, Outcome Favorability and Procedural Fairness", *Organizational Behavior and Human Decision Processes*, Vol. 192, 2003.

[287] Yingyi Qian and Barry R. Weingast, "China' s Transition to Markets: Market – Preserving Federalism, Chinese Style", *Journal of Economic Policy Reform*, Vol. 1, No. 2, 1996.

[288] Yun, Y. S., Lee G., Yi H. S. and Han S. S., "Are Korean Corporate Executives over – or under – Paid? Evidence form New Disclosures", *Annual Summer/International Conference – Korean Accounting Association*, 2014.

[289] Zhou, Li – an. *Career Concerns*, *Incentive Contracts*, *and Contract Renegotiation in the Chinese Political Economy*, Ph. D. Thesis, Stanford University, 2002.

附　　录

薪酬披露政策演变

1. 1993 年国务院颁布的《股票发行与交易管理暂行条例》第 59 条的内容如下："针对各个公司的董事、监事以及所谓的高级管理人员的个人信息，简况以及持股的情况都要有一个合理的分析和汇报。上市公司应当在其向证监会和证券交易场所提供的年度报告中披露公司董事、监事和高级管理人员的持股情况和报酬。作为我国最早的高管薪酬信息披露规定，其同样规定得非常概括，与《证券法》和《公司法》中的规定一样缺乏必要的可操作性。

2. 1997 年 12 月由证监会发布的《公开发行证券的公司信息披露内容与格式准则第 2 号〈年度报告的内容与格式〉》（简称《上市公司年报准则》）是强制要求上市公司实行高管薪酬披露的重要准则。后经历 1998 年、1999 年、2001 年、2003 年、2005 年、2007 年、2012 年、2015 年修订。

3. 1998 年修订版本的《公开发行证券的公司信息披露内容与格式准则第 2 号〈年度报告的内容与格式〉》，将 1997 版本的"股东大会简介"的"现任董事、监事和高级管理人员的姓名、年初和年末持股数量、年度内股份增减变动量及增减变动的原因"。调整至"股本变动及股东情况"，在具体高管薪酬信息披露的内容方面没有变化。

4. 1999 年修订版本的《公开发行证券的公司信息披露内容与格式准则第 2 号〈年度报告的内容与格式〉》，在 1998 年修订版的基础上将股东大会相关简介与高级管理人员简介合并，并增加公司应按自己的实际情况划分年度报酬数额区间，披露董事、监事、高级管理人员在每个区间的人数，并列明不在公司领取报酬的董事、监事、高级管理人员的姓名。

5. 2002 年 1 月 7 日施行的《上市公司治理准则》提出，上市公司董事会可以按照股东大会的有关决议，设立战略、审计、提名、薪酬与考核等专门委员会；薪酬与考核委员会的主要职责是：（1）研究董事与经理人员考核的标准，进行考核并提出建议；（2）研究和审查董事、高级管理人员的薪酬政策与方案；董事报酬的数额和方式由董事会提出方案报请股东大会决定。在董事会或薪酬与考核委员会对董事个人进行评价或讨论其报酬时，该董事应当回避；上市公司应建立经理人员的薪酬与公司绩效和个人业绩相联系的激励机制，以吸引人才，保持经理人员的稳定；经理人员的薪酬分配方案应获得董事会的批准，向股东大会说明。

6. 2001 年修订版的《公开发行证券的公司信息披露内容与格式准则第 2 号〈年度报告的内容与格式〉》，将前面修订版里年度报酬的特殊待遇形式具体为：补贴、住房津贴及其他津贴等；增加了董事、监事和高级管理人员报酬的决策程序、报酬确定依据；金额最高的前三名董事的报酬总额、金额最高的前三名高级管理人员的报酬总额；独立董事的津贴及其他待遇应分别单独披露；同时，公司应列明不在公司领取报酬、津贴的董事、监事的姓名，并注明其是否在股东单位或其他关联单位领取报酬、津贴。

7. 2005 年 12 月 31 日，证监会发布《上市公司股权激励管理办法（试行）》，规定上市公司应定期披露报告期内股权激励计划的实施情况，例如：报告期内授予价格与行权价格历次调整的情况以及经调整后的最新授予价格与行权价格；董事、监事、高级管理人员各自的姓名、职务以及在报告期内历次获授和行使权益的情况。

8. 2005 年修订版本的《公开发行证券的公司信息披露内容与格式准则第 2 号〈年度报告的内容与格式〉》，将之前报酬披露的“金额最高前三名董事及金额最高的前三名高级管理人员”更改为“披露每一位现任董事、监事和高级管理人员在报告期内从公司获得的报酬总额。”并增加披露现任董事、监事、高级管理人员最近 5 年的主要工作经历，以及在除股东单位外的其他单位的任职或兼职情况。

9. 2007 年 12 月 19 日下发的《公开发行证券的公司信息披露内容与格式准则第 2 号〈年度报告的内容与格式〉》修订版本，将董事、监事和高级管理人员的情况增加了“股票期权、被授予的限制性股票数量、年度内股份增减变动量及增减变动的原因”。将所披露的“报酬总额”更改为“税前报酬总额”，并且报酬形式涉及：各项保险费、公积金、年金以及以其他形式；另外，将获得的股权激励按照可行权股数、已行权数量、行权价以及报告期末市价单独列示。

在“股东变动及股东情况”中，规定“增加披露限售股份变动情况表，其中限售股份指股改限售股份、发行限售股份和董事、监事及高级管理人员持股以及其他原因限售股份”。将股票变动及报酬汇报形式格式化，使得薪酬披露更具体、详细。

10. 2012 年证监会发布的《公开发行证券的公司信息披露内容与格式准则第 2 号〈年度报告的内容与格式〉》修订版本，将股权激励列示项目增加已解锁股份、未解锁股份两项。关键是详细披露了股权激励计划实施情况，包括但不限于：实施股权激励计划履行的相关程序及总体情况，激励股份来源情况，激励对象考核情况，激励对象范围的调整情况及履行的程序，激励股份授予数量及解除锁定情况，股票期权授予及行权情况，股票期权行权价格及期权数量的调整情况及履行的程序，实施股权激励计划对公司报告期内及以后各年度财务状况和经营成果的影响，激励基金提取情况，涉及股权激励的其他事项。

11. 2015 年《公开发行证券的公司信息披露内容与格式准则第 2 号〈年度报告的内容与格式〉》内容较 2014 年增加了：上市公司应当披露现任及报告期内离任董事、监事和高级管理人员近三年受证券监管机构处罚的情况；并说明是否在关联方获取报酬。

表 1　　高管薪酬披露政策要求变化一览

颁发时间	颁发单位	法规标题
1993 年 4 月	国务院	《股票发行与交易管理暂行条例》
1993 年 6 月	证监会	《公开发行股票公司信息披露实施细则（试行）》
1994 年 1 月	证监会	《公开发行股票公司信息披露的内容与格式准则第 2 号〈年度报告的内容与格式（试行）〉》

续表

颁发时间	颁发单位	法规标题
1997 年 1 月	财政部	《企业会计准则—关联方关系以及交易的披露》
1997 年 12 月	证监会	《公开发行证券的公司信息披露内容与格式准则第 2 号〈年度报告的内容与格式〉》
1998 年 1 月	深圳证券交易所	《深圳证券交易所上市规则》
1998 年 1 月	上海证券交易所	《上海证券交易所上市规则》
1998 年 12 月	证监会	《公开发行证券的公司信息披露内容与格式准则第 2 号〈年度报告的内容与格式〉(1998 年修订稿)》
1998 年 12 月	第九届人大委员会	《中华人民共和国证券法》
1999 年 12 月	第九届人大常委会	《中华人民共和国公司法》
1999 年 12 月	证监会	《公开发行证券的公司信息披露内容与格式准则第 2 号〈年度报告的内容与格式〉(1999 年修订稿)》
2001 年 12 月	证监会	《公开发行证券的公司信息披露内容与格式准则第 2 号〈年度报告的内容与格式〉(2001 年修订稿)》
2002 年 1 月	证监会	《上市公司治理准则》
2002 年 6 月	证监会	《公开发行证券的公司信息披露内容与格式准则第 3 号——半年度报告》
2003 年 6 月	证监会	《公开发行证券的公司信息披露内容与格式准则第 3 号——半年度报告(2003 年修订)》
2003 年 12 月	证监会	《公开发行证券的公司信息披露内容与格式准则第 2 号〈年度报告的内容与格式〉(2003 年修订稿)》
2005 年 11 月	证监会	《上市公司股权激励规范意见(试行)》
2005 年 12 月	证监会	《上市公司股权激励管理办法(试行)》
2005 年 12 月	证监会	《公开发行证券的公司信息披露内容与格式准则第 2 号〈年度报告的内容与格式〉(2005 年修订)》
2007 年 1 月	证监会	《上市公司信息披露管理办法》
2007 年 4 月	证监会	《上市公司董事、监事和高级管理人员所持本公司股份及其变动管理规则》
2007 年 6 月	证监会	《公开发行证券的公司信息披露内容与格式准则第 3 号——半年度报告(2007 年修订)》
2007 年 12 月	证监会	《公开发行证券的公司信息披露内容与格式准则第 2 号〈年度报告的内容与格式〉(2007 年修订)》

续表

颁发时间	颁发单位	法规标题
2012 年 12 月	证监会	《公开发行证券的公司信息披露内容与格式准则第 2 号〈年度报告的内容与格式〉（2012 年修订）》
2015 年 12 月	证监会	《公开发行证券的公司信息披露内容与格式准则第 2 号〈年度报告的内容与格式〉（2015 年修订）》

资料来源：中国证监会相关法规。

高管薪酬管制政策演变

1. 从 2002 年开始，国有企业试行年薪制，国资委规定高管薪酬不得超过员工平均薪酬的 12 倍。后来，随着经济增长和国有企业盈利局面的利好消息不断，这一上限早已被突破。

2. 国资委先后在 2003 年和 2004 年出台了《中央企业负责人经营业绩考核暂行办法》和《中央企业负责人薪酬管理暂行办法》，明确把年薪制作为国有企业薪酬制度的主要方式，国有经理层的薪酬激励开始从短期激励转向短期与中长期激励相结合的方式。规定：绩效年薪的 60% 在年度考核结束后当期兑现；其余 40% 根据任期考核结果等因素延期到连任或离任的下一年兑现。

3. 2006 年修订版《中央企业负责人经营业绩考核暂行办法》提出：利润总额低于上一年的企业，无论其考核结果处于哪个级别，其绩效薪金倍数应当低于上一年。

4. 2006 年国资委和财政部分别联合下发《国有控股上市公司（境外）实施股权激励试行办法》和《国有控股上市公司（境内）实施股权激励试行办法》，办法规定在股权激励计划有效期内，高管人员预期股权激励收益水平原则上应控制在其薪酬总水平的 40% 以内。

5. 财政部办公厅在 2009 年 1 月末向各有关单位印发《金融类国有及国有控股企业负责人薪酬管理办法（征求意见稿）》，规定税前收入 280 万元的薪酬上限。

6. 2009 年，国资委联合人力资源与社会保障部等六部委下发了

《关于进一步规范中央企业负责人薪酬管理的指导意见》（以下简称“限薪令”），并将国有企业高管团队成员的薪酬上限设定在不超过员工平均工资的20倍水平上。

7. 2013年年初公布的《国务院办公厅关于深化收入分配制度改革重点工作分工的通知》提出，“加强国有企业高管薪酬管理。对行政任命的国有企业高管人员薪酬水平实行限高，推广薪酬延期支付……缩小国有企业内部分配差距。”

8. 2014年8月29日，中共中央政治局召开会议，审议通过了《中央管理企业负责人薪酬制度改革方案》。2015年1月1日起对行政任命的中央国有企业管理层及部分垄断性高收入行业的管理者薪酬限高，缩小企业内部收入差距，综合管理层任职期间企业当期业绩和中长期的持续发展。

表2　　高管薪酬管制政策要求变化一览表

颁发时间	颁发单位	法规标题
2003年10月	国资委	《中央企业负责人经营业绩考核暂行办法》
2004年6月	国资委	《中央企业负责人薪酬管理暂行办法》
2004年6月	国资委	《中央企业负责人薪酬管理暂行办法实施细则》
2006年1月	国资委	《国有控股上市公司（境外）实施股权激励试行办法》
2006年6月	国资委	《关于规范中央企业负责人职务消费的指导意见》
2006年9月	国资委	《国有控股上市公司（境内）实施股权激励试行办法》
2006年12月	国资委	《中央企业负责人经营业绩考核暂行办法（2006年修订版）》
2007年12月	国资委	《中央企业负责人任期经营业绩考核补充规定》
2007年12月	国资委	《关于加强中央企业负责人第二业绩考核任期薪酬管理的意见》
2007年12月	国资委	《中央企业负责人经营业绩考核暂行办法（2007年修订版）》
2008年2月	国资委	《中央企业负责人经营业绩考核暂行办法（2008年修订版）》
2008年2月	国资委	《中央企业负责人年度经营业绩考核补充规定》
2008年10月	国资委	《关于规范国有控股上市公司实施股权激励制度有关问题的通知》

续表

颁发时间	颁发单位	法规标题
2009年1月	财政部	《金融类国有及国有控股企业负责人薪酬管理办法（征求意见稿）》
2009年4月	财政部	《关于国有金融机构高管薪酬分配有关问题的通知》
2009年9月	人力社等六部委	《关于进一步规范中央企业负责人薪酬管理的指导意见》
2009年12月	国资委	《中央企业负责人经营业绩考核暂行办法（2009年修订版）》
2012年2月	财政部等	《国有企业负责人职务消费行为监督管理暂行办法》
2013年	国务院办公厅	《关于深化收入分配制度改革重点工作分工的通知》
2014年8月	中共中央政治局	《中央管理企业负责人薪酬制度改革方案》

资料来源：国资委、财政部等网站。

后　记

常用古训“不以物喜、不以己悲”勉励自己，但当博士论文即将完成之时，我依然难以掩饰自己的喜悦与激动。因为，它不仅仅是多年来相关研究的成果，更是点滴生活和学习的缩影。

2014 年 8 月我毅然辞去银行工作，考取石河子大学经济与管理学院的博士，那时的我对未来的学习充满信心和勇气，犹如一个即将上战场的勇士，做好了胜利归来的准备。可事实证明，博士学习生涯中充满荆棘和坎坷，其中遭遇的困难让我多次踌躇不前。幸亏一路走来，有老师、同学和家人的陪伴，让我看到了风雨过后的彩虹。

在枯燥的论文写作过程中，我总爱欣赏其他博士毕业论文中的致谢，因为，相比于繁杂的各领域理论知识和实证方法，它是最不烧脑的，甚至能让我感受到字里行间各位老师的言传身教，如身临其境般亲切。在疲惫或坚持不下去的时候，我也曾不止一次地想象自己的致谢内容及致谢对象。时至今日，当我真的可以提笔致谢时，一幕幕的温馨画面在我脑子里循环闪现。

第一个要感谢的一定是我的导师，王生年教授。师从王生年教授的时间追溯到十年前，我清楚地记得硕士研究生面试时的窘态，紧张的气氛被他的笑声打破，化解了面试中的小尴尬。从此，我从王生年教授身上收获到的不仅是严谨治学的态度、持之以恒的魄力，更是谦逊做人的道理。在他眼中事无巨细，从论文选题到内容构思，无不凝结着他的心血和指导。从硕士研究生入学一直到博士研究生毕业，王生年教授在我的学业生涯中从未缺席，犹如父亲一般见证了我的学业和爱情。在此，我要向他表达最诚挚的谢意。

从论文的初具形态到最后的功成行满，少不了多位老师的精雕细琢。石河子大学经济与管理学院院长杨兴全教授，会计学系白俊教授、吴昊旻教授、刘嫦教授，农林经济管理系张红丽教授、祝宏辉教授，人力资源与商务管理系刘追教授，组织与运营管理系石冠峰教授，都给我的论文提出过建设性的意见和建议。他们的言传身教和细心指导把我带入了科学的殿堂，向我展现了不同学科的奥秘和精彩，他们深思熟虑后的想法为我的论文撰写提供了帮助。

我还要感谢我所在的朝气蓬勃的、催人奋进的、相互协作的师门和集体。在王生年教授所组织的每周讨论会上，一次次的文献汇报，总能带给我新的启发，不仅丰富了我的知识视野，更让我领略到师弟、师妹的自身修养和成长，促进我们共同进步。感谢石河子大学经济与管理学院为我们组织的各大学术交流会，让我可以从知识渊博的师长和同学那里汲取到前沿的理论和话题，获得莫大的帮助。感谢北京大学所提供的科研交流机会，在汇聚全国众多名校的青年学术交流会中，感受不同学院的教学成果、科研重点，让我的学术眼界放得更宽、更远。

最后，我要把我的谢意同时也夹杂着深深的歉意献给我的家人。万分感谢我的爱人刘文翔先生对我博士学习的支持和帮助，他是一个好丈夫、好父亲，不光承担起生活的重担，还经常鼓励我克服困难、砥砺前行；感谢我的父母在本该享受生活的年纪，帮我照看牙牙学语的孩子；感谢我可爱的女儿，给我的生活、学习带来动力。有句话说得好，“之所以岁月静好，是有人为你负重前行”。在伟大的爱面前，似乎任何的感谢、溢美之词都显得暗淡，我只想对你们说，我爱你们！

2019 年 7 月 7 日于贵财